Claus Dahms / Wolfgang Hertling

der marathon-guide
Die 150 besten Strecken in Deutschland,
Österreich und der Schweiz

Die Autoren

Claus Dahms, Jahrgang 1957, arbeitet seit 1985 als
Zeitschriften-Redakteur und Fachjournalist für
Ausdauersport. Die deutschen Laufzeitschriften ver-
öffentlichen regelmäßig seine Publikationen rund
ums Laufen. 2001 erschien im Verlag Die Werkstatt
sein Buch „Laufen – Geschichte, Kultur, Praxis".
Doch Claus Dahms bleibt nicht bei der Theorie.
Er läuft seit 31 Jahren, kann auf Bestzeiten von
32:44 Minuten über 10.000 m und 2:44 Stunden
über Marathon zurückblicken. Auch Ultradistanzen
bis 100 km hat er erfolgreich absolviert.

Wolfgang Hertling, Jahrgang 1958, im Hauptberuf
Verleger für Bücher rund um die Vollwerternährung
und den ökologischen Garten. Seit 1996 hat er mit
wachsender Begeisterung diverse Marathonläufe
bestritten, wobei er sich mit Bestzeiten um die
3:20 Stunden eher im gesicherten Mittelfeld bewegt.

Claus Dahms / Wolfgang Hertling

der marathon-guide

Die 150 besten Strecken in Deutschland,
Österreich und der Schweiz

VERLAG DIE WERKSTATT

Bibliografische Information der Deutschen Bibliothek
Die Deutsche Bibliothek verzeichnet diese Publikation in der
Deutschen Nationalbibliografie; detaillierte bibliografische Daten
sind im Internet über www.dnb.ddb.de abrufbar.

2003   2004   2005   3   2   1

Copyright © 2003 Verlag Die Werkstatt GmbH,
Lotzestraße 24a, D-37083 Göttingen
www.werkstatt-verlag.de
Alle Rechte vorbehalten.
Farb- und Umschlagfotos: Claus Dahms,
    mit Ausnahme: Winfried Stinn (1) und Veranstalter (1)
Schwarzweißfotos: Claus Dahms (30), Winfried Stinn (2),
    Walter Wagner (2), Veranstalter (3)
Landkarte: Ingrid Keller
Satz und Gestaltung: Verlag Die Werkstatt
Druck und Bindung: Westermann Druck Zwickau

ISBN 3-89533-380-8

Inhalt

Österreich

Erlebnis Marathon

Die Faszination Marathon erfasst immer mehr Menschen. Seit Jahren sind die größten City-Marathons frühzeitig ausgebucht: Wer die Läuferfeste in Berlin, Köln oder Hamburg auf Laufschuh-Sohlen mitfeiern möchte, muss sich rechtzeitig dafür entscheiden. Selbst Marathonläufe durch Städte wie Karlsruhe, Mainz oder Münster haben wegen der starken Nachfrage längst ein Teilnehmerlimit eingeführt. Die wachsende Marathonbegeisterung zeigt sich in immer neuen Laufevents, die aus dem Boden sprießen. So werden in diesem Buch elf „Newcomer" vorgestellt, die 2003 zum ersten Mal durchgeführt werden.

Jeder Marathon hat seinen eigenen, unverwechselbaren Charakter. Die Unterschiede macht der marathon-guide deutlich und ermöglicht damit dem Leser eine bewusste Auswahl. Denn einen Marathon läuft man nicht jedes Wochenende, für viele bildet er den Höhepunkt ihres Lauf-Jahres.

Im Zentrum des Medieninteresses stehen vor allem die großen City-Marathons. Doch die Marathonszene ist wesentlich bunter. Sie besteht nicht nur aus dichten Läuferkarawanen vorbei an applaudierenden Zuschauern durch die Straßenschluchten der Städte. Ein großer Teil der Marathons spielt sich in der Natur ab. Als Starter sollte man vorher informiert sein, ob man mit 21 Mitstreitern ins Ziel läuft – wie 2002 beim Marathon im bayrischen Thurmansbang – oder ob Tausende unterwegs sind wie etwa beim Jungfrau-Marathon. Beides hat seine ganz eigenen Reize.

Jahrzehntelang waren die Marathonläufer auf schnelle Strecken und möglichst gute Zeiten konzentriert. Deshalb sollten die Marathonkurse möglichst flach sein. Das hat sich im letzten Jahrzehnt wesentlich geändert. Viele Läufer, die bereits einige Marathonläufe absolviert haben, sind auf der Suche nach neuen Herausforderungen, nach dem einzigartigen Erlebnis. Statt der Straße bevorzugen sie einen Waldweg, einen Bergpfad, einen Straßentunnel oder auch ein Bergwerk tief unter der Erde. Höhenunterschiede auf der 42,195-km-Strecke werden nicht mehr gemieden, sondern gezielt gesucht. So konnten in den zurückliegenden Jahren die Extrem-Marathons in den Alpen einen gehörigen Läufer-Ansturm verbuchen.

Gestandene Marathonläufer suchen das Abenteuer der Ultradistanzen. Von der klassischen Marathonstrecke bis zum „kurzen" Ultra über 50 km sind es weniger als 8 km; härtere Anforderungen stellen dagegen die längeren Varianten wie die legendären Klassiker am Rennsteig oder in Biel. Auch diese für viele „Normalmenschen" so verrückt erscheinenden Ultradistanzen mit ihren faszinierenden Herausforderungen haben wir in dieses Buch aufgenommen.

Sportler, denen es nur auf das reine Lauferlebnis ohne jeden Leistungsvergleich ankommt, finden bei Läufen ohne Zeitmessung wie der „Georgsmarienhütter Null" oder dem „Pferdebahn-Genuss-Marathon" im österreichischen Unterweitersdorf ein passendes Angebot und vor allem Gleichgesinnte. Außerdem präsentieren wir drei Etappenläufe, bei denen sich die täglichen Belastungen zu superharten Ausdauerbelastungen addieren.

Geografisch haben wir uns auf den deutschen Sprachraum festgelegt, wobei es mit Läufen in der italienisch- und französischsprachigen Schweiz sowie den Marathons in Liechtenstein und Luxemburg zu einigen „Eingemeindungen" kam, welche uns strenge Grenzzieher hoffentlich nachsehen werden. Aber der Marathon hält sich nicht an nationalstaatliche Grenzen. Seine Internationalität zeigt sich auch in einigen grenzüberschreitenden Läufen, die wir in diesem Buch vorstellen.

Claus Dahms & Wolfgang Hertling

Hinweise zur Benutzung des Buches

Wir haben den marathon-guide zu zweit geschrieben und etliche der Strecken persönlich „erlaufen". Trotzdem konnten wir nicht sämtliche 150 vorgestellten Rennen selbst besuchen, die sich auf über 7.500 Wettkampf-Kilometer addieren. Neben dem Studium von Fachliteratur und Internet haben wir durch zahlreiche Interviews mit Läufern und Veranstaltern in diesen Fällen die nötigen Hintergrundinformationen recherchiert.

Wir haben eine alphabetische Sortierung der Laufveranstaltungen gewählt, bei der fast immer Start- und Zielort als Suchbegriff dienen. Eine Ausnahme machen die Punkt-zu-Punkt-Läufe, die durch eine Landschaftsbezeichnung definiert sind, wie Jungfrau-Marathon oder Rennsteiglauf. Ergänzende Orientierungshilfen bilden die Listen nach anderen Sortierkriterien im Anhang dieses Buches – etwa die Zuordnung nach Postleitzahlen, nach Terminen oder Bundesländern.

Verzichtet haben wir auf die Vergabe von Noten. Zu viele individuelle, subjektive und witterungsabhängige Kriterien spielen bei der Bewertung von Läufen eine Rolle. Eine Strecke, die sich im einen Jahr als sonniger Frühlingstraum präsentiert, kann sich im nächsten Jahr zum regnerischen Gegenwind-Trauma wandeln. Und was von dem einen als „Bombenstimmung" charakterisiert wird, empfinden andere als „nervigen Lärm". Während manchen müden Läufern die letzten Kilometer des Hamburg-Marathons wie ein Steilhang anmuten, empfinden andere im Endorphinrausch den Brocken im Harz als lockeres „Hügel-Läufchen". Und was einem Norddeutschen wie ein Hochgebirgslauf vorkommt, ist für einen Schweizer ein flacher Landschaftslauf. So sind die Einstufungen, die wir mit Symbolen gekennzeichnet haben, nur als grobe Einteilung zu verstehen. Die Daten, die zu jedem Lauf angegeben sind, beruhen zum größten Teil auf Veranstalterangaben. Bei vielen Marathonveranstaltungen werden auch Halbmarathonläufe oder Wettkämpfe über andere Distanzen angeboten, die zum Teil erheblich mehr Starter verbuchen als die „Hauptläufe". Deshalb haben wir sowohl die Teilnehmerzahl an der gesamten Veranstaltung als auch die Zahl der Finisher über die Hauptdistanz aufgeführt. So ergibt sich ein ungefähres Bild der Veranstaltungsgröße. Die angeführten Zahlen beziehen sich auf die letzte durchgeführte Veranstaltung.

Der marathon-guide spiegelt die Marathon-Landschaft im deutschsprachigen Raum, wie sie sich im Frühjahr 2003 darstellt. Um dem Leser
auch über den Erscheinungstag hinaus aktuelle Informationen zu bieten,
haben wir die Internetseite *www.marathon-guide.de* eingerichtet. Hier
werden Sie über neue Termine und aktuelle Änderungen auf dem Laufenden gehalten.

Erläuterung der Symbole

  Marathonlauf

  Ultralauf

  City-Marathon

  Flacher Landschaftslauf

  Landschaftslauf mit hügeligem Charakter

  Lauf mit harten Berganforderungen

  Lauf, bei dem Walker zugelassen sind

  Lauf, bei dem Skater zugelassen sind

Mit Zugläufern durchs Biberttal

Ammerndorf: Biberttal-Marathon *Bayern*

Vor der alten Turnhalle in Ammerndorf muss man sich nicht Stunden vor dem Startschuss in die Läufermasse einreihen. Alles ist übersichtlich. Trotzdem wird mit den Zugläufern ein Service geboten, der normalerweise nur bei den großen Rennen zu finden ist. Diese segensreiche Erfindung erleichtert das Einschlagen eines optimalen Renntempos. Erfahrene Läufer, die durch auffällige Kleidung leicht zu erkennen sind, geben das optimale Tempo für eine bestimmte, vorher festgelegte Marathonzeit vor. Beim Biberttal-Marathon 2002 waren das 3:15, 3:30 und 4:00 Stunden. Die Laufgruppe um den Zugläufer profitiert von seinem gleichmäßigen Tempo. Wird die Gruppe zu groß, kann die Verpflegungsaufnahme schwierig werden, weil zu viele Läufer gleichzeitig an die Becher wollen. Hier sollte man sich rechtzeitig etwas zurückfallen lassen, um jedem Gedränge aus dem Weg zu gehen. Sicher hat auch dieser Service dazu beigetragen, dass dieser Landschaftslauf sich wachsender Beliebtheit erfreut.

Nach einer Auftaktschleife führt der Marathon über die Forstwege des Biberttalweges nach Andorf und zurück. Wer Asphalt nicht mag, der liegt hier richtig. Alle paar Kilometer steht am Wald- und Wiesenrand ein Tisch mit Verpflegung. Die 42,195 km durch die liebliche Landschaft bei Fürth sind nicht völlig eben, aber gut und flüssig zu laufen.

Anschrift: Biberttal-Interessengemeinschaft,
Marktplatz 17, 90556 Cadolzburg
Telefon: 09103/5001-0, Fax: 09103/5001-50
E-mail: info@biberttal-marathon.de
Homepage: www.biberttal-marathon.de
Termin 2003: 21.9.
Startzeit: 9.00 Uhr; Zielschluss: 6 Stunden
Höhenmeter: sehr flache Strecke
Andere Wettbewerbe: Halbmarathon
Startgebühr: 25-30 Euro
Teilnehmer gesamt: 800; Finisher Marathon: 210

Hunderter zum 100-Jährigen

Arnsberg: Arnsberger Ultramarathon (50 + 100 km)　　*NRW*

Als der TuS 1896 Oeventrop sein 100-jähriges Vereinsjubiläum feierte, suchte man nach einem ganz besonderen Event. Man entschied sich für ein Ultrarennen mit Symbolcharakter: einen 100-km-Lauf zum 100-jährigen Jubiläum. Dafür, dass der Hunderter keine Eintagsfliege blieb, sorgte Winfried Koch. In seiner Zeit als aktiver Ultralangstreckler schaffte er die 100 km in 7:09 Stunden. Heute arbeitet er als Funktionär daran, dass andere sich im Wettkampf bewähren können. Aber an die persönliche Bestzeit des Organisators ist beim Ultramarathon in Arnsberg noch keiner herangekommen.

Zwar erstreckt sich die 70.000 Einwohner zählende Stadt Arnsberg von einem Ortsende zum anderen fast über eine komplette Marathondistanz, für das 100-km-Rennen hat man aber eine kurze 7-km-Runde in einem stadtnahen Grüngebiet ausgesucht: Auf der Höhe von Alt-Arnsberg zieht der Flusslauf der Ruhr eine enge Schleife. In dieser Schleife spielt sich das Renngeschehen ab. Nach einem Auftaktstück sind 14 Runden zu absolvieren. Zu keinem Zeitpunkt entfernen sich die Läufer dabei weit von der Ruhr. Segelflugplatz, ein Kleingartengebiet und Wald bilden für die Wettkampfstunden am Ufer der Ruhr die Kulisse. Zwei Brückenanstiege über den Fluss unterbrechen den Laufrhythmus, ansonsten bleibt der Kurs flach. In der Mitte der Runde begegnen sich die Wettkämpfer und können so Abstände und Positionen beobachten.

Anschrift: Winfried Koch, Ringstr. 185, 59821 Arnsberg
Telefon: 02931/4964, Fax: 02931/4970
Termin 2003: 24.8.; Termin 2004: 29.8.
Startzeit: 7.00 Uhr; Zielschluss: 13 Stunden
Andere Wettbewerbe: 100-km-Staffel
Startgebühr: 25 Euro (50 km), 32 Euro (100 km)
Teilnehmerzahl gesamt: 90; Finisher 100 km: 14

Das immer gleiche, eingespielte Ritual

Bad Arolsen: Advent-Wald-Marathon *Hessen*

„Es ist immer das gleiche, eingespielte Ritual: Freitagnachmittags Anreise im Stau, anschließend ein gemütliches Abendessen und dann bummeln wir noch über den Weihnachtsmarkt." So schilderte Biggi Linnartz nach ihrem zweiten Platz im Jahr 2002, warum sie bereits zum zehnten Mal bei den 42,195 km durch den Wald bei der Kurstadt Bad Arolsen mitrennt. Sie kennt die Strecke inzwischen bei jedem Wetter: „Zum Jahresabschluss ist das ein optimaler Marathon, um die Seele baumeln zu lassen und die schöne Waldlandschaft zu genießen."

Die windgeschützte Waldrunde mit 95 Prozent festen Waldwegen ist gut zu laufen, steigt aber von 240 Höhenmetern bis auf 440 m an der höchsten Stelle. „Den kleinen See mit den vielen Seerosen bei km 22 finde ich besonders schön. Bei km 28, wenn es noch mal so richtig bergan geht, da kann man noch einige Plätze gutmachen", weiß Biggi Linnartz. Ab km 30 ist der Bergauf-Teil dieses Marathons erledigt. Jetzt, wenn die Kräfte langsam nachlassen, führen die gelenkschonenden Waldwege nur noch bergab.

Arolsen liegt mitten in Deutschland, deshalb ist das komplette Wochenend-Ritual mit Marathon-Höhepunkt keine Pflicht. Die späte Startzeit um 11 Uhr ermöglicht es den weitaus meisten Startern, im eigenen Bett zu übernachten und den Start trotzdem pünktlich zu erreichen.

Anschrift: LT Bad Arolsen, Heinrich Kuhaupt, Schöne Aussicht 19, 34454 Bad Arolsen, Telefon: 05691/3795
Homepage: http://home.t-online.de/home/guenter.kunold/ marathon/
Termin 2003: 29.11.; Termin 2004: 27.11.
Fester Termin: Samstag vor dem 1. Advent
Startzeit: 11.00 Uhr; Zielschluss: 5:30 Stunden
Höhenmeter: ca. 200
Startgebühr: 25 Euro
Teilnehmerzahl gesamt: 800 (Limit: 800); Finisher Marathon: 680

Eine Premiere – und doch keine Premiere

Bad Frankenhausen: Kyffhäuser Berglauf   *Thüringen*

Der Kyffhäuser Berglauf gehört zu den Geländeläufen in Thüringen, die eine stolze Geschichte und viele Geschichten vorzuweisen haben. 24 Jahre lang lag die längste Wettkampfstrecke stets unterhalb der Marathondistanz, zuletzt kamen 38 km zusammen. Von da ist es nur ein kleiner Schritt bis zum kompletten Marathon, der auf vielfachen Wunsch 2003 zum ersten Mal angeboten wird.

Die Kurstadt Bad Frankenhausen liegt am Südrand des Kyffhäusergebirges 50 km von Weimar entfernt. Rund 2.000 Anhänger des Landschaftslaufes fanden in den letzten Jahren jeweils den Weg in diese geschichtsträchtige Gegend. Zu DDR-Zeiten lagen die Teil-

Dicke Pfeile weisen den Weg

nehmer-Zahlen deutlich höher. Doch nach dem Fall der Mauer musste – wie bei allen Läufen in den neuen Bundesländern – ein starker Einbruch verkraftet werden. Inzwischen steigt die Zahl der Liebhaber solch bergiger Landschaftsläufe wieder.

Die ersten Wettkampfkilometer werden zum Einrollen auf ebener, breiter Landstraße absolviert. Vorbei an der Barbarossahöhle, in der sich Kaiser Barbarossa mit seinem langen roten Bart zu seinem sagenumwobenen Schlaf verkrochen haben soll, geht es zum Kulpenberg und weiter zur Rothenburg. Hierbei werden mächtig Höhenmeter gesammelt, und anschließend wird als Höhepunkt das Kyffhäuser-Denkmal angesteuert. Seit über 100 Jahren ist das Denkmal schon von weitem zu sehen. Kaiser Wilhelm II.

blickt dort von seinem steinernen Pferd auf die Marathonläufer. „Das Denkmal ist gewaltig, die Strecke eine echte Knüppelstrecke, in die man sich schön verbeißen kann, wenn man etwas drauf hat", urteilte der Berliner Ultraläufer Roland Winkler über den Kurs.

Ab dem Ententeich laufen die Marathon-Läufer sieben Kilometer lang immer bergab. Schön ist dieser überwiegend im Wald gelegene Streckenteil und schnell, denn die gelenkschonenden, weichen Waldwege ermöglichen volles Tempo. Die eisernen Reserven sollten hier noch nicht angegriffen werden, denn ab der Ortschaft Udersleben führen die Wege auf einer Länge von rund 4 km noch einmal bergauf. Der weite Blick über das Tal ist wunderschön. Ein Segelflugplatz nutzt den hier oben ständig wehenden, kräftigen Wind, und immer soll es Gegenwind sein. Das behaupten jedenfalls die alten Laufhasen, die schon seit Jahren beim Kyffhäuser mitmischen.

Kurz vor dem Ziel wird das Panorama-Museum passiert. Drinnen erinnert ein riesiges 14×123 m großes Rundgemälde an die Epoche der deutschen Bauernkriege. Thomas Müntzer hatte damals nach den kirchlichen Neuordnungen der Reformationszeit auch wirtschaftliche Umwälzungen gefordert. Die entscheidende, blutige Schlacht fand am 15. Mai 1524 bei Bad Frankenhausen statt.

An Organisation und Lauf-Verpflegung ist absolut nichts auszusetzen, Verlaufen scheint unmöglich. Rund um das Ziel auf dem Schlossplatz in Bad Frankenhausen erwartet die Finisher das gemütliche Läuferfest, das hier zur Tradition gehört.

Anschrift: Kyffhäuser Berglauf-Verein, Herr Schmidt,
Goethestr. 8, PF 100212, 06567 Bad Frankenhausen
Telefon: 034671/63332 (Mo-Fr 9.00 - 16.00 Uhr), Fax: 034671/63343
E-mail: Kyffhaeuser-berglauf@t-online.de
Homepage: www.kyffhaeuser-berglauf.de
Termin 2003: 12.4.; Termin 2004: 17.4.
Startzeit: 8.00 - 9.45 Uhr; Zielschluss: 5:30 Stunden
Andere Wettbewerbe am Veranstaltungstag: 6 km, 14 km, 26 km
Startgebühr: 15,50 Euro
Teilnehmerzahl 2002: 2.012
Finisher Marathon: 2003 Premiere

Eine nicht alltägliche Brückenquerung

Bad Freienwalde: Oderbruch-Marathon *Brandenburg*

Eine nicht alltägliche Brückenquerung ist die Attraktion des Oderbruch-Marathons, der im Moorbad Bad Freienwalde gestartet wird. Quer durch den Oderbruch geht es zu einer alten Eisenbahnbrücke, die über die Oder führt. Zur Jahrhundertwende dampfte die alte Bäderbahn von Berlin aus über diese Brücke. Heute ist die Strecke stillgelegt, die Gleise sind abgebaut und die Brücke mit Eisenträgern vor unbefugtem Betreten geschützt. Schließlich bildet die Oder hier die Grenze zu Polen. Einmal im Jahr werden die T-Träger abgeschweißt, ein langes Gummi-Förderband aus dem Tagebau über die Gleise gelegt, und dann erst ist der Weg frei für die Marathonläufer des Oderbruch-Marathons. Die erreichen die Brücke bei km 19. Sobald der letzte Läufer die insgesamt 1.000 m lange Brücke passiert hat, wird die Brücke wieder verschweißt.

Auf der polnischen Seite beginnt jetzt eine 11 km lange wunderschöne Allee auf der Uferstraße neben der Oder. Die Bäume hier spenden Schatten, was im Sommermonat Juni manchmal höchst willkommen ist. Über den offiziellen Grenzübergang Niederwutzen passieren die Marathonis zum zweiten Mal Grenze und Oder. Durch das Naturschutzgebiet Schorfheide geht es zurück nach Bad Freienwalde, wo ab 2003 das Ziel ganz repräsentativ auf dem Marktplatz aufgebaut wird.

2002 verlief sich die Führungsgruppe. Ansonsten ist die Organisation einfach, aber eingespielt und in den Ortschaften, die durchlaufen werden, feuern die Anwohner die Läufer kräftig an.

Anschrift: Athleticon 97 Bad Freienwalde,
            Peter Grönebaum, 16259 Bad Freienwalde
Telefon: 03344/41690, Fax: 03344/416920
E-mail: crylog@web.de
Homepage: www.oderbruchmarathon.de
Termin 2003: 21.6.
Startzeit: 9.15 Uhr
Andere Wettbewerbe: Halbmarathon
Teilnehmerzahl gesamt: 139; Finisher Marathon: 102

Pack die Badehose ein!

Bad Füssing: Johannesbad-Thermen-Marathon   *Bayern*

Seit der Marathonboom die Laufszene erfasst hat, gibt es für Marathon-renner keine Off-Saison mehr, also keine Jahreszeit, in der keine Rennen über diese Streckenlänge veranstaltet werden. Auch Marathons mitten im Winter finden ihre Liebhaber. Der Johannesbad-Thermen-Marathon ist der bekannteste Wintermarathon zu Jahresbeginn.

Gelaufen wird im südöstlichen Zipfel Deutschlands auf einer flachen, aber windanfälligen 21,1 km-Runde. Die rund 300 Marathonstarter werden gemeinsam mit den Läufern des Halbmarathons auf die Reise ge-schickt. Durch die hier am Renntag oft weiße, in warmen Wintern grün-graue Februar-Landschaft führt der Kurs ohne besondere Höhepunkte. Die Marathonis laufen auf asphaltierten Wegen durch eine von Feldern ge-prägte Landschaft. Ein paar kleine Ortschaften bringen Abwechslung. Die Versorgung während des Laufes ist hervorragend.

Während die Laufstrecke recht unspektakulär ist, bringt das Rahmen-programm frischen Schwung in den Läuferwinter. Schließlich wollen die Johannesbad-Reha-Kliniken mit dem Februar-Rennen für ihre Einrich-tung werben. So können Läufer nach dem Rennen die Thermalbäder kos-tenlos nutzen. Also unbedingt den Bikini oder die Badehose in die Sport-tasche packen! Damit die grauen Zellen bei all der Lauferei nicht verküm-mern, gehört ein sportmedizinischer Workshop zum Programm.

Anschrift: Johannesbad Reha-Kliniken, Herr Lachauer,
          Johannesstr. 2, 94072 Bad Füssingen
Telefon: 08531/23-0 (8.00-16.30 Uhr), Fax: 08531/23-2791
E-mail: markuslachauer@johannesbad.de
Homepage: www.johannesbad.de
Termin 2004: 1.2.
Fester Termin: 1. Sonntag im Februar
Startzeit: 10.00 Uhr; Zielschluss: 5 Stunden
Höhenmeter: eben
Andere Wettbewerbe: 10 km, Halbmarathon
Startgebühr: 25-40 Euro
Teilnehmerzahl gesamt: 2.000; Finisher Marathon: 377

Warmer Zieleinlauf garantiert

Bad Honnef-Aegidienberg: Siebengebirgsmarathon   *NRW*

Was passiert beim Marathon nach dem Zieleinlauf? Erschöpft bleiben wir stehen, verschnaufen, trinken erst einmal. Ein paar Worte mit anderen Finishern werden gewechselt. An ein trockenes Trikot, an wärmende Trainingskleidung denken wir da noch nicht. Das aber kann bei kühlem Wetter äußerst böse Folgen haben. Die Trainingswissenschaftler sprechen vom „Open-Window-Effekt" und meinen damit, dass der von der langen Belastung ausgelaugte Körper jetzt besonders anfällig für Infekte ist. Der Siebengebirgsmarathon wird am zweiten Dezember-Sonntag gestartet. Niedrige Temperaturen und die Gefahr des Auskühlens scheinen da vorprogrammiert. Doch die Lauf-Macher fanden eine Lösung. Sie lassen die Marathonfinisher nicht draußen im Kalten stehen: Der Lauf endet mitten im warmen Bürgerhaus!

Auf der Pferderennbahn des Örtchens Aegidienberg nimmt eine landschaftlich herrliche Runde ihren Anfang. Tiefer Wald umgibt meist die Läufer, aber auch herrliche Blicke über das Siebengebirge versüßen den Marathongenuss. Leicht ist der Parcours nicht: Rund 650 Höhenmeter sind zu überwinden. Aber die bisher stets steigende Teilnehmerzahl bestätigt, dass im frühen Winter, wenn Zeiten und Platzierungen nur zweitrangig sind, genau solche Bedingungen gesucht werden. Die gute Verpflegung erleichtert die 42,195 km. Warmer Tee – wichtig bei den üblicherweise kalten Dezember-Temperaturen! – ein isotonisches Getränk und auf dem letzten Teil Cola, Bananen- und Orangenstücke werden gereicht.

Anschrift: TRI POWER Aegidienberg, Am Osthang 5,
              53639 Königswinter
Telefon: 02223/912037, Fax: 02223/912038
Homepage: www.sfa-tri-power.de
Termin 2003: 14.12.; Termin 2004: 12.12.
Fester Termin: 2. Sonntag im Dezember
Startzeit: 10.00 Uhr; Zielschluss: 6 Stunden
Höhenmeter: ca. 650
Startgebühr: 19 - 23 Euro
Teilnehmerzahl gesamt: 700 (Limit: 800); Finisher Marathon: 600

Weserbergland in der Nachmittagshitze

Bad Pyrmont: Classic Landschaftsmarathon *Niedersachsen*

„Achtung, die gelaufenen Zeiten sind nicht für DLV-Bestenlisten geeignet, da auch auf befestigten Waldwegen gelaufen wird", informiert der Veranstalter auf seiner Homepage die anmeldewilligen Marathonis. Tatsächlich ist das aber kein Hinderungsgrund, denn nicht der Laufuntergrund, sondern die Streckenlänge von 42,195 km definiert einen Marathon. Aus einem ganz anderen Grund wird dieser Lauf aber kaum Eingang in die Rekordlisten finden: Er ist ganz einfach zu hart für schnelle Zeiten. Schwer vorstellbar, aber wahr: Beim Marathon im niedersächsischen Staatsbad Bad Pyrmont addieren sich die Steigungen auf 690 Höhenmeter. Der Grund nennt sich Weserbergland. Da zudem stets am letzten Juli-Sonntag gelaufen wird, ist ein weiterer Härtezuschlag in Form von Hitze beinahe garantiert. Aber damit nicht genug: Gestartet wird um 14.00 Uhr – tatsächlich, das ist kein Druckfehler! Da hilft es auch nicht allzu viel, dass die Strecke über lange Passagen im Schatten liegt.

Die Marathonis starten auf der schon im 17. Jahrhundert angelegten Hauptallee. Für die Anstiege werden die Läufer durch schöne Ausblicke über das Pyrmonter Tal belohnt und an zwölf Verpflegungsstellen gut versorgt. Alle Läufer erhalten außerdem nicht nur freien Eintritt ins Freibad, sondern auch ins örtliche Spielkasino.

Anschrift: MTV Bad Pyrmont, Bernd Mecke,
Dringenauer Straße 3, 31812 Bad Pyrmont
Fax: 0528/110772
E-mail: info@BadPyrmont-Marathon.de
Homepage: www.BadPyrmont-Marathon.de
Termin 2003: 26.7.; Termin 2004: 31.7.
Fester Termin: letzter Samstag im Juli
Startzeit: 14.00 Uhr; Zielschluss: 5:30 Stunden
Höhenmeter: 690
Andere Wettbewerbe: 4,1 km, 10 km, 20 km
Startgebühr: 15 - 20 Euro
Teilnehmerzahl gesamt: 850; Finisher Marathon: 165

Attraktives Baukastensystem

Bad Salzuflen: Bad Salzuflen-Marathon *NRW*

Acht Kilometer lang ist die wellige Basisrunde im Kurgebiet Obernberg vor den Toren des Staatsbades Bad Salzuflen. Noch während des Rennens kann jeder selbst entscheiden, ob er die Runde 2-, 3-, 4- oder 5-mal läuft. Die zurückgelegte Distanz wird bestätigt. Rund ein Kilometer für den Weg vom Start- und Zielbereich bis zur Runde kommen hinzu. Asphalt und Waldwege wechseln sich ab. Bei schlechten Wetterbedingungen kann es matschig werden und flach ist es auch nicht. Dafür bietet die Runde durch den kahlen Wald aber Landschaft pur. Zwei Verpflegungsstellen pro Runde versorgen alle Läufer. Selbst die Veranstalter waren überrascht, dass so viele Läufer einen winterlichen Lauf in der freien Natur absolvieren wollen. Die Teilnehmerzahlen steigen bisher Jahr für Jahr, bilden eine einzige Erfolgsbilanz. Besonders das Baukastensystem lockt. Zu denjenigen, die sich erst langsam an die magischen 42,195 km herantasten wollen, kommen die, die in der Haupt-Vorbereitungsphase für die Frühjahrsmarathonläufe einen langen Trainingslauf in geselliger Atmosphäre machen wollen. Aber nur eine Minderheit läuft die vollen fünf Runden. Marathonläufers Los im Lippischen ist also: Je mehr Kilometer absolviert, je müder und schwerer die Beine werden, desto größer wird auch die Einsamkeit.

Für Bahnfahrer interessant ist ein besonderer – leider seltener – Service. Bahnfahrer werden vom Bahnhof abgeholt und zum Start gefahren.

Anschrift: LC 92 Bad Salzuflen, Matthias Probst,
         Lohheide 25, 32107 Bad Salzuflen
Telefon: 0700/11132107
E-mail: Marathon@lc92.de
Homepage: www.lc92.de
Termin 2004: 28.2.
Fester Termin: letzter Samstag im Februar
Startzeit: 12.05 Uhr; Zielschluss: 6 Stunden
Andere Wettbewerbe: 10 km, 18 km, 26 km und 34 km
Startgebühr: 8 - 9 Euro
Teilnehmerzahl gesamt: 1.200; Finisher Marathon: 172

Die Letzten beißen die Tiere

Bergisch Gladbach: Königsforst-Marathon — NRW

Zwei Runden sind in der herrlichen Waldlandschaft des Königsforstes zu absolvieren. In diesem Naherholungsgebiet wenige Kilometer vor den Toren Kölns wechseln sich hohe Tannen und Mischwald ab. Außer einem kleinen Stück Landstraße besteht der Kurs aus gelenkschonenden Waldwegen. Da es recht hügelig zugeht, ist dies keine Strecke für persönliche Rekorde. Wer durch den Königsforst läuft, will die Natur genießen oder sich mit einem langen Lauf auf die Frühjahrsrennen auf schnellem Asphalt vorbereiten. Der dichte Wald bietet optimalen Windschutz, denn im Veranstaltungsmonat März kann der Wind ganz schön heftig wehen. Die Versorgung während des Laufes ist einfach, aber ausreichend, das Organisationsteam eingespielt und bewährt.

Start und Ziel befinden sich vor der Bundesanstalt für Straßenwesen direkt an der Autobahn. In der großen Halle, wo sonst Laborfahrzeuge stehen, sind Tische und Meldestände aufgebaut. Die meisten, die von hier losrennen, begnügen sich mit einer Runde. Nur 300 der 1.800 Sportler liefen 2002 die Marathondistanz. Drei Stunden beträgt die Sollzeit für den Halbmarathon, doch nur 4:30 Stunden ist das Marathon-Ziel offen. Auf der Internetseite erklärt der Veranstalter diese Diskrepanz mit der Startzeit um 14.30 Uhr: „Bei Einbruch der Dämmerung gehen die wilden Tiere des Königsforsts auf Nahrungssuche, wobei sie sich gerne auf kleine, dicke und lahmende Marathonis stürzen."

Anschrift: Königsforst-Marathon, Manfred Blasberg,
        Auf der Höhe 17, 51429 Bergisch Gladbach
Telefon: 02204/81882, Fax: 02204/85104
E-mail: manfred.blasberg@t-online.de
Homepage: www.koenigsforst-marathon.de
Termin 2003: 22.03.
Startzeit: 14.30 Uhr; Zielschluss: 4:30 Stunden
Höhenmeter: 120
Andere Wettbewerbe: Halbmarathon
Startgebühr: 23 Euro
Teilnehmerzahl gesamt: 1.800; Finisher Marathon: 300

Ungewöhnliche „Geschäftsbedingungen"

Berlin-Treptow: Team-Marathon   *Berlin*

Ungewöhnliche „Geschäftsbedingungen" gelten beim Januar-Marathon in der Hauptstadt: In der Individualsportart Laufen ist diesmal Gemeinschaftssinn gefragt. Denn nicht der einzelne Läufer wird gewertet, sondern die aus drei Läufern bestehenden Teams. Diese müssen die gesamten 42,195 km zusammen laufen, miteinander durch dick und dünn rennen. Die Endzeit richtet sich nach dem schwächsten Läufer. Das bedeutet allerdings nicht, dass die beiden leistungsmäßig Stärkeren nur mittraben. Denn erstens sind 42,195 km in jedem Tempo ein hartes Stück Arbeit; zweitens können sie durch geschickte Hilfe den schwächsten Läufer entscheidend unterstützen. So wird die Rolle des Wasserträgers, die bei Radrennen den schwächeren Helfern obliegt, beim Team-Marathon vom Mannschaftsstärksten übernommen. Die richtige Psychologie kann Minuten herausholen, und ein lockeres Gespräch hilft über manches Schwächeln hinweg.

Für die meisten Teams steht allerdings nicht der Platz in der Ergebnisliste, sondern das gemeinsame Lauferlebnis im Vordergrund. Der Veranstalter bietet einen besonderen Service für Läufer an, die alleine anreisen. Etwa gleichstarke Läufer werden zu Gruppen zusammengestellt. Die 5-km-Runde führt durch den Plänterwald, einem beliebten Trainingsgebiet der Berliner Läufer. Asphalt und befestigte Parkwege bilden den Untergrund, die Versorgung ist top.

Anschrift: Roland Winkler, SCC Berlin,
        Oberfeldstr. 157a, 12683 Berlin
Telefon: 030/5614405, Fax: 030/5614405
E-mail: roland.winkler@berlin.de
Termin 2004: 17.1.
Fester Termin: 3. Samstag im Januar
Startzeit: 12 Uhr; Zielschluss: 5 Stunden
Andere Wettbewerbe: 5 km
Startgebühr: 45 Euro pro 3er Team
Teilnehmerzahl gesamt: 250; Finisher Marathon: 195

Am Brandenburger Tor purzeln die Glückshormone

Berlin: real,- Berlin-Marathon   *Berlin*

Der Berlin-Marathon ist der Lauf der Superlative, das größte Marathonevent in Deutschland und eines der größten weltweit. Aber seine Stärke liegt nicht nur in der Größe. Durch die Spree-Metropole zieht sich eine Traumstrecke, auf der ein lauftouristischer Höhepunkt den nächsten jagt. Auf ihrem Weg werden die Athleten von einem hervorragend aufgelegten Publikum angefeuert, das eine nur auf wenigen Kilometern unterbrochene Applauskette garantiert.

Im Jubiläumsjahr 2003 beginnt eine neue Ära des Berlin-Marathons. Nicht zum ersten Mal in der bewegten Geschichte des Hauptstadt-Marathons wird die in den letzten Jahren gelaufene Strecke zu den Akten der Laufgeschichte gelegt. Ab 2003 werden Start und Ziel auf der breiten Straße des 17. Juni in Sichtweite des Brandenburger Tors liegen. Das bekannteste Wahrzeichen Berlins wird nicht wie bisher nach drei Kilometern durchlaufen, sondern bildet den Höhepunkt des Rennens bei Kilometer 41,9.

Begonnen hatte die Berliner Marathon-Herrlichkeit 1974 nicht im Zentrum der Stadt, sondern weit draußen, im Grünen. Einen Marathon mitten in der Stadt durchzuführen, war zu dieser Zeit noch völlig undenkbar. Ausnahmen bildeten nur die Olympischen Spiele und andere große Meisterschaften. Beim Mommsenstadion wurde gestartet, und dann lief man auf einer Wendepunktstrecke zwischen Grunewald und der ehemaligen Autorennstrecke Avus. Die Läufer blieben also in dem Gebiet, in dem viele von ihnen auch trainierten. 244 Läufer erreichten am 13. Oktober 1974 das Ziel des ersten Berlin-Marathons. Bis 1980 wuchs das Rennen mit 363 Teilnehmern nicht wesentlich, Marathonlaufen war eben damals noch eine Sportart für eine kleine Gruppe von „Verrückten".

1981 konnte Horst Milde, von Anfang an in Berlin der Marathonchef, gegen viele Widerstände die Verlegung in die City durchsetzen. Seine Erwartungen wurden voll und ganz erfüllt: Mit der Verlegung des Rennens in die Westberliner Innenstadt schossen die Teilnehmerzahlen in ungeahnte Höhen. Der Berliner Marathonboom begann. Für damalige Verhältnisse sensationelle 2.583 Finisher liefen vom Reichstag bis ins Ziel auf dem Kurfürstendamm. In den Folgejahren ging es bei den Teilnehmerzahlen und Siegerzeiten stets bergan. 16.410 Läufer meldeten 1989.

1990 machten die politischen Umwälzungen in Deutschland eine völlig neue Strecke möglich. Drei Tage vor der deutschen Wiedervereinigung führte der Berlin-Marathon durch die gesamte, neu erstandene Metropole. Der „Lauf in die Einheit" wurde zu einem gigantischen Medien- und Sportspektakel. 25.000 Starter aus Ost und West genossen das damals ganz und gar neue, überwältigende Gefühl: den Lauf durch das Brandenburger Tor und die anschließende große Runde durch West- und Ost-Berlin.

Politisch folgte auf die Wiedervereinigung der Umzug der Regierung in die Hauptstadt. Mit der Fertigstellung des Regierungsviertels ist die Zeit der Berliner Provisorien weitgehend abgeschlossen, eine Revision des Berlin-Marathon-Kurses fällig. Die Streckenplaner haben das Brandenburger Tor ganz in den Mittelpunkt des runderneuerten Berlin-Marathons gestellt; medien- und publikumswirksam liegen hier Start und Ziel. Für die Organisation bedeutet dies nebenbei eine ungeheure Erleichterung. Denn bis 2002 mussten 90 Lastwagen die Kleiderbeutel von bis zu 41.000 Sportlern vom Start zum Ziel bugsieren. Dieser gewaltige logistische Aufwand fällt jetzt weg.

Mit der neuen Streckenführung hat der veranstaltende SCC Berlin wieder einmal schnell auf neue Gegebenheiten reagiert. Aber die Marathon-Macher der Spree-Metropole sind sich darüber im Klaren, dass auch der zum elften Mal umgestaltete Kurs keine Route für die Ewigkeit ist. So relativiert Horst Milde: „In einer Großstadt wie Berlin ist nichts, aber rein gar nichts endgültig."

Nicht nur für die Spitze: Eigenverpflegung

Der Start in der größten deutschen Stadt erfolgt nach wie vor auf der Straße des 17. Juni. Das hat sich bewährt, auf dem achtspurigen Asphaltband kommen auch die Läufer aus dem Mittelfeld optimal ins Rennen. Doch die Laufrichtung wechselt ab 2003: Die Marathonis laufen nicht auf das Brandenburger Tor zu, sondern in die entgegengesetzte Richtung. Der Bogen um die „Gold-Else" auf der Siegessäule bleibt den Läufern als erster Orientierungspunkt erhalten. Bis zur scharfen Rechtskurve am Ernst-Reuter-Platz dauert es drei Kilome-

Immer nur lächeln: die letzten Meter sind die schönsten

ter, das Läuferfeld kann sich also gut entzerren. Auf den nächsten Kilometern präsentiert Berlin den Läufern Zeugen der neuen politischen Realität in Berlin: Bundeskanzleramt und Reichstag werden passiert. Aber in der ehemals geteilten Stadt liegen Geschichte und Gegenwart nie weit auseinander: Kurze Zeit später erinnert der Checkpoint Charlie an vergangene Zeiten.

Am Waterloo Ufer – früher km 15, jetzt km 12 – stoßen die Berliner Marathonläufer auf die Runde der letzten Jahre. Jetzt geht es beifallumtost durch Kreuzberg und Neukölln. Hier wird die eine oder andere Schleife gegenüber dem früheren Kurs eingespart. An der Hasenheide erweisen die Läufer „Turnvater" Jahn ihre Referenz. Der hatte 1811 hier den ersten öffentlichen Turnplatz eröffnet. Der Hermannplatz und das Rathaus Schöneberg als Zuschauermagneten bleiben dem Kurs durch die Großstadt erhalten. „Ab hier die Sau rauslassen" lautete für mehr als zwei Marathon-Jahrzehnte die Devise am Wilden Eber, wo bei km 36 die letzten Marathon-Kilometer eingeläutet wurden. Damit ist jetzt Schluss, denn diese Meile der Ovationen und der Sambatrommler liegt ab 2003 bei km 27. Der Läufer, der hier tatsächlich „die Sau rauslässt", kommt gerade mal bis zum Kurfürstendamm. Nur liegt die Nobelstraße jetzt nicht mehr am Ende der Marathon-Tour, sondern in der Härtephase des Marathons zwischen km 32 und 33. „Ruhe bewahren, cool down" heißt daher das neue Motto für den Wilden Eber.

Auf der Tauentzienstraße, wo in den letzten Jahren erfrischende Wasserbecher über heißgelaufenen Köpfen ausgeschüttet wurden und engagierte Masseure sich bemühten, schmerzende Läufermuskeln zu lockern, steht ab 2003 der Kampf gegen Uhr und Distanz auf dem Programm. Die neue

Mitte mit den glitzernden Hochhausfassaden des Potsdamer Platzes ist der nächste Orientierungspunkt. Die darauf folgenden Kilometer bieten Marathon-Sightseeing vom Feinsten: Vorbei an deutschem und französischem Dom geht es über Berlins schönsten Platz, den Gendarmenmarkt. Ein paar hundert Meter weiter liegt der Arbeitsplatz jenes Marathonläufers, der als übergewichtiger Turnschuh-Minister in die große Politik einstieg, aber in dieser Zeit nur wenige Meter traben konnte. Nach seiner Wandlung zum Läufer wurde er Chef des Außenministeriums, das bei km 39 am Werderschen Markt liegt. Auf der Prachtstraße Unter den Linden geht es vorbei an der Neuen Wache, der Staatsoper und der Staatsbibliothek zum Brandenburger Tor. Kilometer 41,9 ist erreicht. Auf den nächsten 300 m bis ins Ziel vor dem sowjetischen Ehrenmal wird das Laufen zur Nebensache. Marathon-Euphorie und Finsher-Stolz tragen die Läufer ins Ziel. Die Anfeuerungen der vielen Zuschauer verstärken das überwältigende Erfolgsgefühl. Glückshormone purzeln durcheinander auf den letzten Metern vom historischen Brandenburger zum modernen Marathon-Zieltor.

Der Kurs der Jahre 1990 bis 2002 galt als das schnellste Marathonpflaster der Welt. In jenen zwölf Jahren wurde in Berlin sechsmal eine Weltjahresbestzeit vorgelegt. In den Jahren 1998, 1999 und 2001 wurden neue, fantastische Weltbestzeiten aufgestellt. Vor allem der Sprung in ein neues Frauen-Marathonzeitalter, der Naoko Takahashi aus Japan 2001 mit der

ersten Zeit unterhalb der Schallmauer von 2:20 Stunden gelang (2:19:46), ist vielen Marathonläufern noch nachhaltig im Gedächtnis. Doch die neu gestaltete Strecke braucht sich hinter der alten nicht zu verstecken: Sie ist genauso flach, hat genauso viele lange Asphalt-Geraden zum Tempobolzen und für die Zuschauer ist der Kurs noch attraktiver geworden.

Mit den 25.978 Finishern des Jahres 2002 zählt Berlin zu den absoluten Mega-Marathons der Welt. Auf der neuen Route werden sogar noch mehr Läufer zugelassen: 35.000 dürfen starten.

Finisher-Jubel an der Gedächtniskirche

Beim Service für den Läufer kann keiner mit den Berlinern mithalten, die Organisation ist durchgängig in allen Bereichen Weltspitze. Eine durchgehende blaue Linie zeigt die Ideallinie an.

Marathonläufe mit riesigen Teilnehmermassen bringen aber immer Einschränkungen und Wartezeiten für den Einzelnen mit sich. Es gibt Grundregeln, an die man sich halten sollte: Überall sind Tausende anderer Läufer unterwegs, die exakt dasselbe Ziel haben. Das fängt bei den U- und S-Bahnen an. Wer in der Innenstadt zusteigt, muss schon mal zwei Bahnen vorbeifahren lassen, weil in den Zügen kein Platz ist. Auch beim Aussteigen bewegt sich die Masse Mensch nur zentimeterweise vorwärts. Wer hier spät dran ist, wird nervös und fragt sich: Schaffe ich das überhaupt noch bis zum Start? Kleiderabgabe, Check-In – all das kostet Zeit, denn Tausende von Läufern wollen alle das Gleiche: Rechtzeitig vor dem Startschuss hinter den Zeitnahme-Matten stehen. Während des Rennens ziehen sich die Versorgungspunkte, an denen die Getränke für so viele Läufer bereitgehalten werden, über mehrere hundert Meter hin. Deshalb ist es absolut nicht nötig, dass alle Läufer die ersten beiden Tische ansteuern. Vor diesen Tischen bildet sich garantiert ein Läuferstau. Der kluge Läufer läuft hier vorbei und löscht seinen Durst hundert Meter später.

Das Berliner 42,195-km-Spektakel ist der absolute Höhepunkt des deutschen Marathonjahres, Berlin spielt in der Weltliga der Marathonläufe ganz oben mit. Dieses einmalige Erlebnis sollte sich kein Läufer entgehen lassen. Wer in Deutschland Marathon läuft, der muss ganz einfach auch mindestens einmal die 42,195 km durch Berlin gelaufen sein.

Anschrift: SCC-RUNNING, Glockenturmstr. 23, 14055 Berlin
Telefon: 030/30128810, Fax: 030/30128820
E-mail: info@berlin-marathon.com
Homepage: www.berlin-marathon.com
Termin 2003: 28.9.; Termin 2004: 26.9.
Fester Termin: letzter Sonntag im September
Startzeit: 9.00 Uhr; Zielschluss: 5:15 Stunden
Höhenmeter: flach
Andere Wettbewerbe: Mini-Marathon
Startgebühr: 50 - 90 Euro
Teilnehmerzahl gesamt: 32.752 (Limit: 35.000)
Finisher Marathon: 25.278

Statt der Eisenbahn schnaufen die Läufer

Berlin: Wuhlheide-Marathon   *Berlin*

Im Ostberliner Stadtteil Köpenick liegt die 5-km-Runde und führt durch den Pionierpark der Wuhlheide. Die für Großstädte in der DDR so typische Pionier-Eisenbahn dreht auf diesem Gelände zwar noch ihre Runden, aber nicht zu der Zeit, in der die Marathonläufer hier kreisen. Denn dann ist es Anfang November und zum Stillsitzen in den Wagen der Bahn zu kalt. Marathonlaufen dagegen kann man zu jeder Jahreszeit – wenn die Trainingsdecke stimmt.

In den ersten Jahren nannte sich die Veranstaltung „Veteranen-Marathon", eine Teilnahme war aber auch für junge Läufer möglich. Neben der Umbenennung in „Wuhlheide-Marathon" wurde die Runde um knapp 800 m auf 5 km verlängert. Aber dadurch hat sich der Kurs seit der ersten Auflage 1981 nicht wesentlich geändert. Start und Ziel befinden sich wie eh und je im Stadion des Freizeitzentrums, und auch jede der acht Runden führt durch das Stadion. Das freut die Läufer wegen der hier aufgestellten Verpflegungstische und auch die Betreuer, denn so können sie ihre Schützlinge immer wieder sehen. Über befestigte und asphaltierte Parkwege führt der Kurs, der trotz einiger Ecken und Kanten flüssig zu laufen ist. Der Novemberwind kann wenig Schaden an der persönlichen Laufzeit anrichten, weil er durch die Bäume des bewaldeten Parks geschwächt wird.

Anschrift: Ullrich Liebmann,
        Wiesbadener Straße 59c, 14197 Berlin
Telefon: 030/8229760 (nach 19.00 Uhr)
E-mail: postmaster@wuhlheide-marathon.de
Homepage: www.wuhlheide-marathon.de
Termin 2003: 2.11.; Termin 2004: 7.11.
Fester Termin: 1. Sonntag im November
Startzeit: 10.00 Uhr; Zielschluss: 5 Stunden
Andere Wettbewerbe: 10 km, Halbmarathon
Startgebühr: 13 Euro
Teilnehmerzahl gesamt: 380; Finisher Marathon: 193

Immer wieder zum Gemeinheitskopf

Bestwig: Hochsauerland-Waldmarathon *NRW*

Durch den Naturpark Arnsberger Land führt die 21,1 km lange Runde des Hochsauerland-Waldmarathons. Dieser eine Satz beinhaltet schon die wichtigsten Charakteristiken dieses Laufes: „Natur" und „Hochsauerland". Es geht durch die grüne und im Herbst eben auch bunte Natur. Dabei wird fast durchgehend auf nicht asphaltierten Waldwegen gelaufen.

Gleich auf den ersten 2,2 km hinaus aus dem Ortsteil Föckinghausen müssen die 83 m Höhenunterschied zum Gemeinheitskopf überwunden werden. Dann folgen die Läufer einer Skilanglaufloipe. Gut drei Kilometer lang ist dieser Kammweg, dann wird gewendet und – weil es so schön war – auf gleicher Strecke zurückgelaufen. Wieder am Gemeinheitskopf geht es in die andere Richtung weiter. Nach einer neun Kilometer langen Schleife mit einigem Auf und Ab erreichen die Läufer zum dritten Mal den Dreh- und Angelpunkt dieses Marathons, den Gemeinheitskopf. Jetzt geht es steil bergab zurück ins Ziel. 21 km sind absolviert, für die Marathonis bedeutet das: zurück in den Wald! Und wieder die 83 m hinauf zum Gemeinheitskopf … Geschickterweise haben die Veranstalter hier einen Verpflegungspunkt postiert, der so sechsmal von den Marathonis in Anspruch genommen werden kann.

Die 25 Finisher des Jahres 2002 entsprechen in etwa dem langjährigen Durchschnitt. Aber auch wenn dieser Natur-Marathon nie sehr bekannt wurde und klein ist, haben die Veranstalter einen langen Atem: Bereits seit 1982 wird hier die klassische Distanz über bergige Waldwege geführt.

Anschrift: Tus Velmede-Bestwig, Gabriele Gierse,
Zum Bergkloster 1, 59909 Bestwig
Telefon: 02904/70350, Fax: 02904/70351
Termin 2003: 5.10.
Startzeit: 9.00 Uhr
Andere Wettbewerbe: Halbmarathon; Finisher Marathon: 25

Kölner Stimmung ohne Gedränge

Bonn: RheinEnergie BonnMarathon NRW

2004 wird der 4. Bonn-Marathon gestartet. Allerdings beinhaltet diese Zählweise nur die halbe Wahrheit. Denn von 1989 bis 1993 liefen bereits Marathonis durch die Beethovenstadt, die noch als Regierungssitz fungierte. Für die damalige Zeit beachtliche 1.600 Starter waren bei der vorläufigen Abschiedsvorstellung 1993 mit von der Partie. Als der Hauptsponsor ausstieg, war es um das Rennen geschehen.

Mit einem neuen Veranstalter, frischem Elan und einer veränderten Strecke wurde 2001 ein Neuanfang gemacht. Die Kennedybrücke über den Rhein ist jetzt Dreh- und Angelpunkt des Rennens. Als Hauptverkehrsader durfte sie in der ersten Bonner Marathonepoche zu Hauptstadtzeiten nicht in die Strecke einbezogen werden. Heute ist die große Politik nach Berlin gezogen, da liegen die Dinge völlig anders.

Gestartet wird seit 2003 auf dem zentralen Bonner Münsterplatz. Schon bald nach dem Start überqueren die Läufer auf der Kennedybrücke den Rhein, laufen eine Schleife durch den Ortsteil Beuel und befinden sich nach 7 km schon wieder über dem mächtigen Strom. Zweimal können die Zuschauer die Läufer hier anfeuern, ohne einen einzigen Meter zu gehen. Tausende nutzen diese Chance, dicht steht das Zuschauerspalier. Die nächsten 12 km führen parallel zum Rhein in Richtung Bad Godesberg – vorbei an Villa Hammerschmidt, dem Palais Schaumburg und am ehemaligen Deutschen Bundestag. Wie es sich für einen Ex-Regierungssitz gehört, sind die Straßen durch das Stadtviertel, in dem früher die politische Macht konzentriert war, nach Politikern benannt: Auf Rathenau- und Stresemannufer folgen Franz-Josef-Strauß- und Ludwig-Erhard-Allee, bevor es in die Kennedy-Allee geht.

Vorbei an der St. Cyprian-Kirche

Erstaunlich, dass selbst hier, wo kaum jemand wohnt, immer wieder Zuschauer die bunte Läuferschlange anfeuern. In den urbanen Stadtvierteln, durch die vor allem die zweite Streckenhälfte führt, werden die Läufer sowieso fast überall gefeiert. Kleine Stadtfeste heizen die Stimmung an. Hier macht es sich bezahlt, dass die Betreuung am Streckenrand nur selten in traditioneller Weise von Leichtathleten und Laufgruppen übernommen wird. Vor allem Karnevalsvereine wie die „KG Zollkanonen", das „Damenkomitee St. Paulus" oder die „AK Prinzengarde 1947" sind engagiert, dazu Schützenbrüder, Trachtengruppen und der Kolpingverein. Die einzelnen Gruppen erledigen ihre Aufgaben mit einem überwältigenden Elan, der die Marathonläufer ansteckt.

Immer wieder wird der Vergleich mit Köln gezogen. Der Marathon in der Nachbarstadt wird schließlich vom gleichen Veranstalter durchgeführt. Und beide Läufe haben einen ähnlichen Charakter: In beiden werden die Marathonhelden – und das sind alle Marathonstarter – gefeiert und vom Publikum auf einer Woge der Begeisterung ins Ziel getragen. Auf 250.000 schätzte die Polizei die Zuschauerzahl in Bonn jedes Mal. Und Läufer kommen trotz der objektiv gesehen deutlich geringeren Zuschauermasse immer wieder zu dem Schluss: „Hier ist die gleiche Stimmung wie in Köln und nicht so viel Gedränge. Man kommt zügiger ins Rennen."

Auf dem letzten Kilometer windet sich die Marathonschlange noch einmal durch die Innenstadt. Die Läufer genießen die immer dichter werdenden Zuschauerreihen. Der Münsterplatz mit dem historischen Rathaus bildet eine würdige Kulisse für einen umjubelten Zieleinlauf, bei dem jeder Finisher bis hin zum letzten Läufer nach mehr als sechs Stunden bejubelt wird.

Anschrift: RheinEnergie BonnMarathon,
c/o Sportamt Bonn, 53142 Bonn
Telefon: 02204/919460, Fax: 02204/919461
Homepage: www.rheinenergie-bonn-marathon.de
E-Mail: info@Bonn-Marathon.de
Termin 2003: 6.4.
Startzeit: 9.45 Uhr; Zielschluss: 6 Stunden
Startgebühr: 38 - 53 Euro
Teilnehmerzahl gesamt: 5.482; Finisher Marathon: 3.328

Bergmann-Feeling und Läufer-Einsamkeit

Bottrop: Bottroper Herbstwaldlauf, Ultramarathon (50 km) *NRW*

Bottrop liegt im Ruhrpott. Mit dieser stark durch die Industrie geprägten Region verbinden viele auch heute noch dreckige Luft, rauchende Schlote, Ruhrkohle und Zechen. Realität war dieses Bild in den 50er und 60er Jahren. Doch mit der Wirklichkeit unseres Jahrtausends hat das nur noch wenig zu tun, die Zechen sind fast alle geschlossen. Eines der wenigen Bergwerke, in denen noch Kohle gefördert wird, dient beim Bottroper Fünfziger zum Umkleiden und Duschen und ermöglicht so den Läufern einen kleinen Einblick in das heutige Leben der Bergleute. In der Waschkaue der Zeche Prosper Haniel kommt echtes Bergmann-Feeling auf.

Seit 1999 haben die Bottroper ihren traditionellen Herbstwaldlauf um ein 50-km-Rennen erweitert. Es ist der einzige Ultramarathon im Ruhrgebiet, dessen Organisation einfach, aber gut und effektiv ist.

Zwei Runden sind zu absolvieren. Start und Ziel werden auf dem Werksgelände vor dem Förderturm aufgebaut. Auf der Strecke hat man mit Industrie nichts mehr zu tun. Sie führt durch eine Landschaft, die nur wenige mit dem Ruhrgebiet verbinden würden: Vorbei an viel Natur und hohen Bäumen laufen die Ultras durch den grünen Bottroper Norden. Dabei bleibt der Kurs stets flach. Da hier Anfang November Spaziergänger selten sind, bleiben die Ultras hier weitgehend unter sich.

Anschrift: Jürgen Liebert, Im Fuhlenbrock 102, 46242 Bottrop
Telefon: 02041/52230, Fax: 02041/706888
E-mail: huj.liebert@t-online.de;
Homepage: www.adler-langlauf.de
Termin 2003: 2.11.; Termin 2004: 7.11.
Fester Termin: 1. Sonntag im November
Startzeit: 9.15 Uhr; Zielschluss: 6 Stunden
Höhenmeter: 20
Andere Wettbewerbe: 5 km, 10 km, 25 km
Startgebühr: 22 Euro
Teilnehmerzahl gesamt: 997; Finisher 50 km: 164

Stadt – Land – Stadt – Land – Stadt

Braunschweig: Sportteam *Niedersachsen*
Augath Braunschweig-Marathon

Von Braunschweig nach Wolfenbüttel und zurück führen diese 42,195 km. Stadt und Land wechseln sich also ab. „Das hat den Vorteil, dass man zwischendurch auch mal seine Ruhe hat. An anderen Punkten stehen wieder viele Zuschauer", beschreibt Marathonläuferin Claudia Brümmer die Vorteile dieser Streckenführung. Nach dem Start wird zunächst einmal die Braunschweiger Innenstadt durchlaufen. Aber am frühen Morgen ist hier noch nicht allzu viel Leben. Dann prägen Parks und Felder den Streckenrand, bis die Außenbezirke von Wolfenbüttel erreicht sind. Nach einer Runde durch die Stadt geht es über Feldwege zurück. Besonders der Weg entlang des Flusses Oker und am Südsee vorbei erfreut das Herz der Landschaftsläufer. Wer zwischen Braunschweig und Wolfenbüttel eine völlig flache Strecke erwartet hat, sieht sich enttäuscht: Bevor Braunschweig erreicht wird, muss bei km 30 ein happiger Anstieg bewältigt werden; eine „Heard Break Hill Party" hilft hinauf. Wenn ein kräftiger Wind weht, sind die Läufer ihm über lange Passagen schutzlos ausgeliefert.

Im Polizeistadion feiern viele Zuschauer die erfolgreichen Marathonfinisher beim Zieleinlauf. Ein Bus-Shuttle verbindet den ganzen Tag über Start- und Zielgebiet. Die Organisation funktioniert ohne Probleme, und die Läufer freuen sich an der familiären Atmosphäre.

Anschrift: Sportteam Augath, Tom Staats,
        Bäckerklint 1, 38100 Braunschweig
Telefon: 0531/6183637, Fax: 0531/6183639
E-mail: info@braunschweig-marathon.de
Homepage: www.braunschweig-marathon.de
Termin 2003: 19.10.
Fester Termin: 3 Wochen nach Berlin Marathon
Startzeit: 10.00 Uhr; Zielschluss: 5.30 Stunden
Andere Wettbewerbe: 10 km
Startgebühr: 25 - 40 Euro
Teilnehmerzahl gesamt: 1.600; Finisher Marathon: 870

Zwölf Stunden Runden hamstern

Brühl: 12-Stunden-Lauf   *NRW*

Es ist schon eine recht ausgefallene Form des Sporttreibens, zwölf Stunden auf einem 2,5 km langen Parcours möglichst viele Runden zu hamstern. Aber diejenigen, die sich in der Stadt Brühl im Kölner Dunstkreis auf diese ausgefallene Ausdauerprüfung eingelassen haben, schwärmen davon. Das Schlosspark-Stadion verwandelt sich schon am Vorabend in eine Zeltstadt. Den ganzen folgenden Tag über ist hier das Zentrum des Geschehens, denn über die Aschenbahn des Stadions führt der Laufkurs. Hier ist das Basislager der Betreuer. An die Sportplatzrunde schließen sich rund 750 m befestigte Waldwege im Schatten des Schlossparks an, immer wieder fallen die Blicke auf das Schloss Augustusburg, wo früher regelmäßig Gäste der Bundesregierung empfangen wurden. Durch die Brühler Fußgängerzone geht es zurück zum Stadion mit Rundenzählern, Verpflegungsstelle, Schwammstation und der dort deponierten Eigenverpflegung.

Nach 12 Stunden beendet ein Böllerschuss das Rennen. Was dann passiert, erklärt der Veranstalter so: „Dieser Schuss ist auf der gesamten Strecke zu hören. Die zu diesem Zeitpunkt auf der Strecke befindlichen Läufer müssen sofort ihren Lauf abbrechen und genau an der erreichten Stelle verharren, bis das Orga-Team mit einer Lobeshymne auf den Lippen und eventuell tröstenden Worten eintrifft und die restlichen Meter der angebrochenen, letzten Runde vermisst und notiert."

Wem 12 Stunden Dauerlauf zu viel sind, der kann auch als Staffelläufer antreten, zwei bis fünf Läufer teilen sich beliebig das Kilometersammeln während der zwölf Wettkampfstunden.

Anschrift: 12-Stunden-Lauf Brühl, Jülichsgasse 5, 50321 Brühl
Telefon: 02232/34496, Fax: 02232/34496
E-mail: schellenburg@12-stundenlauf.de
Homepage: www.12-stundenlauf.de
Termin 2003: 22.6.; Termin 2004: 27.6.
Fester Termin: 4. Sonntag im Juni
Startzeit: 7.00 Uhr
Andere Wettbewerbe: 12-h-Staffel, 25 km
Startgebühr: 38 - 48 Euro

10 Prozent Steigung auf dem letzten Kilometer

Bühlertal: Hornisgrinde-Marathon *Baden-Württemberg*

Durch den nördlichen Schwarzwald führt der Hornisgrinde-Marathon und so umgibt fast auf der gesamten Strecke dichter Wald die Läufer. Auf den ersten 20 km geht es überwiegend bergab. Manchmal werden die Wege zu schmalen Pfaden, sind aber immer gut zu laufen. Nach 20 km wird der Schwarzenbach-Stausee erreicht, ein Stück laufen die Marathonis an ihm entlang bis zur Wende. Auf dieser 1 km langen Passage können die Abstände zu den direkten Konkurrenten eingeschätzt und Freunde gegrüßt werden. Dann geht es mächtig bergauf, die während der ersten Hälfte verlorenen Höhenmeter müssen wieder erkämpft werden. Die fünf Kilometer von 36 bis 41 ziehen sich lang und länger auf einem wenig abwechslungsreichen Waldweg. Doch der letzte Kilometer bringt Abwechslung: Der steigt nämlich steil wie beim Berglauf mit bis zu 10 Prozent Steigung an. Das tut weh.

Der Hornisgrinde-Marathon ist ein Sommer-Marathon im Wald, ein Landschaftsmarathon in herrlicher Natur. Er wird von einer Organisationsmannschaft durchgeführt, die ihn zu jedem Zeitpunkt im Griff hat. Nur etwas mehr Zeit muss man einplanen: Ein Drei-Stunden-Finisher läuft gut und gerne eine Viertelstunde länger als bei gleicher Belastung im Flachen.

In Bühlertal wird nicht nur Marathon gelaufen, dort wird auch gefeiert. Deshalb sind an Start und Ziel Tische und Bänke aufgestellt, an denen hinterher der Marathon gemütlich begossen wird.

Anschrift: TV Bühlertal, Chorstr. 9, 77815 Bühl
Telefon: 07223/3442, Fax: 07223/3442
E-mail: j-schuster@t-online.de
Homepage: www.bh-vereine.de/tvbuehlertal
Termin 2003: 20.7.; Termin 2004: 18.7.
Fester Termin: 3. Sonntag im Juli
Startzeit: 8.15 Uhr; Zielschluss: 6 Stunden
Höhenmeter: ca. 300
Andere Wettbewerbe: 10 km
Startgebühr: 16 Euro
Teilnehmerzahl gesamt: 800; Finisher Marathon: 302

Gigantisches Landschafts-Schauspiel

Dresden: Königstein-Dresden-Marathon *Sachsen*

Aus dem Kletter- und Naturparadies Sächsische Schweiz in die Kulturmetropole Dresden führt der Königstein-Dresden-Marathon. Dabei bieten die ersten 38 km ein gigantisches Landschafts-Schauspiel, an das sich die berühmte Stadtsilhouette Dresdens anschließt.

Unterhalb der mächtigen Mauern der Festung Königstein im gleichnamigen Touristenort wird gestartet. Bizarr wuchtige Felsformationen lenken das Auge auf dem ersten Drittel des Marathonkurses in die Höhe. Je näher die Läufer an die Landeshauptstadt heranlaufen, desto sanfter werden die Erhebungen des Elbsandsteingebirges zu beiden Seiten der Elbe. Der Marathon bleibt fast durchgehend auf dem Radweg in Sichtweite des Flusses. Auf den ersten 15 km gibt es aber einige kleinere Anstiege. Eine willkommene Abwechslung bietet der Schwenk hinein in die Stadt Pirna nach etwa der Hälfte der Distanz: Der mittelalterliche Stadtkern zeugt von Pirnas Vergangenheit als wohlhabender Handelsplatz. Auch Dresden wird entlang der Elbe passiert, lediglich der letzte Kilometer zum Ziel im Heinz-Steyer-Stadion ist wenig attraktiv.

In den ersten Veranstaltungsjahren machte der Lauf unter dem Namen „Oberelbe-Marathon" wegen einiger Organisationsfehler Schlagzeilen. Seit 2002 ein komplett neues Team die Veranstaltung übernommen hat, funktioniert alles bestens.

Anschrift: Laufsportverein Dresden e.V., Uwe Sonntag,
      Warthaer Straße 87, 01157 Dresden
Telefon: 0172/3528662, 0351/4271352 (abends), Fax: 0351/8304935
E-mail: Laufsportverein-Dresden@web.de
Homepage: www.koenigstein-dresden-marathon.de
Termin 2003: 4.5.; Termin 2004: 2.5.
Startzeit: 9.30 Uhr; Zielschluss: 5:30 Stunden
Andere Strecken: 10 km, Halbmarathon, Minimarathon (3,8 km)
Startgebühr: 20-35 Euro
Teilnehmerzahl gesamt: 934; Finisher Marathon: 440

Sightseeing per pedes

Dresden: Morgenpost Dresden-Marathon   *Sachsen*

An der Augus-
tusbrücke
begegnen sich
die Läufer

„Dresden war eine wunderbare Stadt", erzählt Erich Kästner in seinem Ro-
man „Als ich ein kleiner Junge war", und er schwärmt weiter: „voller Kunst
und Geschichte und trotzdem kein von sechshundertfünfzigtausend
Dresdnern zufällig bewohntes Museum. Die Vergangenheit und die
Gegenwart lebten miteinander im Einklang. Eigentlich müsste es heißen
im Zweiklang. Und mit der Landschaft zusammen, mit der Elbe, den Brücken, den Hügelhängen, den Wäldern und mit den Gebirgen am Horizont,
ergab sich sogar ein Dreiklang."

Auch wenn Dresden heute ganz anders aussieht als zu Kästners Zeiten:
Der Dreiklang ist immer noch zu spüren. Als Läufer kann man ihn während der beiden Dresdner Marathons erleben. Wer die Natur dabei stärker
in den Mittelpunkt stellen will, der läuft beim „Königstein-Dresden"-Ma-
rathon im Frühjahr. Kultur und städtisches Leben klingen stärker beim
Morgenpost Dresden-Marathon im Oktober mit.

Hier starten die Marathonis gemeinsam mit den Halbmarathon- und
10-km-Läufern auf der breiten Ostra-Allee. Mit der markanten Yenidze, einer in Moscheeform erbauten Tabakfabrik, im Rücken laufen sie gleich
nach dem Start auf einen der touristischen Höhepunkte Dresdens zu. Nach
600 m ist der Zwinger erreicht, jener barocke Lustgarten, in dem August
der Starke seine rauschenden Feste feierte. Für die nächsten drei Strecken-
kilometer benötigen normale Touristen Stunden: Vorbei am Zwinger, Hof-

kirche, Schloss und an der Frauenkirche, von der sich momentan nur noch die Kuppel unter Baugerüsten verbirgt.

Die Elbe begleitet die Wettkämpfer auf den nächsten Kilometern. Marathon- und Halbmarathonläufer streben als nächsten markanten Punkt den Großen Garten mitten in Dresden an. Die 2 km lange Asphaltgerade mitten durch diesen barocken Park ist eine der beliebtesten Dresdner Trainingsstrecken. Hier treffen sich Jogger, Läufer und Skater. Denn diese Strecke durchs Grüne ist autofrei und durchgehend beleuchtet.

Auf der anderen Elbseite führt der Kurs die Läufer so zurück, dass sie den berühmten Canalettoblick vor Augen haben. Diese Aussicht auf die Dresdner Altstadt verewigten in den zurückliegenden Jahrhunderten viele Maler. Nach Elbquerung Nummer zwei über die Augustusbrücke werden die Marathonläufer am Zieltransparent vorbeigeleitet und absolvieren eine zweite Runde. Die führt zwar wieder an der Elbe entlang in den Großen Garten, ist jedoch keine Wiederholung der ersten.

Der Dresden-Marathon ist keine ausgesprochene Hochgeschwindigkeitspiste. Sechsmal überqueren die Läufer die Elbe, dazu kommen einige Kopfsteinpflaster-Passagen. Die lassen sich in einer Großstadt mit Geschichtsbewusstsein nun einmal nicht vermeiden. Manch holprige Passagen ist dem Denkmalschutz zu verdanken, für andere fehlt ganz einfach das Geld. Aber die 2:18:36 h des Siegers von 2002, Dirk Nürnberger, zeigen, dass hier solide Zeiten möglich sind.

Die Organisation stimmt und bietet dem von weit angereisten Marathonläufer all das, was man von einem Citymarathon erwartet.

Anschrift: Morgenpost Dresden-Marathon,
        Postfach 41 02 30, 01225 Dresden
Telefon: 0351/4244080 (werktags von 9-16 Uhr), Fax: 0351/4219887
E-mail: info@dresden-marathon.de
Homepage: www.dresden-marathon.de
Termin 2003: 19.10.; Termin 2004: 24.10.
Fester Termin: vorletzter Sonntag im Oktober
Startzeit: 10.00 Uhr; Zielschluss: 5:30 Stunden
Höhenmeter: 60
Andere Wettbewerbe: 10 km, Halbmarathon
Startgebühr: 35 Euro
Teilnehmerzahl gesamt: 2.914, Finisher Marathon: 724

Optimale Infrastruktur für Spaßläufer

Duisburg: Rhein-Ruhr-Marathon   *NRW*

Rheinüberque-
rung über die
Rheinhausener
Brücke

Die bisherigen Highlights der Renngeschichte des Rhein-Ruhr-Marathons waren die beiden deutschen Marathonmeisterschaften von 1987 und 2000. Sie brachten jedes Mal einen kräftigen Läuferzuwachs. 2003 ist das wieder so. Erneut werden die nationalen Titelkämpfe in den Rhein-Ruhr-Marathon integriert.

Seine Geschichte reicht bis ins Jahr 1981 zurück. Der Duisburger zählt mit 485 Startern bei seiner Premiere zu den Citymarathons der ersten Stunde. Damals haftete den Läufern noch der Hauch von Exoten an. Über zwei Jahrzehnte später ist das Absolvieren eines Marathons gesellschaftsfähig geworden: 2.180 finishten 2002 in Duisburg. Doch hätten die Siegerzeiten von 1981 auch 2002 zum Sieg gereicht! Wie fast überall in deutschen Landen sind die Läufer langsamer, die Läuferfelder aber größer (und breiter) geworden. Statt ausgemergelter Bestzeiten-Fetischisten genießen Spaßläufer die 42,195 km durch die Stadt.

Gerade die Breitensportler profitieren von der optimalen Infrastruktur rund um das Wedaustadion, das Dreh- und Angelpunkt der Veranstaltung ist. Mit dem Auto können sie bis ans Stadion fahren und problemlos parken, auch die S-Bahn hält hier. Und dort ist alles für Läufer Wichtige im Umkreis weniger hundert Meter zu erreichen: Startnummernausgabe, Start, Ziel, Duschmöglichkeiten und die Siegerehrung. Auch das vielseitige Rahmenprogramm findet hier statt. Der Service ist hervorragend, die Versorgung unterwegs reichlich. Trotz der fast 5.000 Sportler der Gesamtveranstaltung bleibt alles recht überschaubar. Das hat gerade auch für die Spaßläufer viele Vorteile. So muss man in Duisburg zum Beispiel nicht vor dem Start stundenlang in den Startblöcken frieren!

Schon beim Loslaufen wundert sich mancher von weither angereiste Sportler über das viele Grün. Neben der Startgeraden plätschert das Wasser der weltberühmten Regattastrecke und der benachbarten Seenplatte. In diesem Naherholungsgebiet lockt in der kalten Jahreszeit eine Winterlaufserie Tausende von Läufern zur Formüberprüfung an.

Vom Wedaustadion führt der Kurs zunächst durch die City, dann zum Hafen mit seiner einzigartigen Atmosphäre. Es ist der größte Binnenhafen Europas. Nach gut 16 Kilometern überqueren die Läufer den breit und träge dahinfließenden Rhein. Rheinquerung Nummer zwei steht neun Kilometer später an und führt über die Rheinhausener Brücke, das Wahrzeichen des Marathons. Vor über einem Jahrzehnt wurde sie bundesweit auch bei Nichtläufern bekannt als Symbol eines friedlichen Widerstandes: Krupp-Stahlarbeiter besetzten diese Brücke während des Kampfes um ihre Arbeitsplätze. Die Brücken bilden die einzigen Anstiege auf einem ansonsten flachen und schnellen Marathonkurs.

Ausgedehnte Wohngebiete prägen die letzten 15 km der Duisburger Marathonschleife bis zum Wedaustadion. Hier sorgen Stadtteilfeste für Volksfeststimmung und zahlreiche Zuschauer feuern die Marathonis an. Jahrelang war das Ziel auf der Tartanbahn des Wedaustadions aufgebaut. Durch das Marathontor ins Stadion einzulaufen, war ein ganz besonderes Hochgefühl. Aufgrund von Baumaßnahmen im Stadion ist der Zieleinlauf ab 2003 noch nicht geklärt.

Anschrift: Stadtsportbund Duisburg e.V.,
         Bertaallee 8b, 47055 Duisburg
Telefon: 0203/3000-811, Fax: 0203/3000-888
E-mail: info@rhein-ruhr-marathon.de
Homepage: www.rhein-ruhr-marathon.de
Termin 2003: 1.6.
Startzeit: 9.00 Uhr; Zielschluss: 5:30 Stunden
Andere Wettbewerbe: Halbmarathon
Startgebühr: 35-55 Euro
Teilnehmerzahl gesamt: 4.600; Finisher Marathon: 2.180

Marathonkünstler am Joseph-Beuys-Ufer

Düsseldorf: rhein-marathon düsseldorf *NRW*

Lange ließ die Premiere des Citymarathons in Düsseldorf auf sich warten. 2003 ist es so weit. Die nordrhein-westfälische Landeshauptstadt lockt mit einer Runde, in deren Mittelpunkt der Rhein steht. Gestartet wird am Joseph-Beuys-Ufer. Nur wenige hundert Meter von hier entfernt lehrte Beuys als Professor an der Kunstakademie. „Alles ist Kunst" lautete das Credo seines erweiterten Kunstbegriffes. Den Marathonkünstlern bietet das breite Joseph-Beuys-Ufer ausreichend Platz bei der Startaufstellung. Auf den immer geradeaus führenden Straßen bis zur Messe kann sich das Läuferfeld problemlos auseinander ziehen.

Ein kurzer, aber knackiger Anstieg führt die Läufer bei km 26 auf die Rheinkniebrücke. Hier ist Genießen der beeindruckenden Stadtsilhouette angesagt. Das Gleiche gilt, wenn die Marathonis nach 36 Kilometern ihre Runde durch Oberkassel beendet haben und über die Oberkasseler Rheinbrücke zurück ins Zentrum laufen und die Wettkämpfer das Ziel erblicken können. Aber zunächst dürfen sie noch eine Schleife durch die Innenstadt laufen. Das Finale wird bei km 40 eingeläutet, wenn die bekannte Königsallee erreicht wird. Das Mekka der Mode ist vielen Marathonläufern auch in sportlicher Hinsicht bekannt. Denn hier findet alljährlich im September der beliebte Kö-Lauf statt. Auf der Rheinufer-Promenade mit ihrem erfrischenden Flair können sich die Finisher auf den letzten, schweren Metern hinein ins Ziel beklatschen lassen.

Anschrift: rhein-marathon düsseldorf,
    Faunastr. 3, 40269 Düsseldorf
Telefon: 0211/6003175
E-mail: info@rhein-marathon.de
Homepage: www.rhein-marathon.de
Termin 2003: 4.5.
Startzeit: 11.00 Uhr; Zielschluss: 6 Stunden
Höhenmeter: 15
Startgebühr: 36-51 Euro
Limit: 8.000 Teilnehmer

Weißer Fleck ist weg

Düsseldorf-Garath: Garather Schloss-Marathon   *NRW*

Lange Jahre war dort, wo die nordrhein-westfälische Landeshauptstadt liegt, ein weißer Fleck auf der Marathon-Landkarte. Das hat sich inzwischen schlagartig geändert. 2003 feiert der Rhein-Marathon Düsseldorf seine groß angekündigte Premiere. Aber bereits ein halbes Jahr zuvor wurde die 41 Jahre während marathonlose Düsseldorfer Zeit in der Satelliten-Vorstadt Garath beendet.

Der Name Schloss-Marathon suggeriert Pomp und Glorie. Tatsächlich wird auch am Schloss vorbeigelaufen, aber es ist nicht das prägende Element dieses Rennens. Tatsächlich handelt es sich um einen biederen Vorstadt-Marathon, was hier durchaus nicht abwertend gemeint ist. Denn der Lauf bietet eine willkommene Wettkampf-Gelegenheit im eher bescheidenen Marathonangebot des trüben Monats November. In der Schicki-Micki-Metropole erwartet die Starter ein angenehm zu laufender Landschaftsmarathon im Süden der Stadt. Von Großstadtflair bekommen die Marathonis auf ihren zwei Halbmarathon-Runden wenig mit. Nach einigen Kilometern durch die Wohngebiete laufen sie durch Wälder, an Feldern und Bachläufen entlang. In der typisch niederrheinischen Landschaft bleibt der Kurs dabei durchweg flach. Allerdings war aufgrund der vielen Weggabelungen ein Verlaufen bei der Premiere nicht ausgeschlossen.

Anschrift: Garather Sportverein,
      Koblenzer Straße 133, 40595 Düsseldorf
Telefon: 0211/703899 (Di + Do von 18.00-19.00 Uhr)
Homepage: www.lt-duesseldorf.de
Termin 2003: 2.11.
Startzeit: 10.00 Uhr; Zielschluss: 5 Stunden
Andere Wettbewerbe: 5 km, Halbmarathon
Startgebühr: 20 Euro
Teilnehmerzahl gesamt: 927; Finisher Marathon: 175

Die Stadt, die es nicht gibt

Egelsbach: Koberstädter Waldmarathon   *Hessen*

Es wird von Marathonis berichtet, die lange vergebens im Autoatlas nach Koberstadt suchten. Es ist der Name einer längst verschwundenen Siedlung im Wald, etwa 15 km südlich von Frankfurt, die diesem Marathon den Namen gab. Der Waldmarathon fand bis vor wenigen Jahren auch wirklich komplett im Wald statt; seit 2001 sind Start und Ziel in das Egelsbacher Sportzentrum verlegt, um der stetig wachsenden Zahl der Teilnehmer insbesondere des Halbmarathons gerecht zu werden.

Das hat der Veranstaltung zwar einiges der früher recht anheimelnden Atmosphäre mit Behelfsduschen im Wald genommen, bietet aber neben der erheblich verbesserten Infrastruktur die Chance eines stimmungsvollen Zieleinlaufs im Stadion. Die Strecke führt nach einem Kilometer aus dem Ort. Zwei Runden mit jeweils 150 Höhenmetern führen ausschließlich über Waldwege, bevor es wieder zurück zum Stadion geht.

Durch den Termin Ende August kann es beim „Koberstädter" schon einmal richtig heiß werden, was allerdings durch die überwiegend schattigen Waldwege, die perfekt organisierte Verpflegung und die Aussicht auf einen kostenlosen Besuch im benachbarten Freibad gemildert wird.

Da nach eineinhalb Stunden das bei weitem größere 21-km-Feld mit zuletzt über 1.000 Teilnehmern auf die Strecke gelassen wird, wird es für viele auf der zweiten Runde nicht mehr ganz so einsam – im Gegenteil, es kann auch schon einmal zu etwas Gedränge kommen.

Anschrift: Koberstädter Waldmarathon, Jürgen Rambow,
 Dresdener Straße 21, 63329 Egelsbach
Telefon: 06103/943377, Fax: 06103/45749
E-mail: JuH.Rambow@t-online.de
Homepage: www.koberstaedter-marathon.de
Termin 2003: 31.8.; Termin 2004: 29.8.
Fester Termin: letzter Sonntag im August
Startzeit: 8.00 Uhr; Höhenmeter: 300
Andere Wettbewerbe: Halbmarathon
Startgebühr: 14 Euro
Teilnehmerzahl gesamt: 1.236; Finisher Marathon: 146

Von Talsperre zu Talsperre

Eibenstock: Drei-Talsperren-Marathon   *Sachsen*

„Chursächsische Freye Bergstadt" nannte sich das sächsische Eibenstock früher, und der Name weist auf den Bergbau als ehemals wichtigsten Erwerbszweig des Erzgebirges hin. Heute lebt die waldreiche und bergige Region neben der Landwirtschaft vom Tourismus. Wer als Läufer die landschaftlichen Reize genießen will, schiebt ein Trainingslager im Erzgebirge ein. Beim „DTM", dem Drei-Talsperren-Marathon, bekommt er einen nachhaltigen Eindruck in nur einem Tag. Nicht nur die romantischen Wege durch dichten Wald bleiben in der Erinnerung haften, auch die knallharten Steigungen. Insgesamt sind 811 Höhenmeter zu überwinden.

Grob kann man die 42,195 km dreiteilen: Die ersten 10 km führen ständig leicht bergan. 300 Höhenmeter müssen hier überwunden werden – langsam angehen! Talsperre Nummer 1 ist erreicht. Von km 11 bis 30 geht es überwiegend bergab, was nicht heißt, dass zwischendurch keine Anstiege Abwechslung bringen – nicht übermütig werden! Während des Bergab-Teils laufen alle Marathonis über die Staumauer der Talsperre Sousa und genießen den herrlichen Rundblick. Auf den letzten 12 km müssen wieder ordentlich Höhenmeter erkämpft werden – jetzt kann richtig loslegen, wer noch die nötige Power hat! Der Blick auf die Talsperre Eibenstock, die größte Trinkwasser-Talsperre Sachsens, kündigt das Näherrücken der Ziellinie auf dem Eibenstocker Sportplatz an.

Anschrift: Marathonverein Eibenstock, Karin Wittmann,
           Haberleithe 12, 08309 Eibenstock
Telefon: 037752/53879 (nur am Wochenende), Fax: 037752/53879
E-mail: karinwitt@t-online.de
Homepage: www.drei-talsperren-marathon.de
Termin 2003: 20.9.; Termin 2004: 18.9.
Fester Termin: 3. Samstag im September
Startzeit: 10.15 Uhr; Zielschluss: 6 Stunden
Höhenmeter: 811
Andere Wettbewerbe: 8 km, 15 km
Startgebühr: 15 Euro
Teilnehmerzahl gesamt: 604; Finisher Marathon: 65

Auf und ab durch die Eifel-Idylle

Eifel-Marathon: Bitburg-Biersdorf *Rheinland-Pfalz*

Die Region um Bitburg ist eine Läuferhochburg, hier gibt es kurze Volks-
läufe en masse. Aber auch eingefleischte Marathonläufer verbinden mit der
Eifel vor allem den Monschau-Marathon. Die 42,195 km, die von Biersdorf
aus durch die Südeifel führen, bleiben mit zuletzt gut 300 Läufern noch
immer ein Geheimtipp. Der Start liegt ein paar Kilometer entfernt vom
Städtchen Bitburg, das durch sein Bier deutschlandweit bekannt ist. Nach
einer Auftaktrunde um den Stausee Bitburg folgt die Strecke dem romantischen Prümtal. Doch nicht nur die grüne Natur am Wegesrand erfreut die
Läuferseele: Wenn die noch frischen Marathonis am Schloss Hamm vorbeilaufen, werden sie von einer mittelalterlichen Bläsergruppe mit Hör-
nern begrüßt. Bei Waxweiler wird gewendet und es geht teilweise auf dem
selben Weg zurück. Organisation und Streckenverpflegung klappen ohne
Probleme.

Das Lexikon beschreibt die Eifel als welliges und waldreiches Hochland.
Der Eifel-Marathon bestätigt das: Sobald der See verlassen wird, besteht
der Kurs aus einem ständigen Auf und Ab auf kleinen Straßen und idyllischen Waldwegen. Dieser ständige Wechsel und die abwechslungsreiche
Natur der Eifel lassen die 42,195 km sehr kurzweilig erscheinen. Wem allerdings Steigungen und Gefälle zu sehr in die Beine gefahren sind, für den
können die letzten Kilometer mächtig lang werden.

Anschrift: Eifel-Marathon, Hiltrud Krames,
          Im Nimstal 36, 54634 Bitburg
Telefon: 06561/7675, Fax: 06561/948310
E-mail: Eifel-Marathon@gmx.de
Homepage: www.eifelmarathon.de
Termin 2003: 1.6.; Termin 2004: 13.6.
Fester Termin: Sonntag nach Christi Himmelfahrt
Startzeit: 9.00 Uhr; Zielschluss: 6 Stunden
Höhenmeter: 595
Andere Wettbewerbe: 8 km
Startgebühr: 20 Euro
Teilnehmerzahl gesamt: 440; Finisher Marathon: 324

Kreisverkehr in den Weinbergen am Kaiserstuhl

Endingen: LTE Peter-Lauf *Baden-Württemberg*

Das badische Städtchen Endingen liegt am Kaiserstuhl, dem kleinen Gebirge nordwestlich von Freiburg. Die 10-km-Runde vor den Toren der mittelalterlichen Stadt, auf der sowohl der Marathon als auch die „Ultras" über 50 km und 100 km ausgetragen werden, gibt den Läufern einen guten Eindruck von der landschaftlichen Schönheit dieser viel besuchten Ausflugsgegend. Sie führt mit herrlichen Ausblicken mitten durch die Kaiserstühler Reben. Mit den Worten „leichte, gleichmäßige Steigungen und sanftes Gefälle" beschreibt der Veranstalter seine Runde. Tatsache ist aber, dass pro Runde etwa 50 Höhenmeter zu bewältigen sind. Viele Ultras kommen mit einem solch welligen Profil sehr gut zurecht. Denn beim Berganlaufen werden teilweise andere Muskelpartien beansprucht als beim Abwärtslaufen. Flachstrecken-Spezialisten schimpfen dagegen über solche Streckenprofile.

Alleine sind die Ultras auf der 10-km-Runde selten. Denn schnell verteilen sich die Langstreckler auf der Runde und dann herrscht fast durchgehend läuferischer Betrieb. Für eine zusätzliche kräftige Belebung sorgt der Marathon, der vier Stunden nach den 100 km auf der gleichen Strecke gestartet wird.

Der Lauftreff Endingen bietet allen Läufern eine zuverlässige Organisation. Der Deutsche Leichtathletik-Verband belohnte die fleißige Arbeit von Klaus Kläger und Co. mit der Vergabe der deutschen Titelkämpfe über 100 km für 2003 nach Endingen.

Anschrift: Lauftreff Endingen e.V.,
　　　　　Niederdorfstraße 2, 79346 Endingen
Telefon: 07642/923446, Fax: 07642/923532
E-mail: LT-Endingen@freenet.de
Homepage: http://home.t-online.de/home/WMuecke/lte.htm
Termin 2003: 6.9.
Startzeit: 7.00 Uhr (100 km), 11.00 Uhr (Marathon)
Andere Wettbewerbe: 50 km, 5 x 10 km Staffeln
Startgebühr: 20 Euro
Teilnehmerzahl gesamt: 97
Finisher Marathon: 48; Finisher 100 km: 20

▲ Begegnung der tierischen Art beim ATG Alpin-Marathon in Liechtenstein.

► Die 2002 bei einem Lawinenunfall ums Leben gekommene Franziska Rochat-Moser auf einer der vielen steilen Passagen beim Jungfrau-Marathon.

▲ Viele Marathonläufe führen an Flüssen entlang. Wie beim Landschaftslauf von Königstein nach Dresden garantiert die Ufernähe eine flache Laufstrecke.

▲ Die Weinberge bleiben im Hintergrund, wenn die Läufer beim ebm-Marathon in Niedernhall auf flachen Radwegen durch das Kochertal laufen.

▲ Die Marathonis vor der Frankfurter Skyline.

▲ München: Sightseeing in Laufschuhen.

◄ Der beeindruckende Höhepunkt des Berlin-Marathons: Der Lauf durch das Brandenburger Tor.

▼ Der Weg zum Ziel führt über viele Plastik-Becher.

Zehn Runden für Laufpuristen

Eschollbrücker-Ultra-Marathon (50 km):   *Hessen*
Pfungstadt-Eschollbrücken

Zehn Runden zu je fünf Kilometern im weitgehend flachen südhessischen Ried. Große Laufabenteuer kann da niemand erwarten. Und doch versammelt sich hier seit 1992 alljährlich eine Gruppe unentwegter Ultraläufer, um gegeneinander oder auch miteinander auf gut befestigten Wegen zu laufen. Es ist ein Wettkampf für Laufpuristen, die zur Überwindung längerer Strecken keine Zuschauermassen, gigantische Teilnehmerfelder oder anderen modischen Event-Schnick-Schnack der großen Citymarathons brauchen. Ihnen wird geboten, was sie zum Laufen brauchen: eine perfekt funktionierende Verpflegung und gleichgesinnte Mitläufer.

Start und Ziel sind auf dem Sportplatz des TSV Eschollbrücken aufgebaut. Dort ist auch die Verpflegungsstation zu finden, die neben den marathonüblichen Bananen auch Kekse, Müsliriegel und Schokolade als Stärkung für die Ultraläufer bietet. Die gesamte Organisation ist sehr familiär und liebevoll.

Zweieinhalb Stunden nach dem Start der Ultraläufer, wenn sich das Feld weit auseinander gezogen hat und die Kilometer immer länger werden, wird die weitaus größere Gruppe der 25-Kilometer-Wettkämpfer auf die Runde geschickt, was die Einsamkeit der Langenstreckenläufer beendet und für willkommene Abwechslung sorgt.

Anschrift: TSV Eschollbrücken, Helmut Zander,
          Karlsbader Str. 3, 64319 Pfungstadt
Telefon: 06157/990114 (ab 16.00 Uhr), Fax: 06157/930161
E-mail: webmaster@tsv-eschollbruecken-eich-la.de
Homepage: www.tsv.eschollbruecken-eich-la.de
Termin 2004: 28.3.
Fester Termin: letzter Sonntag im März
Startzeit: 9.00 Uhr
Andere Wettbewerbe: 25 km
Startgebühr: 20 Euro
Teilnehmerzahl gesamt: 206; Finisher 50 km: 64

Ruhmreiche Vergangenheit, erfolgreiche Gegenwart

Essen: Marathon „Rund um den Baldeneysee"   *NRW*

Seit über 40 Jahren Marathonkulisse: der Baldeneysee

Die Liste der Sieger dokumentiert die ruhmreiche Vergangenheit dieses Rennens vor den Toren von Essen. August Blumensaat, Günter Mielke und Christa Vahlensieck haben sich hier verewigt. Der Streckenrekord zeigt, wie schnell der Kurs ist: Werner Grommisch lief 1987 hier 2:14:36 h. In den Jahren danach wurden Spitzenläufer zu teuer für den begrenzten Etat. Der Marathon vor den Toren der Ruhrgebietsstadt wurde zum Sprungbrett junger, ehrgeiziger Sportler auf dem Weg zu einer Läufer-Karriere. Der Sieger von 2000 ist da ein gutes Beispiel. Jens Borrmann gewann in 2:25:49 h. Damals kannten den Polizisten außerhalb der Heimatregion nur wenige Fachleute. Danach wurde Borrmann wiederholt deutscher Crossmeister und hat sich als erfolgreicher Langstreckler etabliert.

50 Unerschrockene liefen 1963 mit, als „Rund um den Baldeneysee" zum ersten Mal gestartet wurde. Der Traditionslauf ist damit das älteste noch heute durchgeführte Rennen in Deutschland über die klassische Straßenlauf-Distanz. In diesen Pionierjahren traute sich kein Langstreckler in die Innenstädte. Die Straßenläufe fanden weit draußen im Grünen statt. Essen blieb seinem ursprünglichen Austragungsort, den asphaltierten Wegen am Baldeneysee, immer treu. Die Staumauer, Segelboote, Ruderer und Spaziergänger prägen die Urlaubsatmosphäre dieses Rennens damals wie heute. Selbst der neben der Strecke stehende Förderturm der Zeche

„Carl Funke" kann die Freizeit-Stimmung nicht stören. Denn der Förderturm des stillgelegten Bergwerks ist heute ein Industriedenkmal. Die sauerstoffreiche Luft am See und das viele Grün sind die Trümpfe, mit denen Essen sich trotz immer größerer Konkurrenz auf dem umkämpften „Marathonmarkt" behauptet hat. Hinzu kommt die flache Strecke.

Beim Service für die Marathonläufer verharrt man nicht in der Tradition. Es wird moderne Technik geboten: Der hier lange Zeit verpönte Chip sorgt inzwischen dafür, dass für alle Teilnehmer die persönliche Zeitnahme erfolgt. Auch in allen anderen wichtigen Bereichen ist die Organisation eingespielt und funktioniert ohne Probleme. 2001 wurde der Kurs bis km 17 verändert und neu vermessen, um der gestiegenen Läuferzahl auf den ersten Kilometern ausreichend Raum zu schaffen. Danach folgt die Strecke der bewährten Runde um den Baldeneysee. Die gewünschte Entzerrung des Teilnehmerfeldes auf den ersten Kilometern ist gelungen. Auch mit dieser neuen Passage ist der Baldeneysee-Marathon die bekannt schnelle und gleichzeitig landschaftlich schöne Strecke geblieben. 158 der 1.858 Marathon-Finisher des Jahres 2002 haben die Wege um den Essener See unter drei Stunden zurückgelegt, das sind außerordentlich hohe 8,5 Prozent, die den Ruf der Strecke als schnelle Rekord-Piste noch einmal bestätigt haben. Wer Bestzeiten laufen will und dafür keine Daueranfeuerung braucht, der ist beim Lauf durch Essens „Grüne Lunge" genau richtig.

Anschrift: TUSEM Essen, Gerd Zachäus,
            Osnabrücker Str. 16, 45145 Essen
Telefon: 0201/7495520 (9.00-12.00 Uhr, 15.30-19.00 Uhr)
Fax: 0201/7495521
E-mail: organisation@essen-marathon.de
Homepage: www.essen-marathon.de
Termin 2003: 12.10.
Startzeit: 10.00 Uhr; Zielschluss: 5:30 Stunden
Startgebühr: 30-35 Euro
Teilnehmerzahl gesamt: 2.300 (Limit: 2.500); Finisher Marathon: 1.900

63-mal zum Verpflegungspunkt

Euerbach: Euerbacher 60-km-Lauf   *Bayern*

6,6 km lang ist die Runde, auf der mitten im Sommer dieser 60-km-Wett-kampf ausgetragen wird. Im bayerischen Euerbach in der Nähe von Schweinfurt erlaubt das den Zuschauern, die Positionskämpfe ständig zu verfolgen und bietet den Läufern eine optimale Versorgung. Da es nur wenig Schatten auf der fast durchgehend asphaltierten Runde durch Felder und Wiesen gibt, sorgt der Veranstalter für eventuelle Sommerhitze vor: Sieben (!) Verpflegungsstellen versorgen die Läufer auf der 6,6 km langen Runde so gut, dass selbst bei noch so warmem Wetter kein Durst die Läufer-kehlen quält. Allerdings ist die Runde nicht eben. Ein kurzer steiler und ein rund 200 m langer Anstieg müssen auf jeder der neun Runden bewältigt werden. Diese Steigungen machen sich von Runde zu Runde stärker bemerkbar. In Euerbach ist der Läufer-Wettstreit eine beliebte Sommerattraktion, die Läufer werden auf ihren neun Runden mächtig angefeuert und gefeiert. Im Start-Ziel-Bereich, dem Herzstück dieser Ver-anstaltung, herrscht eine Riesenstimmung. Die professionelle Organisa-tion in dem 1.200 Seelen zählenden Örtchen endet nicht auf dem Ziel-strich. Die Finisher-Theke samt ihrem großen Kuchenbuffet genießt einen legendären Ruf.

Zusätzlich wird ein 60-km-Paarlauf angeboten, bei dem sich zwei Läu-fer die Strecke nach Belieben aufteilen können.

Anschrift: VfL Euerbach, Thomas Brunner,
        Ringstr. 29, 97502 Euerbach
Telefon: 09726/3338
E-mail: tucbrunner@aol.com
Homepage: www.vfl-euerbach.de
Termin 2003: 13.7.
Startzeit: 7.30 Uhr; Zielschluss: 7 Stunden
Andere Wettbewerbe: Paarlauf
Startgebühr: 30 Euro
Limit: 150 Teilnehmer; Finisher 60 km: 92

Fünf Marathonis und eine Internet-Fee

Fichtelgebirgsmarathon: Weißenstadt-Wunsiedel   *Bayern*

Das Fichtelgebirge in der Nordost-Ecke Bayerns ist ein dünn besiedelter Landstrich. Mit Fichten und Kiefern bewaldete Höhen herrschen vor. Doch auf Marathonläufe braucht man hier wahrlich nicht zu verzichten. Nur 8,5 km von Marktredwitz, dem Zielort des Euregio-Egrensis-Marathons, entfernt endet der Fichtelgebirgsmarathon in Wunsiedel.

Gestartet wird dieser Punkt-zu-Punkt-Marathon in Weißenstadt. Beim Marathon durch das Mittelgebirge gibt es eigentlich nur zwei Anstiege, aber die sind hart. Nach 4,5 Kilometern um den Weißenstädter See beginnt Anstieg Nummer eins. 420 m sind auf den nächsten 6 km zu bewältigen. Dann ist der Schneeberggipfel erreicht. Anstieg Nummer zwei türmt sich bei km 24 vor den Läufern auf: knapp 200 Höhenmeter auf zwei Kilometern. Ansonsten geht es meist bergab. Bis auf das Durchlaufen der Ortschaft Tröstau wird grüne Natur, Natur und noch einmal Natur geboten.

Gelaufen wird dieser Landschaftsmarathon überwiegend auf befestigten Wald- und Forststraßen. Organisiert wird das Ganze von sechs Eifrigen: „Wir sind fünf Marathonis und eine Internet-Fee, die diesen Marathon mit Familien und Freunden auf die Beine stellen", so stellten sich die Organisatoren des Fichtelgebirgsmarathons dem marathon-guide vor. Die Zusammenarbeit von Familien und Freunden hat sich zur allseitigen Zufriedenheit bewährt.

Anschrift: Fichtelgebirgsmarathon, Birgit Schindler,
         Dr.-A.-Tuppert-Str. 7, 95632 Wunsiedel
Telefon: 09232/4247 (abends)
E-mail: anmeldung@fichtelgebirgsmarathon.de
Homepage: www.fichtelgebirgsmarathon.de
Termin 2003: 12.7.
Fester Termin: voraussichtlich 2. Samstag im Juli
Startzeit: 8.30 Uhr; Zielschluss: 5:30 Stunden
Höhenmeter: ca. 850
Andere Wettbewerbe: Gruppenlauf 15 km ohne Zeitnahme
Startgebühr: 30 - 35 Euro
Teilnehmerzahl gesamt: 245; Finisher Marathon: 212

Bundesstraße als Läufer-Highway

Forchheim: Fränkische Schweiz-Marathon   *Bayern*

Zwischen Nürnberg, Bamberg und Bayreuth liegt die Fränkische Schweiz, die diesem Marathon den Namen gab und durch die das Rennen führt. Wenn sich die Organisatoren in ihrer Ausschreibung des Jahres 2002 rühmten, „der einzige Landschaftsmarathon in Bayern" zu sein, lässt sich das mit einem kurzen Blick in das Inhaltsverzeichnis dieses Buches widerlegen. Das ändert jedoch nichts daran, dass auf einer wunderschönen Strecke auf der für den Verkehr komplett gesperrten B 470 gelaufen wird.

Die im romantischen Wiesenttal verlaufende Bundesstraße verwandelt sich für einen Tag im Jahr in eine Wettkampfpiste. Start- und Ziel-Ort wechseln: In geraden Jahren liegt der Start in Forchheim und das Ziel in Ebermannstadt. 2003 wird wie in allen ungeraden Jahren in Ebermannstadt losgelaufen. Auf den 16 km bis zum Wendepunkt bei Sachsenmühle werden etliche Ortschaften durchlaufen, in denen Dorffeste und die Läufer gefeiert werden. Auf der gleichen Strecke wird zurückgelaufen. In Ebermannstadt sind dann 32 km bewältigt, und für viele beginnt die kritische Phase der Umstellung des Körpers auf den Fettstoffwechsel. Die letzten Kilometer in den Zielort Forchheim mit seinen schmucken Fachwerkhäuschen helfen beim Bewältigen dieser Krise, denn sie führen ständig leicht bergab. In den Jahren, in denen in Forchheim gestartet wird, ist es genau umgekehrt.

Anschrift: Landratsamt Forchheim, Kultur- und Sportamt,
           Hornschuchallee 20, 91301 Forchheim
Telefon: 09191/7081-22, Fax: 09191/7081-25
E-mail: info@fs-marathon.de
Homepage: www.fs-marathon.de
Termin 2003: 14.9.
Startzeit: 9.00 Uhr; Zielschluss: 5:30 Stunden
Andere Wettbewerbe: 2er-Staffellauf (26 + 16 km)
Startgebühr: 30-35 Euro
Teilnehmerzahl gesamt: 1.831; Finisher Marathon: 702

Spiel mit dem Wind in Eurocity

Frankfurt: Eurocity Marathon   *Hessen*

Mit Blick auf die Wolkenkratzer-Skyline über den Main

Der Boom der großen City-Marathons ist in den letzten Jahren ein wenig an Frankfurt vorübergegangen. Während die Konkurrenten aus Berlin, Hamburg und Köln schon seit Jahren frühzeitig ausgebuchte Teilnehmerkontingente melden, stagniert der Frankfurt-Marathon bei Starterzahlen um oder unter 10.000. Dabei ist Frankfurt der älteste Citymarathon Deutschlands, er wurde 1981 zum ersten Mal durchgeführt. Allerdings weist die Veranstaltungs-Chronik eine Lücke auf: 1986 pausierte der Marathon.

Schon 1985 zählte man in Frankfurt 8.776 Teilnehmer; es wären sogar noch mehr gewesen, wenn der Veranstalter die Starterzahl nicht begrenzt hätte. Doch dieser Teilnehmerrekord sollte erst 1994 wieder erreicht werden. Die Stagnation hat ihre Hauptursache im späten Termin, denn Frankfurt setzt traditionell den Schlussakkord im Reigen der international bedeutenden Citymarathonläufe in Deutschland.

Ende Oktober ist das Wetter nun einmal recht unbeständig. Das Regen- und vor allem das Windrisiko ist dann deutlich höher als einen Monat früher, wenn zum Beispiel der Berlin-Marathon gestartet wird.

Dabei hat der späte Veranstaltungstermin am letzten Oktober-Wochenende gerade für Breitensportler durchaus auch Vorteile: Die wichti-

Citylauf-Feeling in den Straßenschluchten

gen, langen Trainingseinheiten in der Vorbereitungsphase fallen nicht in die warmen Sommermonate, sondern in den frühen Herbst. Statt in schweißtreibenden Einheiten können die zukünftigen Marathonis durch lockere Läufe bei angenehmeren Temperaturen das Leistungsfundament schaffen. Aber in den letzten Jahren überwogen für viele Läufer doch die Negativerfahrungen mit Regen und Sturmböen.

Seit dem Jahr 2000 hat man sich von Veranstalterseite bemüht, das Windproblem ein wenig zu mildern: Die sieben Kilometer lange Gerade auf der Mainzer Landstraße, die früher in Ost-West-Richtung stadtauswärts gelaufen wurde, wird nun in Richtung Innenstadt gelaufen. Das mindert im westwindanfälligen Rhein-Main-Gebiet das Risiko von zermürbendem Gegenwind auf diesem Teilstück erheblich.

Das Zentrum des Eurocity Marathons bildet das Frankfurter Messegelände, hier finden Pasta-Party, Marathon-Messe und Siegerehrung statt, hier sind auch die Umkleidemöglichkeiten und die Kleideraufbewahrung.

Start und Ziel befinden sich in der Friedrich-Ebert-Anlage, direkt vor dem Messeturm und der Festhalle. Auf dieser breiten Straße ist genug Platz für das Läuferfeld, ein zweigeteilter Blockstart ermöglicht ohnehin einen reibungslosen Start und ungehindertes Laufen auf den ersten Kilometern. Die Marathonis laufen mit den Wolkenkratzern im Rücken am Messegelände in Richtung Innenstadt, passieren zum ersten Mal die imposante Alte Oper, und schon nach einer Auftaktrunde von 3,5 Kilometern schlängelt sich die Läuferschlange wieder ganz dicht am Starttransparent vorbei. Das ist optimal für die mitreisenden Fans, die das kompakte Feld kurz nach dem Start ein zweites Mal überblicken können.

Durch das Bankenviertel geht es dann noch einmal Richtung Innenstadt, vorbei an Alter Oper, Eschenheimer Tor und Hauptwache. Ein be-

sonderer Genuss ist das Überqueren des Mains über die Alte Brücke bei
km 12. Hier fällt der Blick gleichzeitig auf den parallel verlaufenden Eisernen Steg, die markante Wolkenkratzer-Skyline und das träge dahinflie-
ßende Wasser des Mains. Auf der anderen Mainseite geht es dann durch
das als „Ebbelwoi"-Viertel bekannte Sachsenhausen. Die nächsten Kilometer passen überhaupt nicht in das Großstadtbild, das sich üblicherweise
beim Gedanken an die Bankenmetropole einstellt; sie wirken eher wie eine
Kleinstadtidylle. Hier sitzen die Anwohner auf dem Gartenstuhl in ihren
Vorgärten und prosten den Wettkämpfern zu. Nach einer Passage durch
die Bürostadt Niederrad, in der man auf Zuschauerunterstützung weitgehend verzichten muss, geht es über die Schwanheimer Brücke ein zweites
Mal über den Main in Richtung Stadtteil Nied.

Einen Stimmungshöhepunkt bildet jedes Jahr der Ortsteil Höchst. Hier
war der alte Hoechst-Marathon zu Hause, aus dem der heutige Eurocity-
Marathon hervorging. Hier stehen die Zuschauer seit 1981 jedes Jahr dicht
an dicht und empfangen die Läufer gebührend. Auf dem Rückweg in Richtung des glitzernden Messetowers führt der Kurs von Kilometer 32 bis 38
fast immer geradeaus, jubelnde Massen fehlen hier. Dafür sorgen der

Ausblick auf die Skyline der
Bankentürme sowie einige Mu-
sikbühnen am Streckenrand für
etwas Aufmunterung auf diesen
für viele Marathonis so be-
schwerlichen Kilometern.

Bei km 38 ist das Zieltransparent nur noch wenige hundert
Meter entfernt, die Lautsprecher
sind deutlich zu vernehmen, ein
kurzer Seitenblick zeigt den legendären „Hammering Man",
der an diesem Punkt der Strecke
geballte Marathon-Symbolik
beinhaltet. Doch ein Marathon
zählt nun einmal 42,195 Kilometer, so folgt zum – hoffentlich
– guten Schluss noch eine vier
Kilometer lange Schleife. Hier
stehen die Zuschauer dicht gedrängt und es geht noch einmal

Der „Mann mit dem Hammer" droht
schon vor dem Marathonstart

vorbei an der Alten Oper und anderen Sehenswürdigkeiten der Innenstadt, was ein wenig von den schweren Beinen ablenkt. Die letzten Kilometer vorbei an den Türmen der deutschen Großbanken können recht windanfällig sein, bis schließlich auf die lange Zielgerade eingebogen wird, wo jetzt plötzlich der „Hammering Man" eine ganz andere Symbolik für die Finisher hat: Zeit für Gänsehaut und Zieleuphorie.

Die Frankfurter Strecke ist flach und schnell, das beweisen die Streckenrekorde von 2:10:40 und 2:26:01 Stunden. Der breiten Masse der Läufer wird in Frankfurt eine zuverlässige und reibungslos funktionierende Organisation geboten.

Was die Stimmung und die Zuschauerresonanz angeht, kann der Eurocity Marathon nicht ganz mit den Marktführern aus Berlin, Hamburg oder Köln mithalten, wobei ja durchaus nicht jeder von Anfang bis Ende Rosenmontagsstimmung mag. Dies lässt die Streckenführung durch einige Außenbezirke der Bankenmetropole nicht zu, vielleicht entsprechen aber auch solche Gefühlsaufwallungen nicht dem südhessischen Naturell. Dafür hat Frankfurt den für manche unschätzbaren Vorteil, dass man sich hier einstweilen noch samstags entscheiden kann, sonntags Marathon zu laufen und sich nicht schon Monate vorher den Kopf über Anmeldefristen, Qualifikationsnormen oder Losverfahren zerbrechen muss.

Anschrift: Eurocity Marathon Messe Frankfurt,
60135 Frankfurt am Main
Telefon: 069/3700468-0, Fax: 069/3700468-11
E-mail: mail@frankfurt-marathon.com
Homepage: www.frankfurt-marathon.com
Termin 2003: 26.10.
Startzeit: 11.00 Uhr; Zielschluss: 5:30 Stunden
Höhenmeter: 31
Andere Wettbewerbe: 4,2 km Mini-Marathon
Startgebühr: 40-60 Euro
Teilnehmerzahl gesamt: 14.303; Finisher Marathon: 7.239

Mit Wimpel durch die Bischofsstadt

Fulda: Hochstift-Marathon   *Hessen*

Der Dom ist das Wahrzeichen der hessischen Stadt, die trotz ihrer nur
62.200 Einwohner einen echten Bischof vorweisen kann. Den Teilnehmern
des Hochstift-Marathons wird das barocke Bauwerk am Streckenrand
ebenso präsentiert wie das Schloss. Der Kurs schlängelt sich – nicht ganz
eben – mitten durch die Innenstadt. Gut die Hälfte der zweimal zu absol-
vierenden Runde führt dann durch Wiesen und Wälder entlang des Flüsschens Fulda. Die Strecke ist nicht überall verkehrsfrei, aber alle Kreuzun-
gen werden von Streckenposten gesichert. Eine gute Verpflegung und das
geringe Startgeld bilden weitere Pluspunkte.

Marathonläufer und 21,1-km-Starter laufen gemeinsam los. Zwangsläu-
fig fallen dem Marathoni dabei auf der ersten Runde große Läufergruppen
ins Auge, die eine Fahne mitführen. Diese seltsame Erscheinung hat ihren
Ursprung in der Geschichte des Rennens: Die ersten Marathons in Fulda
wurden von den dort stationierten amerikanischen Streitkräften ausgerichtet. Die Amerikaner werteten neben den Einzelläufern auch Teams, die einen Wimpel mitführen und mit mindestens 15 Läufern das Ziel erreichen
mussten. Nach dem Abzug der amerikanischen Truppen übernahm die LG
Fulda die Organisation des Marathons und den in dieser Form in Europa
einmaligen Team-Halbmarathon. Heute bilden Leichtathletik-Vereine den
Großteil der Teams. Und die sind schnell. So erreichten die 15 Läufer des
2002 siegreichen TSV Ostheim nach 1:24 Stunden das Ziel.

Anschrift: Hochstift-Marathon Fulda, Dieter Schäfer,
        Am Weiher 21, 36041 Fulda
Telefon: 0661/5801944 (ab 14.00 Uhr), Fax: 0661/5801947
E-mail: info@fulda-marathon.de
Homepage: www.fulda-marathon.de
Termin 2003: 7.9.; Termin 2004: 5.9.
Fester Termin: 1. Sonntag im September
Startzeit: 9.00 Uhr; Zielschluss: 5 Stunden; Höhenmeter: 30
Andere Wettbewerbe: Halbmarathon, Team-Halbmarathon
Startgebühr: 13 Euro
Teilnehmerzahl gesamt: 1.700; Finisher Marathon: 176

Auf den Spuren des Märchenkönigs

Füssen: König-Ludwig-Marathon   *Bayern*

Zwar trägt dieser Marathon den Namen von König Ludwig II, doch das für ihn erbaute Schloss Neuschwanstein, das weltweit bekannte Wahrzeichen dieser Region, wird nicht direkt angelaufen. Es liegt aber im Blickfeld der Läufer, wenn sie am Lech entlang in Richtung Forggensee laufen. Das ist der letzte von sechs Seen, die an- oder umlaufen werden. Immer wieder schweift der Blick auf die Seen und die dahinter liegenden Berggipfel. Das Alpenpanorama, das dem Läufer beim König-Ludwig-Marathon geboten wird, ist grandios. Das ist Genusslaufen pur!

Schloss Neuschwanstein

Mehr auf den Boden als auf die Landschaft sollten alle Teilnehmer allerdings auf dem Uferweg am Weißensee blicken, der zur Streckenhälfte erreicht wird. Hier ist der Weg schmal, felsig und mit knorrigen Wurzeln übersät. Zwischen km 26 und 31 müssen 80 Höhenmeter überwunden werden. Aber solche Dimensionen sind für das Allgäuer Voralpenland wirklich moderat. Viele Waldpassagen spenden mitten im Sommer den nötigen Schatten. Einige Abschnitte sind doch recht eng für die inzwischen fast 1.000 Läufer.

Anschrift: Sportstudio Füssen, Abt-Hafner-Str. 2, 87629 Füssen
Telefon: 08362/921290, Fax: 08362/921291
E-mail: info@koenigludwigmarathon.de
Homepage: www.koenigludwigmarathon.de
Termin 2003: 27.7.
Startzeit: 8.00 Uhr; Zielschluss: 6 Stunden
Höhenmeter: ca. 140
Startgebühr: 25 - 39 Euro
Teilnehmerzahl gesamt: 1.000 (Limit: 1.200); Finisher Marathon: 800

Die Streckenposten laufen mit

Georgsmarienhütte: „Georgsmarienhütter Null"   *NRW*

Eine Institution in der Ultraszene ist seit 1987 die „Georgsmarienhütter Null", obwohl oder gerade weil es hier nicht um Wettkampfsekunden geht. Zweimal im Jahr führt der Erlebnislauf ohne Zeitmessung über 50 km durch die westlichen Ausläufer des Teutoburger Waldes. Der Name stammt von dem Rundwanderweg, dem die Läufer nach dem Start in Kloster Oesede folgen und der durch weiße Nullen gekennzeichnet ist. Dabei summieren sich die Steigungen unterschiedlicher Längen und Grade zu etwa 860 Höhenmetern. Wer die Strecke bewältigt hat, wird beim anschließenden gemütlichen Beisammensein mit dem Titel „Nuller" ausgezeichnet.

Einzigartig sind die Streckenposten: Sie sind erkenntlich durch ihre gelben Hemden mit der Aufschrift „Berg- und Talführer" und laufen mit. Nach fünf erfolgreichen Starts bei der „Null" bekommen Wiederholungstäter diesen Titel als Auszeichnung verliehen. Schon über 250 dieser Berg- und Talführer gibt es! Die echten Liebhaber dieses Erlebnislaufes können aber noch eine Stufe höher aufsteigen: Wer mindestens zehnmal mitgelaufen ist, trägt ein rotes Hemdchen und den Titel „Magister bergum et talum". Es ist ratsam, sich den durch diese Hemdchen gekennzeichneten, streckenkundigen Läufern anzuschließen, denn nicht an jeder Wegkreuzung sind die Nullen weithin sichtbar angebracht.

Anschrift: Georg Rollfing, Riedenstr. 11, 49124 Georgsmarienhütte
Telefon: 05401/43618
E-mail: gmhuetter-null@rollfing.de
Termin 2003: 20.7. und 13.12.; Termin 2004: 18.7. und 11.12.
Fester Termin: vorletzter Sonntag im Juli und
                2. Samstag im Dezember
Höhenmeter: 860
Teilnehmer gesamt: 150

Erst zum Bier, dann zum Kloster

Gera: Elstertal-Marathon   *Thüringen*

Dem Fluss Weiße Elster folgen die Läufer beim Elstertal-Marathon auf einem asphaltierten und flachen Radweg. Nach dem Start am Stadion der Freundschaft in Gera geht es am Fluss entlang bis zum Ortsanfang von Bad Köstritz. Da das Köstritzer Schwarzbier inzwischen deutschlandweit vertrieben wird, können alle Läufer getrost ohne Pause zurück in Richtung Gera laufen. Dort führt der Kurs am Stadion vorbei und weiter an der Weißen Elster entlang bis nach Wünschendorf. Hier lockt das romantische Kloster Mildenfurth die Touristen. Weil die Stimmung im Ort so gut ist und die Anwohner die Wettkämpfer mit Wasser, kühlendem Nass aus Wasserschläuchen und Anfeuerungen versorgen, haben die Organisatoren den Streckenverlauf gegenüber der Premiere 2002 „umgedreht": erst nach Bad Köstritz, dann nach Wünschendorf. Der Wünschendorfer Versorgungs- und Anfeuerungs-Schub soll die Läufer bis ins Ziel tragen.

6 km vor dem Ziel kann es unangenehm werden. Über eine Strecke von 1,8 km ist der Radweg noch nicht gebaut. Die Straße nebenan muss benutzt werden, und ausgerechnet hier kann ein Bahnübergang den Lauffluss hemmen. Fünf Läufer mussten 2002 vor der Schranke stehen bleiben. Ihre Wartezeit wurde gestoppt und von der Zielzeit abgezogen. „Viele Läufer haben uns gebeten, unseren Marathon im Sommer auszutragen, da in dieser Zeit das Wettkampfangebot dünn ist", erklärt Organisatorin Löffler den Termin im August. Der möglichen Hitze auf dem schattenlosen Radweg wird mit dem frühen Start um 7.30 Uhr begegnet.

Anschrift: 1. SV Gera, Geschäftsstelle,
            Küchengartenallee 29, 07548 Gera
Telefon: 0365/8326232, Fax: 0365/8310214
Termin 2003: 9.8.
Startzeit: 7.30 Uhr
Andere Wettbewerbe: 15 km
Finisher: 101

Die Teiche sind leer

Hachenburg: Löwen-Marathon   *Rheinland-Pfalz*

In erster Linie ist der Hachenburger Löwenlauf ein Wettkampf, aber gleichzeitig auch eine Wohltätigkeitsveranstaltung. Denn der Erlös des Rennens in der Westerwald-Gemeinde Hachenburg geht an ein Kinderheim im indischen Madras. Über 75.000 Euro sind bei den Läufen bis zum Jahr 2002 bereits zusammengekommen. „Das ist für mich auch die Hauptantriebsfeder", bekennt Organisator Hans-Jörg Sievers.

Die erfahrene und eingespielte Organisation bietet seit 1999 zusätzlich zu den traditionellen Strecken 10 km und 21,1 km einen Marathon an, der zu 80 Prozent über Waldwege führt. Die moderaten Anstiege dieses wunderschönen Landschaftsmarathons liegen fast alle auf den ersten zwölf Kilometern. Dann ist die Westerwälder Seenplatte erreicht. Die nächsten 20 km verlaufen recht flach durch die Wälder und vorbei an den Fischteichen. Doch Wasser finden die Läufer in diesen Teichen nicht vor. Anfang Oktober werden die hier gezogenen Fische „geerntet". Das erfolgt durch Ablassen des Wassers. Die Marathonläufer passieren also leere Fischteiche, was seinen ganz eigenen Reiz hat. Auf den letzten zehn Kilometern kann so richtig gepowert werden, denn hier geht's überwiegend bergab. Die letzten zwei Kilometer führen durch Hachenburg zum Ziel vor der beeindruckenden Fachwerkkulisse auf dem „Alten Markt" mit seiner mittelalterlichen Szenerie. Der Einlaufkanal ist 20 Meter vor dem Löwenbrunnen aufgebaut.

Anschrift: Werner Matzky, Bleichstr. 22, 57627 Hachenburg
Telefon: 02662/945110, Fax: 02662/945120
E-mail: loewenlauf@djk-marienstatt.de
Homepage: www.djk-marienstatt.de
Termin 2003: 18.10.; Termin 2004: 16.10.
Fester Termin: 3. Samstag im Oktober
Startzeit: 11.00 Uhr; Zielschluss: 5:30 Stunden
Höhenmeter: 150
Andere Wettbewerbe: 5 km, 10 km, Halbmarathon
Startgebühr: 15 Euro
Teilnehmerzahl gesamt: 1.500; Finisher Marathon: 120

Nach 77 Jahren wiederbelebt

Halle-Leipzig: *Sachsen-Anhalt / Sachsen*
Mitteldeutscher Marathon

Der Chef des Mitteldeutschen Marathons:
Olympiasieger Waldemar Cierpinski

Die Premiere des Mitteldeutschen Marathons fand 2002 statt. Doch es gab in der Frühzeit der Leichtathletik einen Vorläufer, an dem sich das moderne Rennen orientiert: Am 6. September 1925 wurde zwischen Halle und Leipzig die erste offizielle Deutsche Marathonmeisterschaft durchgeführt. 60 Läufer traten an, der Berliner Paul Hempel siegte damals in 2:48:25 h. Diese Zeit hätte 2002 immerhin noch für den 17. Platz gereicht.

Die Streckenführung bei der Wiederbelebung 77 Jahre später wurde an das Rennen von 1925 angelehnt. Gestartet wird das Punkt-zu-Punkt-Rennen mitten in der City von Halle, der größten sachsen-anhaltinischen Stadt. Aus der Saale-Stadt führt der Kurs über Landstraßen durch etliche langgezogene Straßendörfer, wo die Wettkämpfer mächtig angefeuert werden. Dazwischen liegen Felder und Wiesen. In diesen Bereichen ist die Strecke recht windanfällig. Nach der Hälfte der Distanz passieren die Läufer den Leipziger Flughafen. Danach rennen sie durch Schkeuditz, wo im Jahr 1925 Tausende von Zuschauern den Wettkämpfern zugejubelt haben sollen. Damals hatte die Polizei nach Zeitungsberichten Mühe, eine Gasse für die Läufer freizuhalten – 2002 verlief hier jedoch alles glatt. Zwischen Schkeuditz und der Leipziger Innenstadt wird auf der leicht welligen Bundesstraße 6 gelaufen. Allerdings steht Leipzigs wunderschöne Zielgerade vor dem Alten Rathaus den Marathon-Läufern auch 2003 nicht zur Verfügung. Dieser Einlauf bleibt den Finishern des Leipzig-Marathons vorbehalten. Das Alternativ-Ziel für die Halle-Leipzig-Finisher ist das Sportforum.

Die Marathon-Medaille bei der Premieren-Veranstaltung zeigte keine prominenten Sportler, sondern zwei Musiker. Sie symbolisieren die musikalische Brücke zwischen den beiden Nachbarstädten in unterschiedlichen Bundesländern: In Halle wurde Georg Friedrich Händel geboren und in Leipzig wirkte Johann Sebastian Bach.

Der Mitteldeutsche Marathon ist ganz eng mit Waldemar Cierpinski verbunden. Zweimal holte der Hallenser Marathon-Olympiagold: 1976 und 1980. Ungebrochen ist seine Popularität seitdem. Inzwischen führt er ein Laufgeschäft in Halle und ist Initiator und Chef des Mitteldeutschen Marathons von Halle nach Leipzig. Er setzte sich mit all seiner Autorität ein, damit das Rennen Realität wurde. Cierpinski ist die treibende Kraft, er ziert die erste und auch die zweite Ausschreibung und wirbt so persönlich für den Lauf.

Zusammen mit einem gleichzeitig durchgeführten Triathlon und dem Speed-Skating-Wettkampf kamen bei der gesamten Premieren-Veranstaltung rund 7.000 Sportler zusammen, darunter 841 Marathon-Finisher. Das ist ziemlich viel für diese Region. Allerdings wollten Cierpinski und Co. in ganz anderen Zahlen-Dimensionen landen. Doch Waldemar hat schon zu seiner Zeit als Leistungssportler bewiesen, dass er zäh und ausdauernd ist. Heute noch hält er sich trotz großer Arbeitsbelastung fit und hat so auch als Organisator einen langen Atem.

Anschrift: Mitteldeutscher Marathon GmbH,
        Talamtstraße 7, 06108 Halle
Telefon: 0345/29989922 (8.00 - 17.00 Uhr), Fax: 0345/29989923
E-mail: info@mitteldeutscher-marathon.de
Homepage: www.mitteldeutscher-marathon.de
Termin 2003: 31.8.
Startzeit: 9.30 Uhr; Zielschluss: 5 Stunden
Andere Wettbewerbe: 10 km, Halbmarathon, Triathlon
Startgebühr: 28 - 40 Euro
Teilnehmerzahl gesamt: 7.000; Finisher Marathon: 841

Unterirdischer Tunnelspaß

Hamburg: Elbtunnel-Marathon   *Hamburg*

Seitdem Marathonlaufen so richtig „in" ist, bleibt kaum ein spektakulärer Ort von Wettkämpfen über die 42,195 km verschont. Während aber manches Lauf-Spektakel wie zum Beispiel Marathon auf einem Kreuzfahrtschiff auf hoher See die Geldbörse kräftig belastet, ist ein Marathon unter der Elbe einzigartig und trotzdem bezahlbar. Geboten wird das unterirdische Laufvergnügen in Hamburg beim Elbtunnel-Marathon. Der rund 400 m lange Elbtunnel verbindet seit 1911 den Hamburger Stadtteil St. Pauli mit der Hafeninsel Steinwerder. Im Januar, wenn draußen Schnee und Eis das Training erschweren, warten 23 Meter tief unter der Erde andere Herausforderungen auf die Läufer. Hier sind 48,5 Runden in der Tunnelröhre zu absolvieren, was auch zähltechnisch eine Herausforderung ist. Schließlich werden die Gemütlichen von den Schnellen bis zu 20-mal überrundet! Im trüben Licht der Tunnelleuchten ist es nicht leicht, einen klaren Überblick zu behalten.

48,5 Runden bedeuten auch 97 Kurven mit jeweils 180 Grad, wenn das Ende der Röhre erreicht ist! Aber keiner kommt zum Spektakel unter der Elbe, um Bestzeiten zu laufen. Hier geht es um den ganz besonderen, unverwechselbaren Wettkampfort. Da sich die Asphaltstrecke zur Mitte hin senkt, kommen insgesamt 150 Höhenmeter zusammen. Die Tunnelatmosphäre schafft eine einzigartige Stimmung, und schon einige wenige Zuschauer können hier einen Höllenlärm veranstalten.

Anschrift: 100 Marathon Club Deutschland e.V.,
          Christian Hottas, Im Berge 10 b, 22359 Hamburg
Telefon: 040/6034898 (abends ab ca. 21.00 Uhr), Fax: 040/601 09 36
E-mail: chhottas@compuserve.de
Homepage: www.elbtunnelmarathon.de
Termin 2004: 25.1.
Fester Termin: letzter Sonntag im Januar
Startzeit: 11.30 Uhr; Zielschluss: 5 Stunden
Höhenmeter: 150
Startgebühr: 35 Euro
Limit: 250 Teilnehmer; Finisher Marathon: 178

Klasse – aber der gute Ruf ist beschädigt

Hamburg: Olympus Marathon Hamburg   *Hamburg*

Der Startschuss ist gefallen, das Erlebnis Hamburg-Marathon kann beginnen

Das Frühjahrs-Highlight unter den deutschen Marathons spielt sich seit 1986 Jahr für Jahr auf den Straßen und Chausseen der Hafenstadt Hamburg ab. Warum mehr Läufer in die norddeutsche Metropole drängen, als Startplätze vorhanden sind, erklärt Katrin Dörre, eine der erfolgreichsten deutschen Marathonläuferinnen und zweifache Siegerin in der Hansestadt. Das Urteil der Topläuferin ist klar und eindeutig: „Hamburg hat ein tolles Publikum, eine interessante und sehenswerte Strecke bei oft sehr guten äußeren Bedingungen. Das ist ideal, um einen Marathon zu laufen.“ Mit dieser Einschätzung steht sie keineswegs allein. Das gilt sowohl für die Spitzenläufer, die hier um Sieg, Platz und Prämien laufen, als auch für den Breitensportler, dessen Ziel das Unterbieten der Drei-, Vier-, oder Fünf-Stunden-Barriere ist.

Insgesamt legten in den ersten 17 Jahren der Hamburger Marathon-Geschichte fast 160.000 Läufer die 42,195 km lange Runde durch die Hansestadt zurück, um erfolgreich zu Füßen des Fernsehturms zu finishen. Kein anderer Marathon in Deutschland hatte ein so eindeutig positives Läuferecho – 17 Jahre lang. Doch diese für den Hamburg-Marathon so komfortable Situation änderte sich mit dem Erscheinen der Ausschreibung für das Jahr 2003 schlagartig. Da nämlich gab der Hamburg-Marathon die neuen Meldebedingungen bekannt. Und die Läuferschar rieb sich verdutzt die Augen: Ab sofort galt nicht mehr das bis dahin in Deutschland selbstverständliche Prinzip: Wer zuerst kommt, mahlt zuerst.

Ab 2003 setzt Hamburg zwei neue Prinzipien durch. Als Grundregel gilt: Wer schneller läuft, ist besser dran! In Hamburg ist nicht mehr jeder Marathonläufer gleich gern gesehen. Wer bestimmte, nach Altersklassen aufgeteilte Qualifikationszeiten nachweisen kann, dem wird der Startplatz bis zum Meldeschluss garantiert. Aber für den garantierten Startplatz Hamburg-Marathon 2003 musste beispielsweise eine 34-Jährige in den letzten zwei Jahren unter 3:30 gelaufen sein, eine 49-Jährige unter 4:15 Stunden.

Die restlichen Startplätze werden – vereinfacht ausgedrückt – verlost. Und um in diese Verlosung zu kommen, muss zuvor eine Gebühr bezahlt werden. New York und London handhaben das genauso, argumentiert der Hamburger Renndirektor Wolfram Götz und hat damit zweifelsohne Recht. Genau wie in London und New York ist der Hamburg-Marathon etwas ganz besonderes. Wer sich diesen Lauf-Luxus leisten will, hat keine andere Wahl als jede Bedingung des Ausrichters zu akzeptieren. Die Einschreibegebühr wird auf das Startgeld angerechnet. Aber die Läufer, die kein Glück bei der Auslosung haben, haben doppelt Pech. Sie dürfen nicht starten und das Geld ist auch noch futsch. Für 2003 wurden alle Meldungen akzeptiert, da der Lauf zum – ungewöhnlich frühen – Anmeldeschluss Ende November nicht ausgebucht war. Niemand hat also die „Eintrittsgebühr zur Verlosung" gezahlt und wurde danach abgewiesen. Aber das kann 2004 schon ganz anders sein, und so ist der gute Ruf der Hamburger erst einmal beschädigt. Und die Negativschlagzeilen in Zeitungen, die wiederholten Erklärungen in der Fachpresse und die Beschwichtigungen erleichtern die Verhandlungen mit den Sponsoren sicher nicht.

Viele Läufer wollen unter diesen Bedingungen nicht mehr in Hamburg starten, einige führen das Wort Boykott im Munde. Durch die Tatsache, dass die Hamburger ihren zunächst anvisierten Meldeschluss verlängern mussten, fühlen sich viele Kritiker bestätigt.Doch wer aus diesen Gründen nicht in Hamburg läuft, verpasst etwas, denn das Rennen ist nach wie vor ein sehr schöner Frühjahrsmarathon.

Das Start- und Zielgelände an den Messehallen bietet eine ideale Lauf-Infrastruktur. Nahezu alles rund um den Lauf passiert hier in einem Radius von wenigen hundert Metern: Marathonmesse, Startnummernausgabe, Start und Ziel. 1998 absolvierte Außenminister Joschka Fischer in

Der Fernsehturm ist immer wieder ein Orientierungspunkt

Hamburg sein Marathondebüt und war begeistert. Den Mitläufern aus Fischers Leistungsklasse werden von der perfekten Organisation genauso faire Startbedingungen geboten wie den Stars. Denn die Läufer beginnen das Rennen zeitversetzt von drei verschiedenen Startpunkten aus. So gibt es keinen Stau auf den ersten Kilometern, und der Chip sorgt bei der Zeitnahme für Gerechtigkeit.

Wenn bei km 2 die legendäre Reeperbahn erreicht ist, bilden alle Marathonis eine einzige, sich immer weiter auseinander ziehende Läuferschlange. Auf Sex und Sünde, die sich hier am frühen Sonntagmorgen ziemlich verschlafen präsentieren, folgen für die Läufer Schiffe und Elbe. Ab km 6 schweifen die Blicke der Marathonläufer auf Wasser, Hafen und dicke Pötte. Während die Läufer immer weiter am Hafen, dem „Tor zur Welt" entlanglaufen, werden die Zuschauerreihen immer dichter. Denn vom Start ist es auf direktem Weg ein lockerer Spaziergang hinunter zur Elbe. Hier an den Landungsbrücken, einem der Wahrzeichen der Stadt, stehen die Anfeuerer und Applaudierer in Vierer-, Fünfer- und Sechserreihen – für die

Gänsehaut pur: an den Landungs-brücken

Läufer heißt das Gänsehaut pur. So mancher Läufer würde am liebsten um-
drehen und diesen Abschnitt noch einmal durchlaufen. Vorbei an Antrei-
bern und Fahnenschwenkern geht es durch die Altstadt.

Bald bestimmt das Wasser auch fern des Hafens wieder die Szene. Denn
es wird die Binnenalster erreicht. Entlang dieses im 17. Jahrhundert angelegten riesigen Wasserbeckens führt der Kurs zur Außenalster. Rund drei
Kilometer bleiben die Läufer am Ufer dieses Sees, immer auf der breiten
Straße, aber meist mit freiem Blick über den See. Auf der anderen Stra-
ßenseite ergänzen prächtige Hotels und Geschäftshäuser die Kulisse.

Jetzt verlassen die Marathonis das Wasser in Richtung Uhlenhorst,
Barmbek und Winterhude. Entlang der sonst am Sonntagvormittag so toten Straßen in der Bürovorstadt City Nord haben die Schreier und Topf-
deckelschläger einen besonders gut besuchten Stützpunkt. Fernsehkomi-
ker Wigald Boning lief 2002 durch die Hafenstadt und beteuerte: „Die Kilometer durch die City Nord waren die besten." Aber auch von den

sonstigen Kilometern war er begeistert: „Hier in Hamburg stand ein großartiges Publikum am Streckenrand. Ohne die Zuschauer wäre ich bestimmt fünf Minuten langsamer gelaufen. Der ganze Lauf hat mich an meine Auftritte mit den Doofen bei ‚Rock am Ring' erinnert. Wer nicht Rockstar werden kann, aber dieses Gefühl erleben will, dem empfehle ich, einen solchen Marathon zu laufen." Auf den Kilometern durch teilweise vornehme Wohngebiete von Eppendorf, Harvestehude und Rothenbaum bildet der Fernsehturm eine weithin sichtbare Orientierungsmarke. An seinem Fuß ist das Ziel aufgebaut.

Doch zuvor erreichen die Läufer vor km 40 wieder ein bereits bekanntes Gewässer: die Außenalster. Hier stehen sie wieder besonders dicht, die Krachmacher und Rasselschwinger. Der vorletzte Kilometer ist der einzige Abschnitt, auf den empfindliche Läuferbeine nicht ganz so gut zu sprechen sind, denn hier steigt die Strecke ein wenig an. Aber wer sich das Streckenprofil genau ansieht, der entdeckt nur eine minimale Steigung. Rund 30 m liegen in Hamburg zwischen dem höchsten und niedrigsten Streckenpunkt. Es sind eben vor allem die schweren Beine, die sich nach 40 schönen, aber auch Kraft kostenden Kilometern bemerkbar machen.

Schon für die Rennpremiere 1986 meldeten 8.316 Teilnehmer – eine Zahl, die bis dahin weltweit noch nie ein Marathonneuling erreicht hatte. Seit 1997 lag die Teilnehmerzahl stets über 10.000. Dreimal – 1988, 1995 und 1999 – trug der DLV die deutschen Marathonmeisterschaften auf dem schnellen Kurs durch die Millionenstadt aus. Aber auch in den anderen Jahren haben die Hamburger Marathonmacher Wert darauf gelegt, neben internationalen Laufstars auch die deutsche Marathonspitze zu präsentieren.

Anschrift: Hamburger Leichtathletik-Verband e.V., Olympus
      Marathon Hamburg, Postfach 60 62 20, 22254 Hamburg
Telefon: 040/88880350, Fax: 040/88880362
E-Mail: HLV.Marathon-Hamburg@t-online.de
Homepage: www.marathon-hamburg.de
Termin 2003: 27.4.; Termin 2004: 25.4.
Startzeit: 9.00 Uhr; Zielschluss: 6 Stunden
Startgebühr: 43 Euro plus 7 Euro Einschreibegebühr
Teilnehmerlimit: ja
Teilnehmerzahl gesamt: 22.763; Finisher Marathon: 19.322

Die grüne Alternative

Hamburg: Alstermarathon *Hamburg*

Eine Marathon-Alternative im Grünen der Hansestadt Hamburg bietet seit 2002 der Alstermarathon, der vom Laufladen Laufwerk organisiert wird. Hier kann man ganz ohne Auslosung der Startplätze oder den Nachweis von Qualifikationszeiten teilnehmen. Die Strecke verläuft lange Zeit direkt an der Alster. Deshalb weist der Veranstalter vorsorglich darauf hin, dass bei Hochwasser eine Ausweichroute gelaufen werden muss.

Schon gut einen Kilometer nach dem Start in der Nähe des Jahnstadions erreicht die Wettkampfroute den Alsterwanderweg. Mal auf der einen, mal auf der anderen Alsterseite geht es bis hinauf nach Bergstedt. 80 Prozent der belaufenen Strecke besteht aus Parkwegen, der Rest aus Asphalt oder Gehwegplatten. Aber so flach wie die Strecke des berühmten lokalen Marathonkollegen im Frühjahr ist der Parcours an der Alster nicht. Einige Anstiege bringen es addiert immerhin auf 145 Höhenmeter, und – der Veranstalter hat sie genau gezählt – 123 Treppenstufen würzen das Marathonerlebnis. Durch den Stadtpark werden die letzten Meter zurück zum Jahnstadion gelaufen, wo nach einer Ehrenrunde im Stadion die Ziellinie auf die Läufer wartet.

Schon bei der Premiere war der Lauf gut organisiert und heimste nur Lob von Seiten der Teilnehmer ein. Ab 2003 wird die Marathondistanz auch als Staffellauf angeboten.

Anschrift: Laufwerk Hamburg e.V., Hoheluftchaussee 42,
      20253 Hamburg
Telefon: 040/51312878, Fax: 040/27808747
E-mail: info@laufwerk-hamburg.de;
Homepage: www.alstermarathon.de
Termin 2003: 19.10.
Startzeit: 9.00 Uhr; Zielschluss: 6 Stunden
Höhenmeter: 150
Andere Wettbewerbe: 2 km-Rückwärtslauf, Marathonstaffel
Startgebühr: 25 - 35 Euro
Teilnehmerzahl gesamt: 270; Finisher Marathon: 245

13 Marathons in 13 Tagen

Hamburg: Teichwiesen-Marathons   *Hamburg*

Im Hamburger Ortsteil Volksdorf veranstaltet der „100 Marathon Club Deutschland" Marathonläufe gleich dutzendweise. Das passt, denn der veranstaltende Club ist eine Vereinigung der Marathon-Vielläufer und Marathon-Sammler. Nicht jeder kann hier Mitglied werden. Die Mindestzahl von „läppischen" 100 Marathons muss schon bewältigt sein, bevor der Eintritt in diesen elitären Club offen steht.

Auf einem leicht welligen Kurs im Landschaftsschutzgebiet „Teichwiesen" sind 16 Runden zurückzulegen, bis 42,195 km gesammelt sind. Christian Hottas ist der Initiator des 100-Marathon-Clubs. Mit dem Motto „Gar nicht verrückt, ist auch nicht normal!" kontert er das immer wieder geäußerte Unverständnis an seiner Leidenschaft. Hottas, der allein im Jahr 2002 die unglaubliche Zahl von 137 Marathonrennen absolvierte, bezeichnet die Läufe an den Teichwiesen als „stressfreies Laufen mit ‚Gleich-Verrückten' in herrlicher Natur". Immer dann, wenn woanders nichts los ist, wird an den Teichwiesen gestartet. So wurden zwischen dem 20.12.2002 und dem 1.1.2003 13 Marathons an 13 aufeinander folgenden Tagen veranstaltet. Da die meisten dieser Läufe keine offizielle Genehmigung des Hamburger Leichtathletik-Verbandes aufweisen, können dort erzielte Leistungen nicht in Bestenlisten auftauchen. Gleichwohl sind sie aber nach AIMS-Regeln von Wolfgang Kucklick vermessen und werden von Marathonsammlern gezählt.

Anschrift: 100 Marathon Club Deutschland e.V.,
          Christian Hottas, Im Berge 10 b, 22359 Hamburg
Telefon: 040/6034898 (abends ab ca. 21.00 Uhr), Fax: 040/6010936
E-mail: chhottas@compuserve.de
Homepage: www.elbtunnelmarathon.de
Termine: fortlaufend, immer, wenn es 2-3 Autostunden
          um Hamburg keinen Marathon gibt
          (siehe Homepage)
Startzeit: 10.00 Uhr; Zielschluss: 5-6 Stunden
Höhenmeter: 170
Startgebühr: 6 Euro
Limit: 24 Teilnehmer; Finisher Marathon: 3-41

Auf Laufschuh-Sohlen durch die Märchenwelt

Hanau: Brüder-Grimm-Lauf   Hessen
5 Etappen – 82 km von Hanau nach Steinau

Ein Wochenende lang dreht sich im Main-Kinzig-Kreis vieles um vergangene Märchenzeiten und die läuferische Gegenwart. Denn in Hanau wurden 1785 und 1786 die Brüder Grimm geboren. Um ihre Märchen dreht sich der Etappenlauf über insgesamt 82 km in fünf Teilstücken. Die erste Etappe am Freitagabend dient dem Warmlaufen. Die Läufer sollten gut mit ihren Kräften haushalten, denn bereits am Samstagmorgen steht die „Dornröschen-Etappe" an, und nach dem Zieleinlauf nur knapp sechs Stunden zur Regeneration. Dann folgen die hügeligen 17 km der „Schneewittchen-Etappe" bis in den Ort Gelnhausen. Am Sonntagmorgen folgt das härteste Teilstück, das in die Ausläufer des Vogelsberges führt. Auch die abschließende „Hänsel-und-Gretel-Etappe" von Bad Orb nach Steinau hat es zu Beginn noch einmal in sich. Knapp 120 Höhenmeter auf einer Streckenlänge von 1,3 km sind zu überwinden, doch danach sind die letzten 13 dieser 18 km durchweg flach.

Das verlängerte Wettkampf-Wochenende bietet schwere, aber auch wunderschöne Laufkilometer. Da sich alle Teilnehmer über drei Tage immer wieder sehen, werden jede Menge neuer Lauffreundschaften geschlossen. Die logistische Herausforderung eines solchen Etappenlaufes wird von der eingespielten Organisation gut bewältigt. Nach jeder Etappe fahren Busse zurück zum jeweiligen Startort. Wer will, kann kostenlos in Sporthallen übernachten.

Anschrift: Veranstaltergemeinschaft Brüder-Grimm-Lauf,
            Barbarossastr. 16-18, 63571 Gelnhausen
Telefon: 06051/8544-60 (Mo-Do 8.00-16.00 Uhr, Fr 8.00-13.00 Uhr)
Fax: 06051/854296
E-mail: sport@mkk.de; Homepage: www.mkk.de
Termin 2003: 6.6.-8.6.; Termin 2004: 4.6.-6.6.
Startzeit: 17.30 Uhr
Streckenlänge: 82 km; auch Einzeletappen möglich
Startgebühr: 50-59 Euro
Teilnehmerzahl gesamt: 582 (Limit: 500); Finisher Etappenlauf: 448

Nach Anlaufproblemen im Aufwind

Hannover: Spielbanken-Marathon   *Niedersachsen*

Seit 1991 wird in Hannover ein City-Marathon ausgetragen. Was mit viel Enthusiasmus und Begeisterung begann, verkümmerte bald zum Gespött der Marathon-Szene. Über lange Jahre hinweg brachte sich diese Veranstaltung vor allem durch Pannen und ständig wechselnde Organisationsteams in Erinnerung. In den letzten zwei Jahren hat der Lauf durch die Messestadt jedoch auf allen Ebenen einen Sprung nach vorne gemacht. 2002 rückte der Spielbanken-Marathon auf den 7. Platz der teilnehmerstärksten deutschen Marathon-Veranstaltungen vor. Da machen sich vor allem die Rahmenwettbewerbe über 21,1 km und 10 km bemerkbar, bei denen die Breitensportler aus der Region zu Tausenden an den Start gehen.

Aber die Macher rücken die namensgebende Marathon-Komponente wieder stärker in den Vordergrund. Mit Erfolg: Betrachtet man die Finisherzahlen über 42,195 km, so wurde 2002 bundesweit Rang 17 erreicht. Das ist immer noch nicht standesgemäß für die niedersächsische Landeshauptstadt. Aber immerhin übersprang die Finisherzahl erstmals seit vielen Jahren deutlich die Tausender-Marke. Auch die Zahl der leistungsorientierten Läufer ist mit 86 Finishern unter drei Stunden beachtlich und die Tendenz zeigt eindeutig nach oben. Die Verbesserungen in der 500.000 Einwohner zählenden Großstadt entgingen auch dem Deutschen Leichtathletik-Verband nicht. Sie wurden mit der Vergabe der deutschen Marathon-Meisterschaften für das Jahr 2004 belohnt.

Alle die, die das leidige Parkplatzproblem bewältigt haben oder mit der Bahn anreisen, erfreuen kurze Wege rund um den Marathon: Start und Ziel befinden sich seit 2002 vor dem so altehrwürdig erscheinenden Rathaus mit seinen verspielten Türmchen. Hier sind nicht nur zentral Start und Ziel, Startnummernausgabe und Nudelparty konzentriert, das Gebäude schafft auch eine besonders gediegene Atmosphäre. Dabei ist das Verwaltungsgebäude längst nicht so alt wie es vorgibt. Es wurde erst 1913 fertiggestellt. So kommt auch keine Ehrfurcht auf: Am Lauftag wird die große Treppe im Inneren des Rathauses zur Umkleidekabine umfunktioniert.

Marathonis und 21,1-km-Läufer starten gemeinsam. Nach einigem Gedränge beim Start kann sich das Läuferfeld auf der langen Gerade am Maschsee hervorragend entzerren. Die künstlich angelegte Freizeit-Oase inmitten der Großstadt wird in seiner ganzen Länge von 2,4 km abgelaufen.

Am Ende des Maschsees geht es über die breite Hildesheimer Straße zurück in die Innenstadt. Die Oper und der neue Bahnhof werden auf dem Weg zu den Wohngebieten der Ost- und Nordstadt passiert. Bei den bekannten Herrenhäuser Gärten schwenken alle Läufer wieder in Richtung Innenstadt. Auf den riesigen Barockgarten folgt das Leibnitzufer, hier erfreuen die Nana-Skulpturen von Niki de Saint Phalle die Läuferseele. Bei ihrer Aufstellung 1974 hatten diese Plastiken enormen Wirbel ausgelöst. Sogar eine Bürgerinitiative kämpfte dagegen. Heute ist das nur noch schwer vorstellbar, und wohl keiner der eher dürren Marathonläufer wird sich über die voluminösen, bunten Frauenfiguren ärgern. Die Runde ist jetzt so gut wie geschafft; kurz gerät das Rathaus ins Blickfeld der Marathonis. Aber zunächst muss noch eine Schleife durch die Innenstadt gelaufen werden. Der Schwenk führt vorbei am Hauptsponsor, der Spielbank. Dann ist das Rathaus erreicht, für die Marathonis kann Runde zwei beginnen.

Durchgehend flach ist der Kurs und gilt bei vielen als besonders schnell. Anja Carlsohn, die Siegerin des Jahres 2001, erklärt warum: „Die Strecke hat schöne Geraden, auf denen man gut vorankommt. Das ist ungefähr vergleichbar mit der Berliner Halbmarathonstrecke." Leider ist aber auch der Zuschauer-Zuspruch mit dem des Halbmarathons in der Hauptstadt vergleichbar: Die Zuschauer konzentrieren sich auf einige Kristallisationspunkte im Zentrum. Hannover ist also nichts für Läufer, die für ihren Adrenalin-Kick Dauerapplaus brauchen. Bestzeiten-Jäger sind hier dagegen richtig. Eine deutliche Beschilderung eines jeden Kilometers und eine gute Wettkampfverpflegung alle 2,5 km erleichtern das Erreichen eines neuen persönlichen Marathonrekordes.

Anschrift: eichels: Event GmbH, Marathonbüro, Gellertstr. 57b, 30175 Hannover
Telefon: 0511/812014 (tagsüber), Fax: 0511/812016
E-mail: kontakt@marathon-hannover.de
Homepage: www.marathon-hannover.de
Termin 2003: 4.5.; Termin 2004: 2.5.
Startzeit: 9.00 Uhr; Zielschluss: 5:30 Stunden
Andere Wettbewerbe: 10 km, Halbmarathon
Startgebühr: 29 - 46 Euro
Teilnehmerzahl gesamt: 8.432; Finisher Marathon: 1.015

Auto, Bahn und Schiff sind dabei

Hasede-Giesen: Haseder Feldmark-Marathon *Niedersachsen*

Mitte Juni kann es richtig warm werden. Deshalb starten in Hasede die Marathonis schon um 7.30 Uhr. Wenige Kilometer vor den Toren von Hildesheim liefen zuletzt 63 der 600 Läufer der Gesamtveranstaltung die komplette Marathonstrecke. Der Rest rannte 21,1 km oder 10 km. Da die Mittel- und Kurzstreckler später starten, kann hier die sprichwörtliche Einsamkeit des Langstreckenläufers erlebt werden. Zwei Runden, vorwiegend auf asphaltierten Feldwegen, sind für die Marathonis zu absolvieren. Grüne Felder und deren landwirtschaftliche Nutzung prägen die Feldmark. Der Marathon demonstriert aber auch, wie zerschnitten von modernen Verkehrssträngen das „platte Land" oft ist. Fast einen Kilometer lang verläuft der Kurs neben der Autobahn A7, etwa genauso lang auf dem schmalen Leinpfad neben dem Zweigkanal, der Hildesheim mit dem Mittellandkanal verbindet. Und schließlich führt der Kurs auch noch ein Stück an der Bahnlinie nach Celle entlang. Die Brücken über Kanal und Autobahn bilden die einzigen Buckel, die empfindliche Läuferbeine quälen könnten, ansonsten ist die Strecke topfeben und windanfällig.

2003 können sich Marathonis den Ort Hasede gleich zweimal in ihrem Kalender notieren. Denn nach der „regulären" 24. Auflage wird ein besonderer Jubiläumslauf am 6. September 2003 eingeschoben. In mehreren Laufgruppen mit unterschiedlichem Tempo wird die große Runde der Haseder Marathonpremiere von 1981 abgelaufen.

Anschrift: TuS Hasede, Horst Berger,
                Martin-Luther-Str. 23, 31180 Giesen
Telefon: 05121/770598, Fax: 05121/770538
E-mail: berger@tushasede.de; Homepage: www.tushasede.de
Termine 2003: 15.6., 6.9.; Termin 2004: 13.6.
Fester Termin: Sonntag vor dem 17. Juni
Startzeit: 7.30 Uhr; Zielschluss: 5:30 Stunden
Höhenmeter: 20
Andere Wettbewerbe: 1,2 km, 5 km, 10 km, Halbmarathon
Startgebühr: 10 Euro
Teilnehmerzahl gesamt: 600; Finisher Marathon: 63

Rotwein als Marathon-Verpflegung

Heilbronn: Trollinger-Marathon   *Baden-Württemberg*

Der Heilbronner Marathon ist nach einem feinen Tropfen benannt, doch beim Trollinger-Marathon ist der Wein mehr als nur Namensgeber. Die Trauben, aus denen er gewonnen wird, prägen auch diesen Landschaftslauf. Denn die abwechslungsreiche 42,195-km-Runde führt immer wieder durch Weinanbaugebiete und zum Teil sogar direkt durch die Weinberge. Das bedeutet für den Marathonstarter zweierlei: Dies ist kein Stadtmarathon der üblichen Art, und Wein wird hierzulande nicht in der Ebene angebaut. Eine Wettkampfstrecke, die an den Weinreben vorbeiführt, kann nicht völlig flach sein.

Nach dem Start am Frankenstadion werden die ersten fünf Kilometer in der 120.000 Einwohner zählenden Stadt zurückgelegt. Dann geht es hinaus in die Landschaft. Doch bedeutet das beim Trollinger-Marathon keine Langeweile. Denn immer wieder laufen die Marathonis durch Weinorte, in denen viele tausend Zuschauer am Streckenrand stehen und die Läufer begeistert anfeuern. Nach den ersten durchweg flachen fünf Kilometern durch das Stadtgebiet geht es stetig bergan, bis bei Kilometer 10 der höchste Punkt erreicht ist. Danach wird man im Weinort Talheim von den Zuschauern wieder richtig aufgemöbelt. Mal auf, mal ab führt die Strecke durch Lauffen, über den Neckar und durch das schöne Brackenheim mit seinen mittelalterlichen Häusern. Danach ist bei km 27 eine kräftige Steigung zu überwinden. Diese Gewissheit gibt dem marathon-guide-Leser sicher Power: Jetzt geht es nur noch leicht bergab oder eben bis ins Ziel!

Die Halbmarathonläufer starten anderthalb Stunden nach den Marathonis. Nach den ersten 10 km auf dem Marathonkurs kürzen sie so ab, dass sie bei km 37,5 der Marathonstrecke wieder auf den Kurs einbiegen. Viele Marathonis werden diesen letzten Abschnitt, der wieder durch Heilbronn führt, gemeinsam mit den 21,1-km-Läufern absolvieren und mit ihnen im Ziel im Stadion ankommen. So ist man nicht alleine und die beiden Läuferfelder haben sich so weit auseinander gezogen, dass es zu keinen Staus kommt. Also nicht frustriert sein, wenn viele ab km 37,5 überholen. Die haben deutlich weniger Wettkampf-Kilometer in den Beinen!

Mit der Marathon-Premiere in Heilbronn im Jahr 2001 wurde gleich ein weiteres Novum geschaffen: Nachdem schon seit Jahren und Jahrzehnten Soldaten, Polizisten, Feuerwehrleute und auch Bankangestellte bei großen

Marathonläufen ihre Besten ermitteln, gibt es jetzt in Heilbronn die „Internationale Handwerker-Meisterschaft". „Die Zeit ist reif, die laufbegeisterten Handwerkerinnen und Handwerker über alle Grenzen hinweg einzuladen", fand Gustav Jenne vom Organisationsteam und stellte gleichzeitig fest: „Da wir im Handwerk Erfahrungen mit allerlei Auf und Ab haben, wird uns die anspruchsvolle Laufstrecke keine Schwierigkeiten bereiten."

Ähnlich wie beim Medoc-Marathon, dem berühmten französischen Weinlauf, wird unterwegs auch Wein gereicht. Vielleicht passt die Kombination von Marathon und Wein genau in eine Stadt, in der sich laut Eigenwerbung „schwäbischer Fleiß und fränkische Lebensart" verbinden. Leistungsfördernd ist Weintrinken während einer Ausdauerbelastung sicher nicht. Alkohol hat beim Laufen eigentlich nichts zu suchen! Deshalb kann ambitionierten Läufern vom Trinkgenuss unterwegs nur abgeraten werden. Doch nach dem Lauf ist das anders! Schließlich erhält jeder Läufer eine Flasche Trollinger. Aber beim Heilbronner Marathon steht der Spaß im Vordergrund, und letztlich ist es mit dem Thema Weinlauf wie bei vielen anderen Dingen auch: Erlaubt ist, was gefällt. Das Organisationsteam unterstreicht diese Form des „Spaß-Wettkampfes" mit einer Sonderwertung: Der Läufer mit der originellsten Kostümierung wird prämiert.

Und wer auf den Trollinger-Geschmack gekommen ist, kann beim „Berg- & Tal-Cup" noch eine zweite Weinprämie ergattern. Die erhält jeder, der sowohl beim Heilbronner Trollinger-Marathon als auch beim Baden-Marathon in Karlsruhe mitläuft. Dabei kann einer der beiden Läufe auch als Halbmarathon bestritten werden.

Anschrift: Heilbronn Marketing GmbH,
Marktplatz 7, 74072 Heilbronn
Telefon: 07131/563741, Fax: 07131/564111
E-mail: ruof@heilbronn-marketing.de
Homepage: www.trollinger-marathon.de
Termin 2003: 25.5.
Startzeit: 9.00 Uhr; Zielschluss: 6:30 Stunden
Andere Wettbewerbe: Halbmarathon
Startgebühr: 27 - 33 Euro
Teilnehmerzahl gesamt: 3.985; Finisher Marathon: 1.076

Mitten im Meer

Helgoland: Helgoland-Marathon   *Schleswig-Holstein*

Marathon auf einem aus dem Meer ragenden Buntsandsteinfelsen 70 km vom Festland entfernt – das ist ein wahrhaft spektakuläres Lauferlebnis.

Gestartet wird das Rennen auf der Nordsee-Insel am Nordosthafen. Schon bald hat man die Mole der Nordreede erreicht. Dieser Streckenabschnitt ist nur einmal im Jahr zum Marathon geöffnet. Dann führt der Kurs auf die Klippen zu und den steilen Weg hinauf auf den Felsen, der diese Insel so prägt. Die rote Buntsandsteinscholle ragt 61 Meter hoch aus dem Meer. Dieser Höhenunterschied will erst einmal erlaufen werden. Aber die Anstrengung lohnt sich, denn vom Oberland aus kann man im Vorbeilaufen den Blick auf die berühmte Lange Anna und die Vogelfelsen genießen. Und natürlich schweift der Blick immer wieder über die Weite des Meeres. Hinter dem Leuchtturm werden die mühsam erkämpften Höhenmeter auf dem Weg in Richtung Binnenhafen schnell wieder verloren. Das Ziel ist vor dem Musikpavillon erreicht, aber erst nachdem vier Runden auf dem Inselkurs absolviert sind. Auf der 10,5 km langen Runde sind vier Versorgungsstellen aufgebaut.

Das Insel-Feeling wirkt sich positiv auf die Stimmung aus. Da der Start morgens um 9.00 Uhr nicht mit dem ersten Schiff zu erreichen ist, müssen alle schon am Freitag anreisen. Und die meisten Läufer bleiben gleich bis Sonntag, denn schließlich findet die Siegerehrung erst am Samstagabend statt, wenn das letzte Schiff die Insel bereits verlassen hat.

Anschrift: Vfl Fosite Helgoland von 1893,
          Postfach 1170, 27493 Helgoland
Fax: 04725/576
E-mail: ecki.mueller@t-online.de
Homepage: www.helgolandmarathon.de
Termin 2003: 10.5.; Termin 2004: voraussichtlich 8.5.
Fester Termin: voraussichtlich 2. Samstag im Mai
Startzeit: 9.15 Uhr; Zielschluss: 6 Stunden
Höhenmeter: ca. 200
Andere Wettbewerbe: 5,8 km
Startgebühr: 36 Euro
Teilnehmerzahl gesamt: ca. 400; Finisher Marathon: 212

Deutschland

Rügen
Usedom
Ueckermünde
Bad Freienwalde
Kienbaum
Spreewald
Dresden
Neubrandenburg
Rostock
Berlin
Werdau
Leerenfeld
Kiel
Plön
Kaltenkirchen
Hamburg
Sassenburg
Braunschweig
Wernigerode
Halle
Leipzig
Sondershausen
Bad Frankenhausen
Gera
Husum
Neustadt-Poggenhagen
Hannover
Springe
Hasede
Bad Pyrmont
Rennsteig
Helgoland
Otterndorf
Georgs-
marienhütte
Minden
Bad Salzuflen
Humfeld
Bad Arolsen
Bestwig
Schmallenberg
Fulda
Wardenburg
Löningen
Riesenbeck
Münster
Marsberg
Marburg
Hachenburg
Hesel
Unna
Menden
Arnsberg
Steinfurt
Herten-Bertlich
Remscheid
Bergisch Gladbach
Norderney
Ruhr-
gebiet
Essen
Köln
Bad Honnef
Kevelaer
Bottrop
Duisburg
Düsseldorf
Brühl
Bonn
Wegberg
Simmerath
Monschau

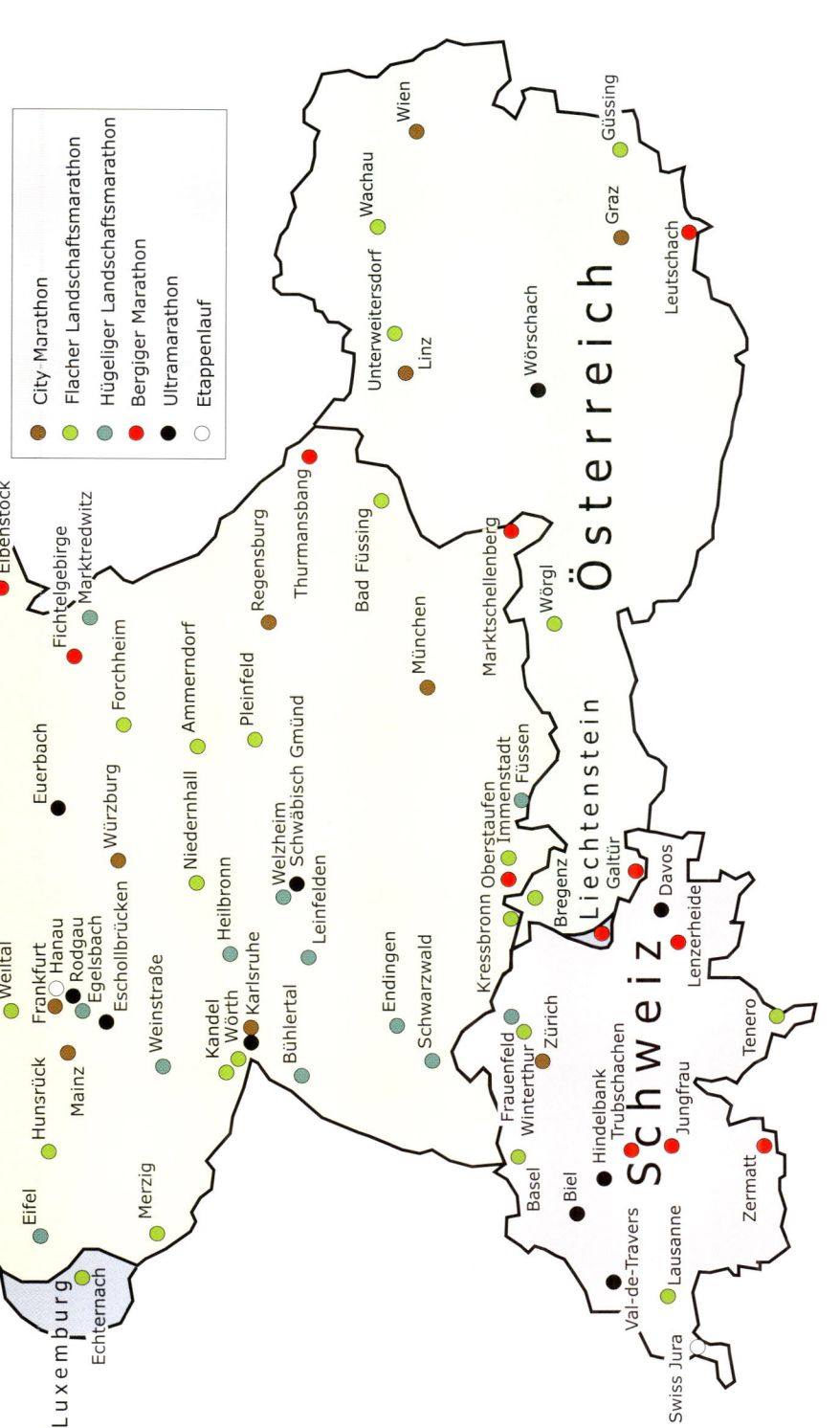

Etwas für Sammler

Herten-Bertlich: Bertlicher Straßenläufe   *NRW*

Gleich dreimal im Jahr – im Sommer, im Herbst und im Winter – kann man im Hertener Ortsteil Bertlich 42,195 km zurücklegen. Der Marathon in der ehemaligen Bergbaustadt ist aber jeweils nur ein kleiner Teil einer eingespielten Veranstaltung. Läufer haben hier die Gelegenheit, Wettkampfstrecken von 5 km, 7,5 km, 10 km, 15 km, 21,1 km, 30 km und Marathon zu absolvieren. Durch ein ausgeklügeltes System aufeinander abfolgender Starts und unterschiedlicher Runden wird das Programm von einem nahezu perfekten Organisationsteam zuverlässig abgewickelt. Trotz der insgesamt meist über 1.000 Starter hier am nördlichen Rand des Ruhrgebietes kann es für die circa 100 Marathonläufer ganz schön einsam werden.

Der Kurs ist bis auf die Stadionrunde zum Schluss hundertprozentig asphaltiert und flach, allerdings auch windanfällig. Die dreimal zu laufende 13,9-km-Runde wird von Bertlichs Vorstadt-Häusern, Feldern und kleinen Baumgruppen geprägt. Das hört sich nicht nur reichlich unspektakulär an, das ist es auch. So starten auf der längsten Distanz von Herten-Bertlich vor allem die Marathon-Sammler. Ultras, die 42,195 km locker als Trainingslauf herunterspulen wollen, und Läufer aus der Region, die eine kurze Anreise lieben, kommen ebenso.

Anschrift: SuS Bertlich 1945, Leichtathletikabteilung,
Heinrich-Obenhaus-Str. 45, 45701 Herten
Telefon: 0209/611649, Fax: 0209/612749
E-mail: leichtathletik@sus-bertlich.de
Homepage: www.sus-bertlich.de
Termine 2003: 9.2. / 28.9. / 30.11.
Startzeit: 10.30 Uhr
Andere Wettbewerbe: 5 km, 7,5 km, 10 km, 15 km,
Halbmarathon, 30 km
Startgebühr: 13 Euro
Teilnehmerzahl gesamt: 1.143; Finisher Marathon: 122

Der Wind bestimmt den Kurs

Hesel: Ostfriesland-Marathon   *Niedersachsen*

Drei Runden durch eine von der Natur geprägte Geest-, Moor- und Waldlandschaft summieren sich am Ende zu 42,195 Marathonkilometern. Doch
da die Landschaft recht abwechslungsreich ist, kommt auch auf der dritten
Runde keinesfalls Langeweile auf. Einzig und allein die lange Gerade durch
den Staatsforst Hesel, die nach einem Schwenk den Auftakt jeder Runde
bildet, scheint von Runde zu Runde immer länger zu werden. Trotzdem hat
dieser Abschnitt Vorteile für die Läufer. An warmen Sonnentagen spendet
der Wald angenehmen Schatten. Und wenn der Wind sich an die Regeln
hält, hat man beim Lauf in diese Richtung Gegenwind. Doch auf diesem
Streckenteil wird der Gegenwind vom Wald geschluckt. Und windig ist es
in Hesel oft auch im Sommer – schließlich sind wir hier in Ostfriesland.

Über Feldwege nach Firrel ist die restliche Gegenwind-Passage recht
kurz, bevor es mit meist kräftigem Rückenwind zurück in Richtung Start-
Ziel-Bereich geht. Dieses geschickte Beachten der Hauptwindrichtung
beim Aussuchen einer Marathonstrecke ist natürlich erlaubt. Selbst die
ganz großen Citymarathons denken darüber nach; so wurde auch in
Frankfurt die Kursführung nach den zum Startzeitpunkt wahrscheinlichen
Winden geändert.

Da Zuschauer fehlen, übernehmen die Helfer an den gutsortierten Ver-
pflegungspunkten die Aufgabe des Anfeuerns gleich mit.

Anschrift: TSV-Hesel, Günter Saathoff-Kettwig,
          Kastanienstr. 40, 26835 Hesel
Telefon: 04950/1670 (ab 17.00 Uhr)
E-mail: gsaathoff-Kettwig@t-online.de
Homepage: www.ostfrieslandmarathon.de
Termin 2003: 14.6.; Termin 2004: 12.6.
Fester Termin: 2. Samstag im Juni
Startzeit: 16.00 Uhr; Zielschluss: 6 Stunden
Andere Wettbewerbe: 5 km, 10 km, Staffelmarathon
Startgebühr: 18 Euro
Teilnehmerzahl gesamt: ca. 400; Finisher Marathon: 83

Neuer Polizist – neue Strecke

Humfeld: Lipperland Volksmarathon   *NRW*

Humfeld ist ein Ortsteil der Gemeinde Dörentrup im beschaulichen Lippischen Bergland – nomen est omen: Die Strecke über Feld- und Waldwege führt durch eine hügelige Landschaft. Lange Jahre lief man von Humfeld durch den Wald in Richtung Lemgo. Eine Bundesstraße musste dabei überquert werden. Da der Dorfpolizist selbst ein aktiver Läufer war, war das kein Problem. Doch dann wurde der Polizist pensioniert. Der Neue läuft nicht und hat kein Verständnis für Marathonis. Also wird der Kurs nicht mehr genehmigt.

Statt der einen großen und schweren Runde mit Crosseinlagen bei Regenwetter werden jetzt zwei etwas leichtere Runden absolviert. Richtig flach bleibt es aber nur auf den ersten und letzten vier Kilometern, die über Asphalt zur 17,5 km langen Runde durch den Wald führen. Schnelle Zeiten sind in Anbetracht der immer noch vorhandenen Anstiege nicht drin. Wenn die Strecke aus dem Wald herausführt, werden dem Läufer schöne Ausblicke über das Lipperland geboten.

Das kleine Rennen wird schon seit 1980 durchgeführt und hat keine Ambitionen, groß zu werden. 112 Marathonfinisher waren es 2002. Drei Verpflegungsstellen sind auf der Runde so platziert, dass die Helfer gleichzeitig als Streckenposten agieren können. Chef ist Axel Offel, der selbst läuft, kräftig unterstützt von seiner resoluten Mutter, die früher zwölfmal den Hermannslauf über bergige 30 km bewältigt hat.

Anschrift: TuS Humfeld, Axel Offel, Wildpfad 5, 32694 Dörentrup
Telefon: 05265/1259, Fax: 05265/954481
E-mail: axel.offel@egger.com
Homepage: www.lipperland-Marathon.de
Termin 2003: 15.11.
Startzeit: 12.00 Uhr
Höhenmeter: 1.003
Andere Wettbewerbe: 10 km, Halbmarathon
Startgebühr: 12 Euro
Teilnehmerzahl gesamt: 284; Finisher Marathon: 112

Wo einst die Dampflok schnaufte

Hunsrück-Marathon: Emmelshausen-Simmern   *Rheinl.-Pfalz*

Eine stillgelegte Eisenbahnstrecke, die zum so genannten Schinderhannes-Radweg ausgebaut wurde, bildet zum überwiegenden Teil den Kurs des Hunsrück-Marathons. Die leicht abschüssige Strecke des Punkt-zu-Punkt-Kurses mit 120 „negativen" Höhenmetern ermöglicht relativ schnelle Zeiten. Trotzdem gibt es einige Steigungen, die es in sich haben.

Der Termin Ende August garantiert nicht unbedingt ideales Marathonwetter. Aber die Veranstalter haben aus der Hitzeschlacht des Jahres 2001 gelernt und die Startzeit von ursprünglich 10.30 Uhr auf 8.45 Uhr vorverlegt. Vor dem Start steht für die Läufer ein Bustransfer vom Zielort Simmern zum Start in Emmelshausen auf dem Programm, der nach einigen Kinderkrankheiten im Premierenjahr inzwischen gut organisiert ist. Nach einer 5 km langen Schleife im und um den Startort Emmelshausen wird der durchgehend asphaltierte Radweg erreicht, der einen perfekten Laufuntergrund bietet. Fast auf der gesamten Strecke sieht man nur Natur, Felder, Wald und Wiesen: ein typischer Landschaftsmarathon, bei dem auch einige Hunsrück-Ortschaften passiert werden. Insbesondere Eisenbahnfans kommen auf ihre Kosten, wenn im Vorbeilaufen immer wieder Relikte der stillgelegten Hunsrückbahn zu bewundern sind.

Verpflegung und Organisation werden nach den Anlaufproblemen des Premierenjahres inzwischen allseits gelobt, man spürt das Bemühen der Veranstalter, dass die Teilnehmer sich rundum wohlfühlen.

Anschrift: Hunsrück-Marathon, Raiffeisenstr. 23, 56288 Laubach
Telefon: 06762/407584, Fax: 06762/407583
E-mail: info@hunsrueck-marathon.de
Homepage: www.hunsrueck-marathon.de
Termin 2003: 31.8.; Termin 2004: 29.8.
Fester Termin: letzter Sonntag im August
Startzeit: 8.45 Uhr; Zielschluss: 7 Stunden
Andere Wettbewerbe: 6,3 km, Halbmarathon
Startgebühr: 22 - 35 Euro
Teilnehmerzahl gesamt: 1.768; Finisher Marathon: 317

Auf den Spuren des Schimmelreiters

Husum: Internationaler Wintermarathon *Schleswig-Holstein*

Die nordfriesische Landschaft mit ihrer oft nebelverhangenen und sturmumtobten Küste bot die Kulisse, vor der „Der Schimmelreiter" entstand, die bekannte Novelle von Theodor Storm. Anfang März ist die Chance recht groß, beim Wintermarathon jene keineswegs liebliche, aber doch ganz besondere Stimmung in der Geburtsstadt Storms zu erleben. Marathonis, die vor einer harten, ungeschminkten und rauen Herausforderung nicht zurückschrecken, sind hier richtig. „Sei kein Narr! Kehr um und setz dich zu deinen Freunden ins warme Nest", heißt es im Schimmelreiter. Mancher Marathoni wird zumindest kurzfristig viel Verständnis für diesen Gedanken hegen – und hinterher glücklich sein, dass er ihm nicht nachgegeben hat.

Nach dem Start am Jahnstadion und einem kurzen Wegstück durch die gemütliche Gemeinde führt die Wendepunktstrecke in die offene nordfriesische Landschaft. Felder bestimmen das Bild. Da die Kette der Läufer bei rund 200 Teilnehmern auf der windanfälligen Strecke schnell auseinander reißt, ist hier bald jeder auf sich alleine gestellt. Endlose, einsame Geraden verschärfen die sportliche Prüfung. Die Organisation hat sich auf diese Bedingungen eingestellt, die Versorgung klappt gut. Nach der langen Läufer-Einsamkeit folgt die gesellige Belohnung: Zur Siegerehrung gibt es Labskaus, ein Seemannsgericht aus Pökelfleisch, Fisch und gestampften Kartoffeln.

Anschrift: Kai-Uwe Schmidt, Birkenweg 7, 25860 Horstedt
Fax: 04846/601706
E-mail: lav-husum@foni.net
Homepage: www.lav-husum.de
Termin 2003: 1.3.
Startzeit: 12.30 Uhr; Zielschluss: 4:30 Stunden
Startgebühr: 22 - 27 Euro
Teilnehmerzahl gesamt: 225; Finisher Marathon: 194

Flache Strecke mit Bergpanorama

Immenstadt: Illermarathon   *Bayern*

Marathonläufe im Allgäu müssen nicht bergig sein. Das beweist der Iller-marathon. Vom Sportzentrum Auwald in Immenstadt führt die Wende-punktstrecke auf den Illerdamm und folgt diesem bis zum Wendepunkt nach 7 km. Dann geht es auf der gleichen Strecke in umgekehrter Richtung zurück ins Stadion. Zu diesem Zeitpunkt sind 14 km absolviert. Die Kunst-stoffbahn des Stadions wird als große Wendeschleife genutzt und dann laufen die Marathonis noch zweimal hinaus an die Iller.

Etwa 80 Prozent der Laufstrecke führen über den Damm. Gegen die sommerliche Hitze schützen die vielen Bäume am Ufer, und das nahe Was-ser bringt zusätzlich ein wenig Kühlung. Denn über viele Kilometer läuft man wortwörtlich direkt neben dem Wasser. Ein Schritt nach links und die Laufschuhe sind nass! Wo die Bäume die Sicht freigeben, haben die Läufer einen wunderbaren Blick auf die Oberstdorfer Berge.

Die Immendorfer Wendepunktstrecke entstand als Notlösung. Denn Hochwasser verursachte 1999 einen Dammbruch, die ursprüngliche Stre-cke war nicht passierbar. Die Streckenalternative fand einen so großen An-klang bei den Läufern, dass sie beibehalten wurde. Solche mehrfach belau-fenen Passagen erleichtern natürlich die Verpflegung der Läufer. Hans-Pe-ter Refle, selbst ein erfahrener Langstreckler, meistert das mit Bravour und mobilisiert für den Marathon seit 1991 stets die ganze Familie und etliche Freunde.

Anschrift: Illermarathon, Hans-Peter Refle,
             Sonthofener Str. 72 b, 87509 Immenstadt
Telefon: 08323/6882, Fax: 01805/99998727220
E-mail: illermarathon@freenet.de
Homepage: www.iller-marathon.de
Termin 2003: 7.6.; Termin 2004: 5.6.
Fester Termin: 1. Samstag im Juni
Startzeit: 8.00 Uhr; Zielschluss: 6 Stunden
Startgebühr: 18-25 Euro
Teilnehmerzahl gesamt: 150; Finisher Marathon: 125

Kurze Runden

Kaltenkirchen: Kaltenkirchener Marathon *Schleswig-Holstein*

Kaltenkirchen, ein paar Kilometer vor den Toren von Hamburg gelegen, stieg 2002 mit einem bisher eher seltenen Konzept in die Marathonszene ein. 5.274 Meter kurz ist die Runde. Erst wer achtmal um den Kaltenkirchener Freizeitpark gelaufen ist, der hat die nötigen Kilometer für einen Marathonlauf gesammelt. Das hat aber unbestreitbare Vorteile: Achtmal kommen die Läufer an den Zuschauern im Zielbereich vorbei, und die Betreuung ist auch für die kleine Crew zu bewältigen. Bei der Premiere klappte alles reibungslos. Schließlich ist der Chef Arne Franck nicht nur Lauftreff-Leiter, sondern auch erfahrener Marathonläufer.

Auf der Runde sind drei Verpflegungspunkte aufgebaut. Damit alles übersichtlich bleibt, ist die Teilnehmerzahl für den Marathon und die gleichzeitig angebotenen 21,1 km auf insgesamt 300 begrenzt. Schließlich könnten Läufermassen schon allein wegen der Zeitnahme per Stoppuhr nicht verkraftet werden.

Statt Bestzeiten steht in Kaltenkirchen das Durchhalten im Vordergrund, Marathonsammler und Laufgenießer sollen angesprochen werden. Der Asphaltanteil ist gering, der Kurs führt über Sandwege, Wiesen- und Waldpfade. Von den zahlreichen leichten Steigungs- und Gefälleabschnitten bereitet kein einziger echte Probleme, doch Achtung: Die Belastung addiert sich.

Anschrift: Arne Franck, Sanddornweg 37, 24568 Kaltenkirchen
Telefon: 04191/60732
Termin 2003: 17.10.
Startzeit: 9.30 Uhr; Zielschluss: 6 Stunden
Andere Wettbewerbe: Halbmarathon
Startgebühr: 16 Euro
Teilnehmerzahl gesamt: 164; Finisher Marathon: 73

Aus der Not geboren

Kandel: Bienwald-Marathon *Rheinland-Pfalz*

Aus der Not geboren wurde 1976 der Bienwald-Marathon in der südpfälzischen Kleinstadt Kandel. Das alte Stadion war längst nicht mehr auf der Höhe der Zeit. Da setzte Roland Schmidt, selbst ein erfolgreicher Langstreckler, auf die Karte Straßenlauf. Schnell wuchs die Beliebtheit. Es sprach sich nämlich herum, dass der Kurs topfeben und superschnell ist. Zahlen belegen diese Tatsache eindeutig: So zählte man 1982 beim Kandel-Marathon 780 Finisher. Davon erreichten exakt 400 Läufer das Ziel unter der damals wie heute begehrten Drei-Stunden-Marke! Das bedeutet, dass über 50% der Marathonis von 1982 schneller als drei Stunden liefen! Zum Vergleich ein paar aktuellere Zahlen: Kandel 2002: 60 Läufer unter 3:00 Stunden = 10,6%, Berlin 2002: 1.377 unter 3:00 Stunden = 5,3%, Köln 2002: 370 unter 3:00 Stunden = 2,6% der Finisher.

Seit 2002 wird das Rennen auf einer teilweise neuen Strecke ausgetragen. Aber am Charakter des traditionsreichen Rennens hat sich dadurch absolut nichts geändert. Die superschnelle Strecke führt zu einem großen Teil durch den Bienwald, der diesem Marathon seinen Namen gibt. Dadurch wird die Läuferschlange gut vor dem Wind geschützt. Kandels Marathon erlaubt zu Beginn des Frühjahrs einen guten Überblick über das eigene Leistungspotential. Das eingespielte Veranstalterteam bietet den Läufern eine optimale Versorgung.

Anschrift: TSV Kandel, Abt. Leichtathletik,
　　　　　Landauer Str. 2, 76870 Kandel
Fax: 07275/918456
E-mail: leichtathletik@tsvkandel.de
Homepage: www.tsvkandel.de/leichtathletik
Termin 2004: 14.3.
Fester Termin: 2. Sonntag im März
Startzeit: 10.00 Uhr; Zielschluss: 5 Stunden
Höhenmeter: absolut flach
Andere Wettbewerbe: Halbmarathon
Startgebühr: 23-25 Euro
Teilnehmerzahl gesamt: ca. 1.800; Finisher Marathon: 562

80 km durch die Sommernacht

Karlsruhe: Fidelitas Nachtlauf   *Baden-Württemberg*

Ein 80 km langer Lauf, der am Nachmittag um 17 Uhr gestartet wird, hat seine eigenen Gesetze. Eines davon besagt, dass man unbedingt eine Taschenlampe dabei haben sollte. Denn irgendwann verschluckt die Dunkelheit auch nach dem hellsten Sommerabend die Ultraläufer.

Die große Runde beginnt im Stadion des Karlsruher Vereins TuS Rüppur und führt 17 km lang durch die Rheinebene. Danach läuft man überwiegend bergauf, denn der Kurs führt in den nördlichen Schwarzwald. Wer sich hier die Kräfte klug einteilt, vermeidet allzu großes Leiden auf den letzten Kilometern. Nach Langenalb geht es zur Erholung etliche Kilometer leicht abwärts über Marxzell und auf dem Graf Rhenaweg nach Ettlingen. Von dort ist es nicht mehr weit bis zum Ziel in Karlsruhe.

Es gibt keine Kilometermarken an der Wegstrecke, deshalb ist es vorteilhaft, sich vorher genau den Streckenplan einzuprägen. Das hilft auch bei der Orientierung. Denn schon etliche Läufer haben sich hier verlaufen. Fahrradbegleitung ist möglich, teilweise jedoch wegen der schlechten Wald- und Feldwege schwierig. Eine Auto-Betreuung ist dagegen gut möglich. Wer die schweren 80 km alleine angeht, der kann an 16 Kontrollstellen zu Obst und Getränken greifen. Aus dem Nachtmarsch der ersten Veranstaltungsjahre ist ein weit über die Region hinaus bekannter Ultramarathonlauf geworden, aber weiterhin sind auch Wanderer und Walker gern gesehen.

Anschrift: Orgateam Fidelitas Nachtlauf,
Bocksdornweg 17, 76149 Karlsruhe
Telefon: 0721/972120, Fax: 0721/97212-24
E-mail: nachtlauf@drhaasters.com
Homepage: www.fidelitas-nachtlauf.de
Termin 2003: 28./29.6.; Termin 2004: 26./27.6.
Fester Termin: letztes Wochenende im Juni
Startzeit: 17.00 Uhr; Zielschluss: 16 Stunden
Streckenlänge: 80 km
Startgebühr: 28 - 33 Euro
Teilnehmerzahl gesamt: 700; Finisher 80 km: 190

Nach dem Marathon-Traum im siebten Läuferhimmel

Karlsruhe: Baden-Marathon   *Baden-Württemberg*

Trotz DLV-Verbots: Mit dem Baby-jogger durch Karlsruhe

Die Stadt, die als Sitz des Bundesverfassungsgerichtes immer wieder im Mittelpunkt der Medien steht, hat auch in der Marathonszene einen hervorragenden Namen. Die Macher werten ihren Lauf mit besonders pfiffigen Ideen auf. Einige Jahre lang stand der Baden-Marathon im Blickpunkt derjenigen, die ihre kleinen Kinder auch beim Marathon nicht missen mochten: Für Baby-Jogger gab es eine eigene Wertung! Das sprach sich in Läuferkreisen herum. So schoben über 20 Läufer einen Kinderwagen über die Strecke. Das freute Mitläufer wie Zuschauer. Gestoppt wurde dieser Spaß durch den Deutschen Leichtathletik-Verband; der verbot das Mitführen von Baby-Joggern im Wettkampf. Die Veranstalter mussten sich diesem Verbot beugen, aber hier wie bei anderen Marathons gilt: Der Organisator will vielleicht seine Augen gar nicht überall haben, der DLV hätte gerne, aber hat sie auch nicht überall. Also schieben etliche Marathonis weiterhin ihre Babyjogger vor sich her. Bisher wurde die Sportgerichtsbarkeit noch gegen keinen dieser Breitensportler aktiv.

Für Aufmerksamkeit sorgte auch die Body-Painting-Idee von Marathon-Chef Fried-Jügern Bachl, knallig bunt bemalte Sportler als laufende Kunstwerke an den Start zu schicken. Viele Musikgruppen blasen den Läufern den Marsch und Aktionskünstler locken Zuschauer an den Streckenrand.

Zwei Runden müssen die Marathonis in der oberrheinischen Tiefebene zurücklegen. Die touristischen Höhepunkte bleiben ausgespart; der Verkehrsfluss soll auch am Marathontag nicht gestört werden. Wer also das malerische, mitten in der Stadt gelegenen Schloss sehen will, muss es vor oder nach dem Rennen ansteuern.

Gleichzeitig mit den Startern der klassischen Distanz werden auch die Wettkämpfer über 21,1 km ins Rennen geschickt. Nach 20 km trennen sich die Wege. Die Marathonläufer begeben sich auf eine zweite, aber völlig neue Runde. Die 21,1-km-Läufer starten durch zum Ziel. Marathonis, die nicht ihren besten Tag haben, können sich bis zu diesem Punkt noch anders entscheiden und ins 21,1-km-Ziel einlaufen. Dort werden sie in die Halbmarathonwertung genommen.

Beide Runden sind völlig flach. Die Versorgung ist vorbildlich. Als Veranstaltungszentrum dient die Europahalle. Start und Ziel sind vor ihren Toren aufgebaut, Startnum-

Fachwerkhäuser statt Hochhäuser

mernausgabe und Siegerehrungen finden drinnen statt. Die Infrastruktur ist für sportliche Großveranstaltungen bestens geeignet.

Ist für viele das Erreichen der Marathon-Ziellinie ein großer Traum, so setzt Karlsruhe noch eins drauf: Nachdem aus dem Traum Wahrheit wurde, stehen sie im „Runners-Heaven", im sprichwörtlichen „Siebten Läuferhimmel". Alles, was das Finisherherz begehrt, wird hier geboten. Den Läufern kann man nur empfehlen, sich im Wettkampf nicht zu sehr zu verausgaben, um noch Power für die Aufnahme der Verpflegung im Ziel zu haben. Jeder Finisher kann so viel essen und trinken, wie er will, und kann sich dafür viel Zeit lassen. Denn die erfahrenen Gestalter des Himmels sorgen für so viel Platz, dass kein Gedränge aufkommt.

Anschrift: Marathon Karlsruhe e.V., Schul- und Sportamt,
        Hermann-Veit-Str. 7, 76135 Karlsruhe
Telefon: 0721/133-5255, Fax: 0721/133-5249
E-mail: marathon@sport.karlsruhe.de
Homepage: www.baden-marathon.de
Termin 2003: 21.9.; Termin 2004: 19.9.
Fester Termin: 3. Sonntag im September
Startzeit: 9.00 Uhr; Zielschluss: 5 Stunden
Höhenmeter: 15
Andere Wettbewerbe: Halbmarathon
Startgebühr: 27-33 Euro
Teilnehmerzahl gesamt: 7.012 (Limit: 7.000)
Finisher Marathon: 1.786

Jahresbestzeit garantiert

Kevelaer: Honigkuchen-Marathon *NRW*

Der erste Marathon in Deutschland findet gleich am ersten Sonntag des Jahres statt. „Marathonsüchtige" brauchen so nicht die wettkampffreien ersten Wochen des Jahres zu fürchten. Einen Marathon direkt nach der Silvesterparty wollten die Veranstalter aus dem niederrheinischen Städtchen ihrer Lauf-Kundschaft und sich selbst nun doch nicht zumuten. Wenn der erste Sonntag im Jahr auf den Neujahrstag fällt, wird deshalb erst am zweiten gestartet. Wer nun vermutet, die ausrichtende LLG habe die Lücke im Veranstaltungskalender geschickt gesucht, um möglichst viele Marathonläufer zu locken, wird enttäuscht. „Wir sind mit 21 Mitgliedern ein sehr kleiner Verein und sind deshalb bewusst mit unserem Lauf in eine unattraktive Jahreszeit gegangen. Denn wir können gar keine Teilnehmermassen bewältigen, wollen den Lauf bewusst klein halten", verdeutlicht Chef Peter Wasser.

Gelaufen wird auf flachen Wirtschaftswegen, wie sie für diese Region charakteristisch sind. Von der Jugendherberge geht es in die Schravelener Heide. 7 Runden über je 6 km sind zu bewältigen. Dabei bieten einzelne Baumgruppen kaum Windschutz, überwiegend geht es über freies Feld. Durch die bald einsetzenden Überrundungen sind die Läufer selten alleine unterwegs. Die Organisation klappte gleich bei der Premiere 2003: Warme und kalte Getränke gibt es zweimal pro Runde, also alle drei Kilometer. Die unterwegs verlorene Energie kann im Ziel auf sehr angenehme Art wieder zurückgewonnen werden: Jeder Finisher erhält eine Tüte mit den leckeren Honigkuchen, nach denen der Marathon benannt ist.

Anschrift: LLG Laufsport Kevelaer, Peter Wasser,
      Heinestr. 4a, 47623 Kevelaer
Telefon: 02832/70472
E-mail: ep.wasser@freenet.de; Homepage: www.llg-kevelaer.de
Termin 2004: 4.1.
Fester Termin: 1. Sonntag nach dem 1. Januar
Startzeit: 10.00 Uhr
Teilnehmerzahl gesamt: 235; Finisher Marathon: 199

Zwei Marathons – aber nur ein echter Wettkampf

Kiel: Kiel-Marathon   *Schleswig-Holstein*

Im kalten Februar gehen fast 200 Läufer auf die volle Marathondistanz, auf einem für die Hafenstadt sehr typischen Kurs direkt an der Kieler Innen-förde. So direkt am Wasser kann der Wind kräftig wehen. Viermal muss die 10,5 km lange Wendepunktstrecke in der schleswig-holsteinischen Lan-deshauptstadt durchlaufen werden.

Anschrift: Helga Frahm, LG POWER-Schnecken Kiel e.V.,
          Hinterm Lindenhof 9, 24147 Klausdorf
Telefon: 0431/2407633; E-mail: frahm-helga@gmx.de
Homepage: www.kiel-marathon.de
Termin 2004: 21.2.
Startzeit: 10.30 Uhr; Zielschluss: 5:30 Stunden
Andere Wettbewerbe: 10 km, Halbmarathon
Startgebühr: 15,50 Euro
Teilnehmerzahl gesamt: 1.361; Finisher Marathon: 175

Kiel: ETV-Marathon   *Schleswig-Holstein*

Der zweite Kieler Marathon soll Läufern eine Möglichkeit zum Erwerb des DLV-Marathon-Laufabzeichens geben. In vier Laufgruppen mit unter-schiedlichem Tempo werden nach einem 10 km langen Einlaufstück acht Runden von je 4 km in Kiel-Wellsee zurückgelegt. Erst auf den letzten drei Runden darf jeder so schnell laufen wie er will.

Anschrift: Horst Blöder, Starnberger Str. 88, 24146 Kiel
Telefon: 0431/7890904
E-mail: HoRe.Bloeder@t-online.de
Termin 2003: 3.10.; Termin 2004: 3.10.
Fester Termin: 3. Oktober
Startzeit: 9.00 Uhr
Startgebühr: 12 Euro
Teilnehmerzahl gesamt: 81; Finisher Marathon: 72

Trinkpausen in der Datsche

Kienbaum: 100-km-Lauf Kienbaum   *Brandenburg*

Dieser Lauf war die Keimzelle des Ultralangstreckenlaufes in der DDR. Und doch ist die Geschichte nicht mit dem Namen Kienbaum, sondern mit dem Örtchen Grünheide verbunden. Das liegt keine 20 km von Kienbaum entfernt. Roland Winkler war dabei und erzählt: „Wolfgang Kahms hatte hier seine Datsche. Wir als begeisterte Langstreckler hatten vom Hunderter in Biel gehört. Das wollten wir auch probieren, haben eine 10-km-Runde vermessen und 1976 hier das erste Mal inoffiziell 100 km gelaufen. In die Datsche stellten wir unsere Getränke und legten hier Trinkpausen ein." Die schöne Waldrunde entwickelte sich bald zum anerkannten Hunderter mit bis zu 100 Teilnehmern.

Nach der Wende wechselte die Veranstaltung ins 35 km östlich von Berlin gelegene Kienbaum, da in Grünheide die Infrastruktur für Läufer nicht mehr stimmte. Man nutzt das Gelände des Bundesleistungszentrums Kienbaum. Hier bereitete sich ein Teil der deutschen Sportler auf die Olympischen Spiele von Barcelona, Atlanta und Sydney vor. 2.500 Meter der nur 5.000 Meter kurzen Runde bestehen aus einer Bitumenlaufstrecke mitten im Wald, die auch Radsportler für ihr Tempotraining nutzen. Die restlichen 2,5 km sind asphaltiert oder mit Betonplatten ausgelegt. An die früheren Teilnehmerzahlen des 100-km-Laufs kommen die heutigen Macher nicht mehr heran.

Anschrift: ESV Lok Seddin, Gert Schlarbaum,
            Dr.-Albert-Schweitzer-Str. 21, 14554 Seddiner See
Telefon: 033205/50484, Fax: 033434/70204
Termin 2003: 29.3.
Startzeit: 6.30 Uhr; Zielschluss: 12:00 Stunden
Andere Wettbewerbe: 30 km, 50 km, 5 x 10 km Staffel
Startgebühr: 40 - 45 Euro
Teilnehmerzahl: 100

„Prinz Karneval" für einen Lauf

Köln: Ford Köln Marathon   *NRW*

„De Zooch kütt" seit 1997 in Köln zweimal im Jahr: Neben dem Rosenmontagszug gibt es im Herbst noch einmal am Marathonsonntag den großen Spaß auf der Straße. Und da die Kölner seit 1823 ihren Rosenmontagszug zelebrieren, wissen sie wie man der Kälte trotzt: Sie feiern ihre Marathonhelden ganz aktiv mit Tröten, Rasseln, Topfdeckeln, Rufen, Schreien
und anderem „Gedöns". Ein „Prinz Karneval" ist in der Stadt des rheinischen
Frohsinns tatsächlich jeder, der die 42,195 km durch die Domstadt innerhalb
des Zeitlimits von sechs Stunden bewältigt. Denn ausdauerndes Feiern sind
die Kölner gewöhnt. Schließlich zieht der Karnevalszug genau wie die
Schlange der Marathonläufer über viele Stunden um die Häuserecken.

Der Marathon durch die fast 2000 Jahre alte Stadt ist also eine erste
Adresse für all die Läufer, die den Spaß am Laufen und beim Laufen ge-
nüsslich zelebrieren wollen. Wer Super-Stimmung einer optimierten persönlichen Bestzeit vorzieht, der findet hier jene Mischung von Volksfest
und Sonntagsausflug vor, welche die Mühen der 42 langen Laufkilometer
leichter durchhalten lässt. Über eine halbe Million Zuschauer haben die
Teilnehmer in den letzten Jahren immer wieder angefeuert und gefeiert.
Noch mehr Kinderhände als bei den anderen City-Marathons wollen am
Streckenrand abgeklatscht werden. Ideal ist diese aufpeitschende Stimmung
für den Läufer, der seinen Einstieg in die Marathonszene versucht. Nach vier
Stunden war in Köln 2002 gerade mal die Hälfte der Finisher ins Ziel ge-
laufen. Bei anderen deutschen Marathons beginnt bald die Zeit der „toten
Hose", nichts ist mehr los auf den Straßen. Doch Vorsicht ist geboten. Denn
gerade viele Marathonneulinge verleitet die Euphorie zu einem zu hohen
Tempo auf dem ersten Streckendrittel. Wer hier zu kräftig powert, dem helfen auch noch so viele Trillerpfeifen, Kochdeckel und Trommeln nicht mehr
gegen den Einbruch auf den letzten Kilometern. Marathonchef Harald
Rösch bestätigt das, wenn er erklärt: „Köln ist in erster Linie ein Erlebnis-
marathon, der vor allem den Breitensport anspricht."

Allgemein bleibt festzustellen, dass der Kölner Kurs durch fünfmaliges
Raus- und wieder Reinlaufen in die City längst nicht so eine Hochgeschwindigkeitspiste ist wie zum Beispiel der Berlin-Marathon. Viele Rich-
tungsänderungen und Kurven schlagen negativ auf die Zeiten durch, dazu
kommen einige Kopfsteinpflaster-Passagen. Das verwundert kaum in die-

ser so geschichtsträchtigen Stadt römischen Ursprungs. So beschwerte sich die Siegerin des Premierenlaufes Angelina Kanana über die Zülpicher Straße: „Über eine so schlechte Straße („tough road") wie zwischen km 17 und 18 bin ich noch nie in einem Straßenrennen gelaufen".

Alles hat seine Zeit. Frühaufsteher sind die Kölner wohl nicht. Jedenfalls leben sie ihre Lust an Straßenumzügen nicht zu morgendlicher Stunde aus. Das gilt für den Rosenmontagsumzug genauso wie für den Kölner Marathon; daran müssen – oder dürfen – sich die Läufer anpassen. Die Startzeit 11.30 Uhr freut die Langschläfer unter den Läufern.

Der Start im Stadtteil Deutz bereitet immer wieder Probleme. Die eklatanten Mängel in der Phase vor dem Rennen dürfen bei allem Jubel über die großartige Kölner Stimmung nicht unerwähnt bleiben. Eng und mit ungemütlichen Wartezeiten verbunden ist jeder der großen City-Marathons. Aber so schlimm wie in Köln ist es in Deutschland nirgendwo. In dieser Beziehung erinnert der Lauf an die unrühmlichen New Yorker Verhältnisse vor dem Start. Mit einem Blockstart reagieren die Kölner Veranstalter seit 2002 auf die engen Straßen in der Innenstadt und das auf 17.000 Läufer erweiterte Teilnehmerfeld. Mit einer Pause von drei Minuten wird jeweils ein Teil der Läufer auf die Köln-Tour geschickt. Das ist gut so, denn der Zeitnahme-Chip am Läuferfuß gleicht die Verzögerung am Start in der Ergebnisliste wieder aus. Aber die Kleiderbeutel müssen von allen Läufern bis spätestens 45 Minuten vor dem Start abgegeben werden. So müssen die meisten Marathonläufer deutlich über eine Stunde vor dem Start hinter der Startlinie eingepfercht stehen und nur leicht bekleidet in der Oktober-Kälte frieren. Das ist ganz gewiss nicht gesund oder leistungsfördernd, und bei Regenwetter wie 2002 macht es auch nicht den geringsten Spaß.

Ist die lange Warteschleife vor der Startlinie erst einmal bewältigt, beschert die Deutzer Brücke noch vor Ende des ersten Kilometers einen lauftouristischen Höhepunkt. Mit einem herrlichen Blick auf die beiden Kölner Wahrzeichen, den Dom und den Rhein, wird „de schääl Sick", die in Köln weniger beliebte rechte Rheinseite, verlassen. Die folgenden 40 km sehen auf dem Streckenplan aus wie die fünf Finger einer Hand: Fünfmal laufen die Aktiven aus der Stadt hinaus, fünfmal streben sie wieder in Richtung Dom. Das schafft ideale Applaus-Bedingungen für die angereisten Fans. Denn sie können „ihren" Läufer gleich mehrmals anfeuern.

Von der Deutzer Brücke geht es erst einmal mitten in die Innenstadt, zum Neumarkt und über den Barbarossaplatz. Der Chlodwigplatz hat sich als einer der absoluten Stimmungshöhepunkte herauskristallisiert. Sicher auch weil hier die Marathonis gleich dreimal vorbeilaufen. Während die

Tour-de-France-
Feeling am
Chlodwigplatz

Menge die Läuferschlange noch kurz vor dem fünften Kilometer anfeuert, nähert sich bereits die Spitze nach absolvierten 10 km. Manch unerfahrener Zuschauer jubelt hier so intensiv der Nachhut zu, dass die Spitze unbemerkt hinter seinem Rücken vorbeiläuft. Hier bekommt man die Läufer hautnah präsentiert, kann den Schweiß und die Einreibemittelchen riechen. Die Läufer fühlen sich aber nicht nur auf dieser Passage wie die Radstars der Tour de France.

Die Kehrseite von so viel Marathonbegeisterung: Wer nicht zu den Leistungssportlern mit Zielzeiten unter 3:15 Stunden gehört, läuft zumindest auf den ersten 20 km ständig in einem sehr, sehr dichten Pulk. Immer wieder gibt es Passagen, auf denen im dichten Feld Überholmanöver kaum möglich sind. So werden sich wohl auch in Zukunft am Köln-Marathon die Gemüter scheiden. Die einen loben die Wahnsinnsstimmung in der Stadt des rheinischen Frohsinns, andere fühlen sich durch die engen Passagen zwischen den jubelnden Zuschauern bedrängt und in ihrem Laufschritt behindert.

Während der 42,195 km durch die Kölner Geschäfts- und Wohnstraßen taucht immer wieder der Kölner Dom wie ein Wegweiser auf und ermuntert auch den müdesten Läufer zum Weiterlaufen. Wenn es zum fünften Mal auf den geraden Straßen hinaus aus der Stadt geht und die Marathonläufer in den Stadtteil Nippes laufen, wird es etwas ruhiger am Straßenrand. Aber das ist lediglich eine kleine Verschnaufpause vor dem großen Applaus-Finale: Zum dritten Mal erreichen die Wettkämpfer bei km 40 das Volksfest rund um den Chlodwigplatz. Jetzt heißt es nur noch: Auf direktem Weg geradeaus auf das alles überragende gotische Bauwerk zulaufen, das Wahrzeichen der Stadt. Ein Blick in die Schaufenster auf dem letzten Kilometer über die Kölner Einkaufsmeile Hohe Straße ist kaum möglich. Denn davor stehen wie eine Wand die Zuschauer. Dann öffnet sich endlich der imposante Blick auf das Zieltransparent vor dem Dom. Die Glückshormone purzeln durcheinander.

Zieleinlauf direkt unter den Türmen des Doms – typischer und grandioser geht es in Köln nicht. Aber die Erbauer der Stadt hatten solche Marathon-Massen-Events nicht in ihre Planungen einbezogen. Die Kölner City ist eben keine Großturnhalle mit Umkleideräumen und Duschen für Tausende. So werden Duschzelte und andere Provisorien aufgebaut. Doch im Gegensatz zu den breiten Straßen mit viel Raum in Berlin ist im Kölner Innenstadtbereich alles eng und winkelig. Im Bereich hinter dem Ziel hat sich alles von Jahr zu Jahr besser eingespielt. Aber immer noch kommt es zu Engpässen und Staus der müden und geschafften Marathonprinzen. Dafür ist deren Versorgung hervorragend. Wer schon immer wissen wollte, wie Blutwurst nach so vielen Laufkilometern schmeckt: Kurz hinter dem Kölner Dom ist das kein Problem. Aber auch die üblichen Erfrischungen werden reichlich angeboten.

Köln und der Marathon, das war eine späte Liebe. Erst 1997 stieg Köln in den Reigen der großen City-Marathons ein. Dann aber mit voller Wucht. Schon beim Premierenlauf rannten 13.000 Läufer mit. Damit zählt Köln von der ersten Auflage an zu den deutschen Top-Marathons, mit der Konsequenz, dass die zur Verfügung stehenden Startplätze bereits Monate vorher ausverkauft sind. Wer also unbedingt das Kölner Marathon-Happening miterleben will, muss frühzeitig melden. Das führt zu einer regen Tauschbörse auf den Internet-Seiten des Köln-Marathons. Da werden schon mal 100 Euro Prämie für die Vermittlung einer der heiß begehrten Nummern geboten. „Suche Startnummer, biete Ehefrau (blond, 33)", lautete dort ein Angebot im August 2002. Aber auf diese Tauschbörse sollten Sie sich nicht verlassen. Denn die Nachfrage ist enorm, das Angebot minimal.

Anschrift: Kölner Verein für Marathon e.V.,
          Radstadion Müngersdorf, 50933 Köln
Telefon: 0221/9494 - 222, - 223, - 224 (vormittags), Fax: 0221/5894233
E-mail: info@koeln-marathon.de
Homepage: www.koeln-marathon.de
Termin 2003: 5.10.; Termin 2004: 3.10.
Fester Termin: 1. Sonntag im Oktober
Startzeit: 11.30 Uhr; Zielschluss: 6 Stunden
Startgebühr: 43 - 53 Euro
Limit: 17.000 Teilnehmer; Finisher Marathon: 14.200

Bodensee-Marathon ohne See-Kontakt

Kressbronn: Bodensee-Marathon   *Baden-Württemberg*

Als „Marathon am Bodensee" gilt für die meisten der Drei-Länder-Marathon mit Start in Bregenz im Oktober. Doch ist diese junge Veranstaltung keineswegs der einzige Marathon der Region. In Kressbronn, am Ufer des Bodensees zwischen Friedrichshafen und Lindau gelegen, startet man schon seit 1973 über 42,195 km. Allerdings führt der Kurs trotz des Namens „Bodensee-Marathon" nicht am Bodensee entlang, sondern zum Bodensee-Zufluss Argen.

Über Wirtschaftswege vorbei an Hopfen, Maisfeldern und Apfelplantagen werden die ersten Kilometer zur Argen zurückgelegt. Lange Zeit folgen die Läufer auf gut befestigten Natur- und Wanderwegen dem Fluss, mal kann der Blick auf die dahinbrausenden Wassermassen fallen, mal ist die Sicht durch eine dichte Uferböschung versperrt. Kurz bevor die Argen in den Bodensee mündet, wird eine Brücke überquert und am anderen Ufer in entgegengesetzter Richtung zurückgelaufen. Nach der ersten Argenrunde bringt eine 10 km lange Schleife durch den Tettnanger Wald Abwechslung unter die Läuferfüße.

Mit den Jahren ist diese Veranstaltung kräftig gewachsen: 1.280 liefen 2002 mit, aber nur die wenigsten laufen die Marathonstrecke.

Die Organisation ist eingespielt, Verpflegung gibt es alle 3 km, allerdings wird das Marathonziel bereits nach viereinhalb Stunden geschlossen.

Anschrift: Tourist Information Kressbronn,
            Bahnhofplatz, 88079 Kressbronn
Telefon: 07543/96650
E-mail: info@kressbronn.de
Homepage: www.bodensee-marathon.de
Termin 2003: 20.9.; Termin 2004: 18.9.
Fester Termin: 3. Samstag im September
Startzeit: 14.00 Uhr; Zielschluss: 4:30 Stunden
Höhenmeter: ca. 60
Andere Wettbewerbe: Halbmarathon
Startgebühr: 16 Euro
Teilnehmerzahl gesamt: 1.340; Finisher Marathon: 270

Zeit-Träume platzen auf dem Rückweg

Leinfelden-Echterdingen: *Baden-Württemberg*
Schönbuch-Marathon

Durch die herrliche Natur und die frische Luft der Mittelgebirgslandschaft vor den Toren Stuttgarts führt der Schönbuch-Marathon. Wo bis 1956 der „Siebenmühlental-Express" dampfte, sind schon lange die Schienen abgetragen. Auf dem Wanderweg, der hier angelegt wurde, dampfen jetzt einmal im Jahr die Marathonläufer vorbei. Am Ende des Siebenmühlentals bildet der Betzenberg ein natürliches Hindernis, das umlaufen wird, bevor man sich im Schaichtal an satten Wiesen und künstlich angelegten Seen erfreuen kann. Hohe Buchenwälder säumen hier den Weg. Vorsicht! Auf dem Hinweg führt die Strecke bis zum 13. Kilometer bergab. Da träumt noch so mancher von einer tollen Zielzeit. Doch ist der Schönbuch-Marathon kein Punkt-zu-Punkt-Kurs, sondern wird auf einer Wendepunktstrecke durchgeführt. Für den Luxus des anfänglichen Bergablaufens müssen die Marathonis daher auf dem Rückweg bezahlen. Das gilt um so mehr, als der kontinuierliche Anstieg genau in die Phase der allseits gefürchteten Umstellung des Körpers auf ausschließliche Fettverbrennung fällt.

Die erfahrenen Organisatoren bieten für ein geringes Startgeld alles, was einen solchen Landschaftslauf zum Vergnügen macht. Die letzten Meter werden auf der Kunststoffbahn im Stadion gelaufen, wo die Marathonis von den 21,1-km-Läufern empfangen werden, die deutlich in der Überzahl sind.

Anschrift: TSV Leinfelden, Beethovenstr. 21,
            70771 Leinfelden-Echterdingen
Telefon: 0711/753298, Fax: 0711/7504522
Homepage: www.schoenbuch-marathon.de
Termin 2003: 25.5.
Startzeit: 9.00 Uhr; Zielschluss: 6 Stunden
Andere Wettbewerbe: 7,5 km, Halbmarathon
Startgebühr: 13 Euro
Teilnehmerzahl gesamt: 1.400; Finisher Marathon: 347

Immer wieder eine neue Strecke

Leipzig: Stadtwerke Leipzig Marathon   *Sachsen*

Marathonläufer aus Leipzig haben die deutsche Laufszene nach der Wiedervereinigung entscheidend geprägt. Sowohl der vielfache Meister Carsten Eich als auch Marathonstar Katrin Dörre-Heinig kommen aus der sächsischen Messestadt. Dem Leipziger City-Marathon hingegen gelang der Durchbruch bisher nicht. Nur in einer Beziehung hält der Leipzig-Marathon einen Rekord: Seit der Premiere 1977 wurde in jedem Jahr die Streckenführung geändert. Das bleibt auch so – zumindest 2003. Gelaufen werden diesmal zwei Halbmarathonrunden im Süden der Stadt. Nach dem Start auf dem Dittrichring geht es auf breiten, windanfälligen Ausfallstraßen aus der Stadt und auf ebensolchen wieder zurück. Parkpassagen bringen Abwechslung, ebenso der Blick auf das Völkerschlacht-Denkmal. Aber sonst ist vor allem der Zieleinlauf vor dem Alten Rathaus ein Leckerbissen.

Silberne Hochzeit beim Leipzig-Marathon

Durch die hier dichten Zuschauerreihen, vorbei an den historischen Mauern des Gebäudes kommt echte Citylauf-Stimmung auf.

Ansonsten bleiben die Läufer meist unter sich. Durch die 21,1-km-Läufer, die mit den Marathonis starten, fällt das anfangs nicht auf. Aber bei 448 Marathonfinishern (2002) wird es auf der zweiten Runde für einen City-Marathon relativ einsam. An der Spitze wurden schon immer schnelle Zeiten gelaufen. 2:12:32 h lautet der „Streckenrekord" von Jörg Peter, 2:30:50 h lief Uta Pippig, und sowohl 2001 als auch 2002 wurden in der Stadt der Montagsdemonstrationen deutsche Jahresbestzeiten erzielt.

Freundliche Aufmunterung

Anschrift: Leipzig Marathon, Heinrich Hagenloch,
            Jahnallee 59, 04109 Leipzig
Telefon: 0341/9731745 - 6 (Mo - Do vormittags), Fax: 0341/9731745
E-mail: info@leipzigmarathon.de
Homepage: www.leipzigmarathon.de
Termin 2003: 13.4.; Termin 2004: 18.4.
Startzeit: 10.00 Uhr; Zielschluss: 6 Stunden
Andere Wettbewerbe: 10 km, Halbmarathon,
            Marathonstaffel der Schulen
Startgebühr: 23 - 33 Euro
Teilnehmerzahl gesamt: 2.377; Finisher Marathon: 448

Kurze Begegnungen während der langen 100 km

Leipzig: 100 km-Lauf am Auensee *Sachsen*

Auenwälder sind selten geworden in Europa. Eine dieser feuchten Tal-Ebenen liegt unmittelbar vor den Toren der Halbmillionenstadt Leipzig. Die 10 km lange Runde, die beim Leipziger Hunderter zu laufen ist, führt durch diese typische, von zahlreichen Wasserläufen durchzogene Landschaft. Nach dem Start im Stadion in Leipzig-Wahren laufen die Ultras zu zwei Dritteln auf befestigten Wegen, die auch einen sommerlichen Regen wegstecken können, ohne gleich selbst zu einer Seenplatte zu werden. Das restliche Drittel besteht aus Asphalt. Nach 4 km erreichen die Läufer den Auensee und umrunden seine Wasserfläche. Danach geht es auf dem gleichen Kurs zurück. Das bedeutet, dass man pro Runde fast acht Kilometer Gegenverkehr hat. Da die Teilnehmerzahlen in Leipzig zum Leidwesen der Veranstalter lediglich um einhundert oder darunter liegen, stellt der laufende Gegenverkehr keine Störung dar, sondern ermöglicht viele kurze Begegnungen während der langen 100 km. Schließlich sind zehn Runden zu absolvieren.

Nach jeder Runde wird das Stadion durchlaufen. Für Läufer ohne Betreuer ist das eine gute Gelegenheit zum Kleiderwechsel und zur Aufnahme eventueller Eigenverpflegung. Aber auch die vom Veranstalter an drei Punkten der Runde angebotene Versorgung ist gut und ausreichend.

Anschrift: LC Auensee Leipzig, c/o Lothar Feicke,
      Hauptmannstr. 13, 04109 Leipzig
Telefon: 0341/9600797 (nach 17.00 Uhr), Fax: 0341/9600796
E-mail: Lothar.Feicke@t-online.de
Homepage: www.100kmleipzig.de
Termin 2003: 16.8.
Fester Termin: 2. Augusthälfte
Startzeit: 6.00 Uhr; Zielschluss: 13 Stunden
Rundkurs: 10 Runden à 10 km
Andere Wettbewerbe: 50 km
Startgebühr: 30 Euro (100 km), 20 Euro (50 km)
Teilnehmerzahl gesamt: 86; Finisher 100 km: 49

Schnapszahl-Rekord

Lengenfeld: Göltzschtal-Marathon   *Sachsen*

Bereits 1968 schlug die Geburtsstunde des Göltzschtal-Marathons; damit ist er der drittälteste noch stattfindende Marathon in Deutschland. Während der ganzen Zeit war er nie ein Teilnehmerkrösus. Die 434 Marathonis des Jahres 1987, als hier die Altersklassen-Meister der DDR ermittelt wurden, wurden nie mehr erreicht. Mit 55 Finishern 2002 ist das Interesse inzwischen stark gesunken. Mit einer Zweier-Staffel versuchen die Organisatoren dem Teilnehmerschwund zu begegnen. Doch auch die 186 Gesamtteilnehmer stellen eine eher bescheidene Zahl dar. Da fällt die liebevolle und familiäre Organisation besonders auf.

Mit 26.021.000 in den Jahren 1846 bis 1851 verbauten Ziegelsteinen ist die Göltzschtalbrücke die größte Ziegelbrücke der Welt. Die Eisenbahnlinie von Leipzig nach Hof führt über das 78 m hohe Bauwerk. Ein kurzer Abstecher lohnt sich, denn während des Rennens sehen die Wettkämpfer die Brücke nicht. Die zweimal zu laufende Wendepunktstrecke verläuft auf einer Asphaltstraße im Flusstal der Göltzsch. Vogtländer beschreiben den Kurs als flach, empfindliche Flachländer sehen in den über die 42,195 km verteilten 100 Höhenmetern eine Erschwernis. Dass man hier ordentlich laufen kann, beweist der Streckenrekord. Heiko Schinkitz aus dem nahen Chemnitz rannte hier seinen Schnapszahl-Rekord: 2:22:22 Stunden.

Anschrift: VfB Lengenfeld, Reiner Milek,
            Straße der Freundschaft 3, 08485 Lengenfeld/Vogtland
Telefon: 037606/2409 (privat), 03765/5595104 (dienstlich),
Fax: 03765/5595102
E-mail: info@goeltzschtallauf.de
Homepage: www.goeltzschtallauf.de
Termin 2003: 4.10.; Termin 2004: 2.10.
Fester Termin: 1. Samstag im Oktober
Startzeit: 11.00 Uhr; Zielschluss: 5 Stunden
Höhenmeter: 100
Andere Wettbewerbe: 10 km, Zweierstaffel
Startgebühr: 15 Euro
Teilnehmerzahl gesamt: 186; Finisher Marathon: 55

Sommerabendrunden an der Hase

Löningen: Vivaris-Hasetal-Marathon   *Niedersachsen*

„Back to the Roots" lautet das Motto, das der zweifache Marathon-Olympiateilnehmer Manfred Steffny dieser Veranstaltung als Schirmherr gegeben hat. Er meint damit die Rückbesinnung auf Landschaftsmarathons mit einer persönlichen Note. Doch man kann die Rückbesinnung noch viel weiter fassen. Schließlich hat die moderne Marathongeschichte mit einem Landschaftsmarathon angefangen. Die Strecke, die 1896 vom Küstenörtchen Marathon ins Athener Olympiastadion führte, war damals noch ein Rennen durch freie, größtenteils unverbaute Landschaft. Und auch der erste deutsche Marathon war ein Rennen über das platte Land. Zwar gilt Leipzig offiziell als Geburtsstadt des deutschen Marathons, aber gestartet wurde in Paunsdorf, das an der Peripherie von Leipzig liegt. Der Wendepunkt befand sich in Bennewitz bei Wurzen.

Die Marathonstrecke des Hasetal-Marathons besteht aus zwei flachen Halbmarathonrunden in der Flussniederung der Hase. Die Fußgängerzone von Löningen wird zur Startgeraden, danach folgt ein Waldgebiet. Der größte Teil des Marathons wird durch die Geestflächen auf beiden Seiten der Hase gelaufen. Das Ziel befindet sich auf dem Marktplatz der Stadt. Gestartet wird am letzten Juni-Samstag um 17.00 Uhr. Da kann es mächtig warm sein, aber der Veranstalter ist für solche Bedingungen gerüstet. Da ist es von unschätzbarem Vorteil, dass der VfL Löningen kein Neuling in Sachen Organisation ist. Schon seit drei Jahrzehnten führt der VfL Laufveranstaltungen durch, besitzt also das entsprechende Know-How.

Anschrift: VfL Löningen, Vivaris-Hasetal-Marathon,
        Letterhausstrasse 13, 49624 Löningen
E-mail: HasetalMarathon@aol.com
Homepage: www.vivaris-hasetal-marathon.de
Termin 2003: 28.6.
Startzeit: 17.00 Uhr; Zielschluss: 5 Stunden
Andere Wettbewerbe: 10 km, Halbmarathon
Startgebühr: 18 - 25 Euro
Premiere 2003

Mainz wie es läuft und klatscht

Mainz: Gutenberg-Marathon *Rheinland-Pfalz*

Johannes Gutenberg, der Erfinder des Buchdrucks mit beweglichen Lettern, gilt als der große Sohn der Stadt Mainz. Sein 600. Geburtstag im Jahr 2000 war der willkommene Anlass, auch in der Landeshauptstadt von Rheinland-Pfalz einen Marathon durchzuführen. In der Stadt, die so stolz auf ihre 2000-jährige Geschichte ist, konnten mit dem Jubiläum als Argumentationshilfe die Straßensperrungen durchgesetzt werden, vor denen die offiziellen städtischen Stellen so große Angst hatten. Nur zum Jubiläum sollten 42,195 km durch die Universitätsstadt gelaufen werden. Doch nach der Premiere waren die Läufer so begeistert, dass die Mainzer Marathonmacher nicht wieder zurück konnten: Der Marathon hat sich inzwischen etabliert und wird von der Stadt selbst organisiert.

Da die berühmte „Meenzer Fassenacht" in der Stadt fest verankert ist, versteht es sich fast von selbst, dass sich ein gewisses närrisches Element in der Festlegung des Teilnehmerlimits auf 5.555 wiederfindet. Schon seit der Premiere ist der Gutenberg-Marathon jedes Mal komplett ausgebucht. Noch nicht fest etabliert hat sich der Mainzer Lauf im Marathon-Kalender. Nachdem bisher die Termine im Mai wechselten, denkt man für 2004 über einen Start Ende April nach. Das würde das Risiko hoher Temperaturen, die zwei der bisherigen drei Auflagen erschwerten, deutlich mindern.

Gelaufen werden zwei 21,1 km lange Runden durch die Stadt. Mainz liegt direkt am Rhein, deshalb konnte eine besonders flache Strecke gebastelt werden. Mitten im Zentrum der Stadt sind Start und Ziel aufgebaut. Für das Aufwärmen vor dem Rennen bieten die Wege direkt am Rhein eine feine Kulisse. Nach dem Startschuss führt der Kurs zunächst am Rhein entlang. Das Deutschhaus, wo einst Napoleon und heute der Landtag residiert, und das Kurfürstliche Schloss werden schon nach dem ersten Kilometer passiert. Dann führen die Marathonkilometer die Läufer in den Vorort Mombach, wo die Zuschauer besonders begeistert klatschen. Auf dem Weg durch die Innenstadt können die Läufer die touristischen Höhepunkte genießen: den imposanten romanischen Dom mit seinen vielen Türmchen und die Altstadt mit ihren zahlreichen alten, aber gut renovierten Häuschen. Etwas eintönig sind die Kilometer hinaus aus der am Zusammenfluss von Main und Rhein gelegenen Stadt in Richtung des Vororts Weisenau. Auf der breiten Wormser Straße kann man jedoch die Läufer-

Kurz nach dem Start

schar beobachten und den Abstand zu den persönlichen Konkurrenten abschätzen. Denn diese Passage wird als Pendelstück gelaufen, was die Monotonie etwas mindert. Zurück von Weisenau geht es dann lange 3 km nur noch geradeaus bis zur Rheingoldhalle, wo die zweite Runde beginnt und – wenn diese absolviert ist – das Ziel auf die Marathonis wartet.

Die Rheingoldhalle hat sich als Dreh- und Angelpunkt des Rennens bewährt. Hier sind Marathonmesse und Pasta-Party untergebracht. Die Duschen, Start, Ziel und die Bühne für die Siegerehrungen liegen vor der Türe und für die meisten Läufer auch die Parkplätze. Denn die Infrastruktur der Rheingoldhalle ist auf Großveranstaltungen mit vielen Zuschauern ausgerichtet. So präsentiert sich der Mainzer Marathon als ein Lauf der kurzen Wege. Die Organisation klappt nahezu perfekt. Es zahlt sich eben für den einzelnen Teilnehmer aus, wenn ein Organisator nicht nur auf eine möglichst große Läufermasse setzt, sondern gute organisatorische Bedingungen für die zahlende Kundschaft der Marathonis schaffen will.

Allgemein gelobt wird von den Läufern die Begeisterungsfähigkeit des fastnachtserprobten Mainzer Publikums. Am Rosenmontag stehen eine halbe Million Menschen in der knapp 200.000 Einwohner zählenden Stadt auf den Straßen. Mitten im Mai jubeln die Zuschauer statt bunt verkleideten Narren den vorbeiziehenden Läufern zu. Zwar sind das noch längst nicht so viele wie am Rosenmontag, aber immerhin über 50.000 applaudierende Zuschauer sind es bisher jedes Jahr gewesen.

Wenn es warm wird, ist ein Angebot der Mainzer Laufmacher besonders interessant: Wer nach der Hälfte keine Lust mehr hat oder ganz einfach „platt" ist, der kann nach der ersten Runde ins Halbmarathonziel trudeln. Statt für den kompletten Marathon wird er für die halb so lange Distanz gewertet. So fährt er nicht als Aussteiger, sondern als medaillengeschmückter Halbmarathonläufer nach Hause. 2002 wurde diese Möglichkeit des „unangemeldeten" Halbmarathons von mehr als der Hälfte des Feldes genutzt. Von manchen gestandenen Marathonis wurde die plötzliche Leere auf der Strecke dann doch als etwas irritierend empfunden.

Anschrift: Stadt Mainz, Sportdezernat, Zitadelle,
Gebäude A, 55131 Mainz
Telefon: 06131/122851, Fax: 06131/123326
E-mail: guenter.pfeifer@stadt.mainz.de
Homepage: www.marathon.mainz.de
Termin 2003: 11.5.
Startzeit: 9.30 Uhr; Zielschluss: 5:30 Stunden
Höhenmeter: 20
Andere Wettbewerbe: Halbmarathon
Startgebühr: 23 - 40 Euro
Teilnehmerzahl gesamt: 7.500 (Limit: 5.555)
Finisher Marathon: 2.615

Zum Marathonziel vorher abbiegen

Marburg: Marburger Ultramarathon *Hessen*

Das Rennen in Marburg heißt zwar Ultramarathon, aber neben der Ultra-strecke 60 km wird auch die normale Marathondistanz als Wettkampfstre-cke angeboten. Alle Läufer starten gemeinsam und teilen sich eine 10 km lange Runde. „Die neue 10-km-Runde durch das Lahntal ist kurzweilig und schnell", urteilte Walter Wagner, der Chefredakteur von „laufre-port.de". Leider ist der Kurs rund um die Steinmühle aber auch recht wind-anfällig. Bei diesem kleinen Rennen ohne große Höhepunkte trifft sich je-des Jahr ein harter Kern aus der Ultra-Szene. Die einen nutzen die 60 km als erste Einstimmung auf die anstehenden 100-km-Läufe, die anderen als langen Trainingslauf, wieder andere führen einen ersten Leistungstest über 42,195 km auf genau vermessener Strecke durch. Wer auf das 60-km-Ziel hin losgelaufen ist, sich aber zu müde zum Weiterlaufen fühlt, kann nach 41 Kilometern abbiegen und ins Marathonziel einlaufen.

Die Organisatoren sind selbst Marathon- und Ultraläufer. Mit ihrem Ultra Sport Club Marburg führten sie schon einen 100-km-Lauf auf gro-ßer Runde durch, der allerdings keinen Bestand hatte. Im Sommer folgt ein Nachtmarathon. So verwundert es nicht, dass die Organisation während des Laufes stimmt. Auf jeder Runde gibt es drei Verpflegungsstellen.

Anschrift: Ultra Sport Club Marburg, Klaus Hoffmann,
        Rimbergstr. 41, 35043 Marburg
Telefon: 06421/42909, Fax: 06421/4870101
E-mail: anmeldung@ultra-marburg.de
Homepage: www.ultra-marburg.de
Termin 2003: 23.3.
Startzeit: 9.00 Uhr; Zielschluss: 6 Stunden
Andere Wettbewerbe: 30 km, Marathon
Startgebühr: 20 - 28 Euro
Finisher Marathon: 80; Finisher 60 km: 37

Durch die Sommernacht

Marburg: Nachtmarathon   *Hessen*

Gestartet wird zu abendlicher Stunde auf dem mittelalterlichen Marktplatz der Universitätsstadt. Hier können die Wettkämpfer das besondere Flair der historischen City genießen. Dennoch ist der Marburger Freitagabend-Lauf kein typischer Stadtmarathon. Denn aus der malerischen Altstadt mit ihren vielen Fachwerkhäusern führt der Laufkurs nach einer Schleife durch die Stadt hinunter an die Lahn. Die meisten Marathonkilometer werden dort auf asphaltierten Radwegen rechts und links des Flusses abgespult. Das garantiert den Marathonis einen weitgehend flachen Kurs.

Bis 2002 führte eine große Runde die Läufer fast bis nach Gießen. Damit ist ab 2003 Schluss. Zwei Halbmarathon-Runden werden gelaufen, denn auch die 21,1 km stehen als Wettkampfdistanz zur Auswahl. Vor etlichen Jahren verlief sich ein Teil der Sommernachtsläufer in Marburg. 100 km standen damals auf dem Programm. Ein Teil der Laufszene hat das noch nicht vergessen. Doch der jetzige Organisator Eugen Leipner korrigiert das Bild: „So etwas passiert in Marburg nicht mehr. Ich vermesse und markiere die Strecke jetzt höchstpersönlich. Dabei bringe ich die Markierungen wirklich idiotensicher an." Eugen Leipner weiß, wo der Laufschuh drücken kann. Schließlich liegen seine Bestzeiten bei 2:24 h über Marathon und 7:12 h über 100 km.

Anschrift: Eugen Leipner, Hirschberg 8, 35037 Marburg
Telefon: 06421/21728, Fax: 06421/270496
E-mail: theke@bistro-caveau.de
Homepage: www.ultra-marburg.de
Termin 2003: 18.7.
Startzeit: 19.00 Uhr
Rundkurs: Zwei Runden
Andere Wettbewerbe: 21,1 km
Finisher: 193

Zehn Jahre lang geübt!

Marktredwitz: Euregio Egrensis-Marathon *Bayern*

Zehn Jahre lang führte der Euregio-Egrensis-Lauf über 32,6 km vom tschechischen Cheb (Eger) über Schirnding und Arzberg nach Marktredwitz. Diese Orte werden auch im elften Jahr des grenzüberschreitenden Langstrecken-Rennens durchlaufen. Allerdings wird die Gesamtdistanz durch einige Änderungen im Streckenverlauf um knapp 10 km verlängert. „Zehn Jahre lang haben wir geübt. Jetzt haben wir den Mut, einen Marathon daraus zu machen", erklärt Lauf-Chef Gerhard Schwarz. Die Organisation, an die bei einem solchen Punkt-zu-Punkt-Lauf immer besondere Anforderungen gestellt werden, ist eingespielt und bewährt. 13 Verpflegungsstationen stehen für die Läufer bereit.

Gestartet wird auf dem Marktplatz in Cheb (Eger), das in Deutschland vor allem durch die Egerländer Musikanten bekannt ist. Zum Ausgleich für die zusätzlichen zehn Laufkilometer wird der Lauf deutlich entschärft. Der Grünberg, dessen 140 Höhenmeter bisher auf den ersten 5 km erklommen werden mussten, wird jetzt umlaufen. Dadurch wird die Strecke viel einfacher, wenn auch ein Lauf in dem hügeligen bayerisch-tschechischen Grenzbereich nie ganz eben sein kann.

Der Weg ins bayerische ist eine sehr abwechslungsreiche Strecke: Auf die ländliche Idylle dieser reizvollen Landschaft folgt immer wieder das Durchlaufen von Ortschaften, in denen die Läufer angefeuert werden.

Anschrift: Stadtsport-Verband Marktredwitz,
     Kohlerstraße 2, 95615 Marktredwitz
Telefon: 09231/5316, Fax: 09231/67145
E-mail: info@euregio-egrensis-lauf.de
Homepage: www.euregio-egrensis-lauf.de
Termin 2003: 7.9.; Termin 2004: 5.9.
Fester Termin: 1. Sonntag im September
Startzeit: 11.00 Uhr; Zielschluss: 5 Stunden
Höhenmeter: 500
Andere Wettbewerbe: 10 km, Jugendlauf 2,5 km
Startgebühr: 18 - 28 Euro
Teilnehmerzahl gesamt: 250; Finisher (2002: 32,6 km): 189

Grandiose Bergweltumgebung

Marktschellenberg: 2-Länder-Untersberg-Marathon   *Bayern*

Da Start und Ziel des Marathons um den Untersberg im deutschen Markt-
schellenberg liegen, haben wir diesen Lauf Deutschland zugeschlagen, was
nicht völlig stimmt. Denn die Strecke in der Nähe von Berchtesgaden führt
durch zwei Länder: 26,3 km der Strecke durch Deutschland, 15,7 km durch
Österreich. Der Kurs ist nichts für Marathoneinsteiger: Insgesamt 610 Höhenmeter kommen zusammen. Die ersten Kilometer bis nach Grödig vor
den Toren von Salzburg bleiben im Tal. Die Grenze ist hier längst über-
schritten. Die von km 9 bis km 18 folgenden Anstiege erweisen sich als
besonders hart. Ab dem 27. Kilometer geht es überwiegend bergab.

Der durchaus Bergluft und harte Steigungen gewöhnte Georg Buchber-
ger schildert das Geschehen um den Untersberg so: „Die 260 m zwischen
tiefstem und höchstem Punkt schreckten mich nicht allzu sehr. Nichts Gutes ahnte ich erst, als ich lauter ausgemergelte Bergläufer am Start sah. Ein
ewiges Auf und Ab. Steigungen bis 20 Prozent. Bergab auch keine Erholung
auf den steinigen und rauen Wegen. Nie ein gleichmäßiges Laufen. Das war
hart". Wer nach dieser Beschreibung von dem bayerischen Marathonläufer
ein Abraten erwartet, der liegt ganz falsch.

Das Fazit Buchbergers ist eindeutig: „Ein einsamer Marathon in grandioser Bergweltumgebung. Keine Zuschauer, aber bestens organisierte Betreuung. Nächstes Jahr muss ich wieder mitmachen!"

Anschrift: 2-Länder-Untersberg-Marathon, Gudrun Ponn-Lettner,
Bahnstraße 3, A-5061 Elsbethen
Telefon: 0043/(0)662/630217, Fax: 0043/(0)662/630217
E-mail: ponn-lettner@aon.at
Homepage: www.untersberg-marathon.at
Termin 2003: 25.5.; Termin 2004: 30.5.
Fester Termin: letzter Sonntag im Mai
Startzeit: 10.00 Uhr; Zielschluss: 6 Stunden
Höhenmeter: 610
Andere Wettbewerbe: 18 km, 3,3 km
Startgebühr: 20 - 35 Euro
Teilnehmerzahl gesamt: 436; Finisher Marathon: 228

Rehe erlaubt, Läufer verboten

Marsberg: Sauerland-Marathon *NRW*

Seit 1983 organisiert Reinhard Zeitler den Sauerland-Marathon. Damals war er beim eigenen Lauftraining zufällig auf die Runde gestoßen, die er für die folgenden 19 Jahre als Wettkampfstrecke anbot. Doch seit 2002 ist diese Streckenführung zu den Akten gelegt. Denn ein Teil des Kurses führte über privaten Grund. Der Besitzer hatte Angst, dass die Läufer die Rehe aus seinem Wald verscheuchen. Deshalb untersagte er die Passage, die die Läufer immer zur Aabach-Talsperre geführt hatte.

3:08 Stunden lief Reinhard Zeitler während seiner ersten Jahre als Veranstalter. Heute gönnt er sich als Selbstständiger die Zeit fürs Marathontraining nicht mehr. Aber als Lauf-Veranstalter aufgeben wollte er nach dem Streckenverbot für 2002 trotzdem nicht. Jetzt starten die Marathonis eben im Marsberger Ortsteil Bredelar zu zwei 21 km langen Runden. Außer dem ersten und letzten Wettkampf-Kilometer im Ort führt die gesamte Strecke über breite, befestigte und gewalzte Waldwege. In der vom bunten Herbstlaub bestimmten Landschaft sorgen im Wald die Ausblicke zwischendurch für Abwechslung. So können die Läufer auf dem Höhenweg bei km 29 eine weite Aussicht auf ihren Ausgangspunkt Bredelar genießen. Natürlich sind solch herrliche Rundblicke mit einigen Höhenmeter-Mühen verbunden: Zwischen der höchsten und tiefsten Stelle der Halbmarathonrunde liegen 190 Höhenmeter.

Anschrift: SC Bredelar, Reinhard Zeitler,
         Zur Osterwiese 46, 34431 Marsberg
Telefon: 02991/305, Fax: 02991/6908
E-mail: Reinhard.Zeitler@t-online.de
Homepage: www.SC-Bredelar.de
Termin 2003: 25.10.
Startzeit: 9.30 Uhr; Zielschluss: 5 Stunden
Andere Wettbewerbe: Halbmarathon
Startgebühr: 25 Euro
Teilnehmerzahl gesamt: 350; Finisher Marathon: 98

Sekt für die Neulinge

Menden: Menden-Marathon   *NRW*

Wer seinen ersten Marathon läuft, der hat etwas ganz besonderes vollbracht. Die Zeit spielt dabei nur eine untergeordnete Rolle. Die Marathonmacher in Menden sehen das ganz genauso und belohnen alle mit einem Sonderpreis, die bei diesem Landschaftsmarathon ihre Premiere über die klassische Distanz feiern. 2002 gab es eine Flasche Sekt.

Menden ist auch eine Adresse für ganz Kurzentschlossene. Während man bei den großen City-Marathons inzwischen etliche Monate im Voraus buchen muss, kann in Menden jeder bis 15 Minuten vor dem Start noch melden – ohne Nachmeldegebühr! Sind die Meldungen erfasst, startet das Marathonfeld im Zentrum der Stadt. Nach den ersten fünf Kilometern in der Innenstadt geht es hinaus in die schöne Landschaft der Schwitterer Felder. Hier sind die Läufer Wind und Sonne schutzlos ausgesetzt. Und da Menden im Sauerland liegt, ist der Kurs auch nicht ganz flach. Als Ausgleich gibt es aber eine hervorragende Betreuung, denn die Organisatoren des MCM sind alle erfahrene Langstreckenläufer. Sie wissen, wo der Läuferschuh drückt, und sorgen für Abhilfe. 2002 verlegten sie kurzerhand das Ziel, als klar wurde, dass eine Wendemarke versehentlich zu früh aufgestellt worden war. So kamen alle Finisher noch auf die volle Distanz.

Anschrift: Marathon-Club Menden e.V.,
              Postfach 2821, 58710 Menden
Telefon: 02373/983850 Fax: 02373/983852
E-mail: Dieter.Knoblich@t-online.de
Homepage: www.marathon-clubmenden.de
Termin 2003: 22.6.; Termin 2004: 20.6.
Fester Termin: letzter Sonntag im Juni
Startzeit: 8.00 Uhr; Zielschluss: 5 Stunden
Startgebühr: 20 Euro
Teilnehmerzahl gesamt: 310; Finisher Marathon: 199

Immer an der Saar entlang

Merzig: Saarschleife-Marathon   *Saarland*

In einer großen Schleife umfließt die Saar einen Bergrücken bei Mettlach. Unten am Ufer verlaufen Radwege auf beiden Seiten des Flusses, Autos bleiben außen vor. Dieses wunderbare Stück Natur verwandeln die Triathleten vom Tri-Sport-Saar-Hochwald einmal im Jahr in eine Wettkampfstrecke. Es ist der einzige Lauf über die klassische Marathondistanz im Saarland und gewährleistet, dass die saarländischen Marathon-Meisterschaften nicht mehr, wie in früheren Jahren, im „Ausland" ausgetragen werden müssen.

Gestartet wird in Schwemmlingen auf der für Autos gesperrten Landstraße direkt an der Saar. Hier kann sich das Läuferfeld entzerren, aber bald schon wird auf dem Radweg flussabwärts gelaufen. Bis zur Staustufe bei Mettlach folgen die Marathonis dem äußeren Bogen der Saarschleife, überqueren dort die Saar und laufen auf der anderen Flussseite zurück. Die Brücke bei Besseringen führt zur zweiten Runde. Nach 17,5 km ist der Startpunkt wieder erreicht. Der Spaß kann von neuem beginnen. Zwei Runden lang bleibt das Naturschauspiel stets das Gleiche: Auf der einen Seite die Fluten der Saar, auf der anderen Seite die grünen Wälder. Die letzten sieben Kilometer führen auf dem Leinpfad entlang der Saar nach Merzig. Vor dem historischen Rathaus steht das Ziel. Gut die Hälfte der Strecke besteht aus Radwegen mit festem Splittbelag, der Rest ist asphaltiert.

Anschrift: Tri-Sport-Saar-Hochwald, Guido Horsch,
              Bahnhofstr. 27, 66663 Merzig
Telefon: 06861/73111 dienstlich (Mo-Fr 8.00-18.00 Uhr)
Fax: 06861/3993
Homepage: www.tri-sport.de
Termin 2003: 7.9.; Termin 2004: 5.9.
Fester Termin: 1. Sonntag im September
Startzeit: 9.00 Uhr; Zielschluss: 5 Stunden
Höhenmeter: ca. 70
Andere Wettbewerbe: Halbmarathon
Startgebühr: 16 Euro
Teilnehmerzahl gesamt: 900; Finisher Marathon: 245

Bremer Stimmung im Weserstadion

Minden: Rose Marathon   *NRW*

Der Name dieses Rennens hebt nicht eine am Streckenrand besonders oft vorkommende Blume hervor, sondern nennt den Namen des Sponsors, der Gehäusesysteme für den industriellen Bereich herstellt.

Nach dem Start vor dem Preußenmuseum werden die ersten 5 km in der Mindener Innenstadt absolviert. Dann führt der Landschaftslauf durch den Mühlenkreis in Richtung Weser. Aber nur für kurze Zeit folgen die Marathonis dem Fluss; immer wieder laufen sie durch bewohntes Gebiet, wo zahlreiche Zuschauer an der Strecke stehen. Fehlen die Häuser am Streckenrand, geht es vorbei an Feldern, Wiesen und den alten Mühlen, die diesem Kreis ihren Namen gaben. Das monumentale Kaiser-Wilhelm-Denkmal oberhalb der Porta Westfalica liegt lange Zeit im Blickfeld der Läufer, wird jedoch nicht erreicht. Kurz vor dem Verpflegungspunkt bei km 17,5 wird der Fluss überquert. Bei km 25 folgt Weserbrücke Nummer zwei und es geht auf der Mindener Seite des Stromes zurück in die Stadt. Die Strecke bleibt flach, die Organisation funktioniert reibungslos und ist trotzdem familiär.

Erstaunlich viele Zuschauer warten in Minden auf die Marathonis und feiern ihre Finisher im Weserstadion. Fast wie beim Fußball im gleichnamigen Stadion in Bremen – nur alles zwei, drei Nummern kleiner. Was auch bedeutet, dass die Zuschauer näher an den Aktiven dran sind. In Minden trennt eben kein Metallzaun Zuschauer und Sportler.

Anschrift: Rose Systemtechnik, Uschi Weihl,
Erbeweg 13-15, 32457 Porta Westfalica
Telefon: 0571/5041-252, Hotline: 0800/76735283,
Fax: 0571/5041-7252
E-mail: rm@rose-pw.de
Homepage: www.rose-marathon.de
Termin 2003: 1.6.
Startzeit: 9.00 Uhr; Zielschluss: 6 Stunden
Startgebühr: 25-35 Euro
Teilnehmerzahl gesamt: 1.026; Finisher Marathon: 798

Das etwas andere Flair

Monschau: Monschau-Marathon NRW

Nur wenigen Läufern geht es bei diesem Marathon um Sieg, Niederlage oder gar um Bestzeiten. Das etwas andere Flair beim Größten der drei Eifel-Marathons lockt an die belgische Grenze. Das fängt schon lange vor dem Start an. Die echten Monschau-Kenner reisen am Nachmittag vor dem Rennen an und bauen ihr Zelt auf dem Sportplatz in Monschau-Konzen auf. Denn in diesem Dorf schlägt das Veranstaltungs-Herz des Monschau-Marathons. Beim Grillen unweit des Fußballtors wird der neueste Läuferklatsch besprochen.

Immer wieder bieten sich schöne Ausblicke über die Eifel

Das ist echter Kult. Und am nächsten Morgen fahndet man an der Startlinie noch Minuten vor dem angesetzten Startschuss vergeblich nach den Läufern. Denn es ist beim August-Rennen gute Tradition, dass sich das gesamte Feld am Dorfplatz im Ortsteil Monschau-Konzen versammelt und von dort gemeinsam die Strecke bis zum Start zurücklegt.

Auf der Runde erleben die Starter die Schönheit der vielfältigen Eifellandschaft. Trügerisch ist das Marathonfeeling auf den ersten 7,5 km, wenn es ständig leicht bergab geht und die Läufer rund 180 Höhenmeter verlieren. Untypisch, aber wegen der Fachwerkhaus-Kulisse sehr eindrucksvoll, der Stadtlauf-Teil des Rennens: Die Läuferschlange windet sich durch die Gassen von Monschau. Danach gilt durchgehend der Monschauer Slogan „Run and walk in Nature". Warum in der ländlich und dörflich geprägten Eifel das Motto ganz modern in englisch formuliert werden muss, bleibt unklar. Denn die Monschauer haben keinen Werbeschnickschnack nötig. Der Lauf ist seit einigen Jahren immer ausgebucht.

Die auf den ersten Kilometern verlorenen Höhenmeter werden auf einem langgezogenen Anstieg von km 12 bis km 14 fast wieder wettgemacht. Bis km 17 geht es durch den Wald, dann ist ein Hochplateau mit Feldern

Auf den Monschauer Wegen finden sich leicht gleichstarke Mitstreiter

und Wiesen erreicht. Weit kann der Blick hier schweifen. Immer wieder locken reife Brombeeren an den Wegesrand. Da aber die Verpflegung absolut nichts zu wünschen übrig lässt, können die Sammelgelüste getrost bis nach dem Zieleinlauf verschoben werden.

Monschau ist ein typischer Sommermarathon. Bei der im Monat August üblichen Witterung sind die langen schattenspendenden Waldpassagen eine Wohltat. Weniger angenehm zeigt sich der Anstieg von km 33 - 35, also gerade dann, wenn Marathonläufer müde werden. Ist es richtig heiß, können sich die letzten Kilometer ganz schön lang hinziehen. Umso herzlicher ist der Empfang auf den letzten Metern durch Konzen. Die sofortige Heimfahrt nach dem Zieleinlauf verbietet sich von selbst. An langen Tischen wird erst einmal gefeiert, und das auf den zurückliegenden 42,195 km Erlebte ausführlich diskutiert. Der Monschau-Marathon endet eben nicht auf der Ziellinie.

Anschrift: Monschau-Marathon, Günter Offermann,
Postfach 50, 52156 Monschau
Telefon: 02472/5913 (ab 17.00 Uhr), Fax: 02472/6460
E-mail: Offermannguenter@aol.com
Homepage: www.monschau-marathon.de
Termin 2003: 10.8.; Termin 2004: 8.8.
Fester Termin: 2. Sonntag im August
Startzeit: 8.00 Uhr; Zielschluss: 6 Stunden
Höhenmeter: 767
Startgebühr: 12 - 24 Euro
Limit: 1.600 Teilnehmer; Finisher Marathon: 1.181

Gänsehaut im olympischen Marathontor

München: medien.marathon münchen   *Bayern*

München, die Stadt von Frauenkirche, Oktoberfest und Hofbräuhaus, kann in den letzten vier Jahrzehnten auf eine bewegte Marathon-Geschichte zurückblicken. Den Auftakt der Rennen mitten durch die bayerische Landeshauptstadt bildete der Triumphlauf von Frank Shorter bei den Olympischen Spielen 1972. Nach 2:12:19 h lief der US-Langstreckler im vollbesetzten Olympiastadion über den Zielstrich. Aber es passt zur Münchener Marathon-Historie mit ihren Hochs und Tiefs, dass der überlegene Sieg Shorters nicht ohne Wermutstropfen blieb. Ein Betrüger stahl ihm den verdienten Applaus, mogelte sich auf die

Laufen vorbei an antiker Tempel-Architektur

Strecke und lief als Erster ins Stadion ein. Den Spuren des Olympiasiegers Frank Shorter folgen die Läufer beim heutigen medien.marathon. Denn seit 2002 liegt das Marathonziel wieder unter der beeindruckenden Dachkonstruktion des Olympiastadions. Und alle Finisher laufen durch das gleiche Marathontor ins Stadion wie damals Frank Shorter: Gänsehaut-Feeling ist hier garantiert!

Vor den Toren des Olympiastadions, auf dem Spiridon-Louis-Ring, liegen die Zeitnahmematten für den Start. Hier war es 2002 recht eng. Die Leopoldstraße, die Flaniermeile Münchens, ist das erste Etappenziel, das Passieren des Siegestors das erste Highlight auf der Strecke. An die Verdienste des bayerischen Heeres, zu dessen Ruhm dieses Tor erbaut wurde, wird kaum ein Marathonläufer während des Wettkampfes denken. Manche erinnern sich aber sicher an die Fernsehbilder eines anderen, beeindruckenden Marathonlaufs durch München. 2002 lockte die Marathon-Entscheidung der Europameisterschaften die Münchener in Scharen auf die Straßen. Zu allem Glück kämpften mit Luminita Zaituk und Sonja Oberem gleich zwei deutsche Läuferinnen um den Sieg. Da für die besten europäischen Laufstars eine andere Strecke gewählt wurde als beim medien.marathon, liefen die Asse damals gleich mehrmals durch das Tor.

Die nächsten sieben Kilometer durch München sollte man eigentlich ganz langsam laufen. Denn auf diesem Streckenteil ballen sich die Sightseeing-Höhepunkte. Hinter der Universität verlassen die Läufer die breite Leopoldstraße für einen Schwenk zum Museumsviertel Münchens. Der Kurs führt an alter und neuer Pinakothek und an der in antiker Tempelarchitektur erbauten Glyptothek vorbei, an den beeindruckenden monumentalen Bauten des Königsplatzes. Zurück auf der Leopoldstraße laufen die Wettkämpfer auf direktem Weg ins Herz der Stadt, zum Marienplatz. Und weil es hier so schön ist und hier so viel und so gute Stimmung herrscht, wird der Marienplatz nach einem kleinen Schwenk gleich noch einmal passiert. Platz genug ist ja.

Nachdem die Marathonläufer am Deutschen Museum die Isar überqueren, folgt ein Anstieg am Kulturzentrum Gasteig vorbei, wo die Münchener Philharmoniker zu Hause sind. Danach schlängelt sich die Marathonstrecke durch den Münchener Osten. Über glatten Asphalt geht es wieder Richtung Isar, leicht bergab in den Englischen Garten. Befestigte Wege führen zwischen km 28 und km 36 durch die grüne Lunge Münchens. Herbststimmung kommt auf. In der schwersten Phase eines Marathons können sich hier die Läufer ganz auf sich selbst konzentrieren.

Wieder in Schwabing, führen die letzten Kilometer überwiegend über bekanntes Terrain: Bis unmittelbar vor dem Olympiastadion rollt die Strecke in umgekehrter Richtung den Hinweg vom Stadion auf. Auf den letzten Kilometern rücken Fernsehturm und das auch mehr als 30 Jahre nach seiner Errichtung immer noch futuristisch anmutende Zeltdach des Olympiastadions immer näher. Ab jetzt laufen alle Marathonis auf den Spuren zweier Olympiasieger: Spiridon-Louis-Ring heißt die Straße, die zum Olympiastadion führt, benannt nach dem ersten Marathon-Olympiasieger der Neuzeit. Und dann kommt spätestens im Marathontor die Erinnerung an Frank Shorter auf. Doch sind die ersten Meter auf der Kunststoff-Bahn erst einmal gelaufen, zählen Erinnerungen nicht mehr. Jeder ist ein wenig Olympiasieger auf der Tartanbahn, auf der 2002 Dieter Baumann hart um den 10.000-m-EM-Titel kämpfte und knapp verlor. Dieter fühlte sich im

Eines von vielen Highlights in der bayerischen Hauptstadt: das Siegestor

Münchener Stadion dennoch als Sieger, so wie die vielen tausend Läufer auch, die sich nach 42,195 harten Kilometern durch München von den Zuschauern im Olympiastadion feiern lassen.

Die attraktive Strecke durch München wurde den Marathonläufern nicht ohne Probleme für einen Tag von der Stadt überlassen. Denn Marathon interessierte in der Heimat des FC Bayern jahrzehntelang kaum jemanden. Hier zählte im Sport nur der Fußball. Dabei hatten die Bayern bereits früh, im Jahr 1983, einen City-Marathon ins Leben gerufen. Der hatte sich aber nicht behaupten können. Jahrelang kränkelte der Wettbewerb dahin. Ohne Zuschauer und Atmosphäre, mit zu wenig Läufern, dafür aber zu vielen verschiedenen Chefs, die sich hintereinander mit immer neuen Patentrezepten versuchten. Nach dem 1996er Rennen verstarb der schwächelnde Patient.

Doch das Münchener Marathon-Vakuum hielt nicht ewig. Der begeisterte Leichtathletik-Anhänger Gernot Weigl, der auch schon in Fernseh-Quiz-Sendungen mit seinem Detailwissen über die Marathongeschichte glänzen konnte, wollte die marathonfreie Zone München nicht länger hinnehmen und rief für das Jahr 2000 die Wiederbelebung des München-Marathons aus. Bei der Premiere wurden die Läufer in die Vorstadt verbannt, mussten im wenig anziehenden Vorort Freimann starten und finishen. Das Rennen wurde mit über 6.200 Läufern und Skatern trotzdem ein großer Erfolg und etablierte sich auf Anhieb unter den größten deutschen Stadtmarathons. Mit dem Pfund des Premieren-Erfolges konnten Weigel und sein Team bei der Stadt München auftrumpfen. 2002 war es dann so weit: das Wunschziel Olympiastadion wurde Realität. Und noch etwas klappte 2002 endlich: Mit der frischen Erinnerung an die Europameisterschaften standen erstmals massenhaft Zuschauer am Streckenrand.

Der Münchener Marathon ist eine gute Adresse für die Sportler, die beim Wettkampf eine Stadt erlaufen wollen. Die Stimmung wird von Jahr zu Jahr besser und die Organisation stimmt. Das Profil ist nicht so flach wie in Berlin. München ist eben nicht Berlin, und das ist gut so. Sonst könnten sich viele die Reise in die attraktive Großstadt unter dem weiß-blauen Himmel ja gleich sparen. Als Ausgleich bieten sich die langen Geraden an, auf denen man mächtig Tempo machen kann. Der medien.marathon ist also auch nicht langsamer als viele andere Citymarathons, nur schöner.

Anschrift: medien.marathon münchen, Verein für City-München, Herzog-Heinrich-Straße 31, 80336 München
Telefon: 089/17095570 (9.00-17.00 Uhr, Fr 9.00-14.00 Uhr)
Fax: 089/17095572
E-mail: info@medienmarathon.de
Homepage: www.medienmarathon.de
Termin 2003: 12.10.; Termin 2004: 10.10.
Fester Termin: eine Woche nach dem Oktoberfest
Startzeit: 10.00 Uhr; Zielschluss: 5:30 Stunden
Höhenmeter: 35
Startgebühr: 43-48 Euro
Teilnehmerzahl gesamt: 9.200; Finisher Marathon: 7.237

Marathon als Geburtstags-Geschenk

Münster: Volksbank-Münster-Marathon   *NRW*

Einen Bilderbuchstart legte der Marathon durch das westfälische Münster hin. Die biedere Bischofsstadt akzeptierte zwar erst 2002 grell gekleidete Marathonläufer in ihrer schmucken City. Dann packte man das Marathon-Event aber richtig an. Die Werbetrommeln vor dem Erstling wurden so kräftig gerührt, dass nicht die erwarteten 2.000, sondern gleich 5.000 Läufer zur Premiere kamen. Noch mehr wurden es nur deshalb nicht, weil man die Notbremse in Form einer Teilnehmerlimitierung zog.

4.040 Marathonläufer finishten nach 42,195 km durch Münster und alle waren begeistert von der Stimmung. Das versteht man besser, wenn man weiß, dass Münster die westfälische Karnevalshochburg schlechthin ist, nicht ganz so groß und bekannt wie Köln und Mainz, aber für eine Übertragung des Rosenmontagszuges im Fernsehen reicht es immer. Die regelmäßige Durchführung solcher Umzüge mit Out-Door-Fröhlichkeiten scheinen das beste Training für die stimmungsvolle Durchführung eines Marathonlaufes zu sein. In Münster haben gleich im ersten Jahr 50.000 Zuschauer die Läufer in Richtung Ziel getrieben. Und auch bei der Startzeit hinkt der Lauf nur noch 11 Minuten hinter einem zünftigen Rosenmontagszug her. Obwohl es Mitte September in der Mittagszeit noch warm werden kann, musste der Start auf späte 11.00 Uhr verlegt werden. Zu verdanken haben die Läufer dieses mittägliche Sonnenbad dem Domkapitel. In der Bischofsstadt Münster hatte sich die katholische Kirche über die angebliche Störung der Sonntagsruhe durch die Sportler beschwert und eine Verschiebung zur Mittagszeit hin durchgesetzt. Herausgeber Manfred Steffny kommentierte das in seiner Lauf-Zeitschrift Spiridon etwas sarkastisch mit den Worten: „Am 8. September 2002, dem 1. Marathon-Renntag in Münster, war die Tageshöchsttemperatur in Münster 27 Grad. Beim Start war es noch kühl, doch ab 11.00 Uhr brannte die Sonne. Wenn bei ähnlichen Temperaturen 2003 gelaufen wird, dann kann der Bischof von Münster schon mal einen Priester für die ‚letzte Ölung' abstellen."

Einziges Manko der Premierenveranstaltung waren einige Kurven und Streckenabschnitte, die sich als zu eng für solche Läufermassen erwiesen. Darauf haben die Münsteraner Veranstalter sofort reagiert und führen die Läufer ab 2003 teilweise über einen neuen Kurs. Beibehalten wird das Grundkonzept einer Mischung aus Stadt- und Landschaftsmarathon und

Zieleinlauf auf dem historischen Prinzipalmarkt

auch das ursprüngliche Streckenkonzept wird beibehalten: Gestartet wird dort, wo sich schon Generationen von Studenten eingeschrieben haben, vor dem Schloss am geräumigen Hindenburgplatz. Hier ist ausreichend Platz, um die vielen Marathonläufer ins Rennen zu schicken. Dann allerdings geht es schnell in die engen Sträßchen der westfälischen Metropole. Auf den ersten 11 km führt der Kurs kreuz und quer durchs Kreuzviertel und die City. In einer so geschichtsträchtigen Stadt wie Münster bedeutet das, dass der Laufuntergrund nicht nur aus Asphalt, sondern auch aus Kopfstein-pflaster-Passagen besteht. Dabei geht es durch studentische Wohnviertel ebenso wie über die grüne Promenade, ein Hauptverkehrsring ohne stinkende Autos in der für ihre vielen Radfahrer bekannten Stadt.

Der Aasee ist ein Trainingsrevier der Münsteraner Läufer, die Marathonis passieren einen Teil des Sees von km 11 bis 14. Allerdings benutzen sie dafür nicht den schmalen Uferweg, auf dem normalerweise die Jogger traben. Der wäre nun doch zu eng. Von hier führt die Marathonreise in die Vororte Gievenbeck und Roxel. Auf dem Weg dorthin sorgen so genannte Power-Points mächtig für Stimmung. Hier wird den Läufern Verpflegung gereicht und gleichzeitig heizen Sprecher und Musik Zuschauern und Läufern kräftig ein. Zwischendurch besteht aber immer wieder die Gelegenheit, einen Eindruck von der unverbauten Landschaft des Münsterlandes zu bekommen und auch davon, dass es im Münsterland nicht völlig flach ist.

Von km 29 bis 33 führt der Kurs durch die Vorstadt Roxel, dann kommen die Läufer über die Sentruper Höhe zurück in die Innenstadt. Vorbei an den vielen Geschäften der Einkaufsstraße Rothenburg wird der letzte volle Kilometer absolviert. Etwas ganz besonderes ist dann der Zieleinlauf vor der historischen Kulisse des Prinzipalmarktes mit seinen Giebelhäusern und Torbögen. Wer beim Zieleinlauf den Blick in die Höhe schweifen lässt, kann an den Türmen der Lambertikirche die eisernen Käfige entdecken, in denen im Mittelalter die Leichen der drei Wiedertäufer zur Schau gestellt wurden.

Die Organisation funktionierte schon bei der Premiere sehr gut. Dafür sorgte ein Team, das sich zum größen Teil aus erfahrenen Läufern zusammensetzt. Und der Chef Michael Brinkmann organisierte in der Universitätsstadt nicht seinen ersten Lauf. Alle zwei Jahre ist er Renndirektor der Riesenbecker Sixdays, die ebenfalls in diesem Buch beschrieben werden. Ein Etappenlauf über sechs Tage mit seinen besonderen logistischen Anforderungen ist eine gute Schule für einen Marathonveranstalter. Darüber hinaus trifft es sich natürlich ausgesprochen gut, dass er Angestellter des Hauptsponsors Volksbank ist. Die kleinen Premieren-Pannen werden 2003 der Vergangenheit angehören. Dafür sprechen die gezielte Optimierung der Strecke und die Begrenzung der Teilnehmerzahl auf weiterhin 5.000 Starter.

Wie pfiffig die Münsteraner sind, zeigt die Geschenk-Gutschein Idee: Wer auf der Suche nach einem Läufer-Geschenk ist, kann einen Geschenk-Gutschein über die Startgebühr erwerben. Der Marathon als Geburtstagsgeschenk ist in Münster Wirklichkeit geworden.

Anschrift: Münster-Marathon e.V., Postfach 53 64, 48029 Münster
Telefon: 0251/5005 - 267, Fax: 0251/5005 - 232
E-mail: info@volksbank-muenster-marathon.de
Homepage: www.volksbank-muenster-marathon.de
Termin 2003: 14.9.
Startzeit: 11.00 Uhr; Zielschluss: 5 Stunden
Startgebühr: 30 - 45 Euro
Teilnehmerzahl gesamt: 5.004 (Limit: 5.000)
Finisher Marathon: 4.040

Toller Blick am Tollensesee

Neubrandenburg: Tollenseseelauf *Mecklenburg-Vorpommern*

Wer marathonlaufend die Mecklenburger Seenplatte erleben will, der ist beim Tollenseseelauf genau richtig. Start und Ziel sind auf dem Marktplatz von Neubrandenburg aufgebaut. Aus dem Herzen der drittgrößten Stadt Mecklenburg-Vorpommerns geht es schnurstracks zum Freizeit- und Naturparadies Tollensesee. Der elf Kilometer lange See liegt eingebettet in einer idyllischen Wald- und Hügellandschaft. Letzteres macht sich beim Rennen mit insgesamt 350 Höhenmetern bemerkbar. Da mit der Umrundung des langgestreckten Tollensesees immer noch nicht genügend Kilometer zusammenkommen, wird der Kleine Lieps-See gleich mit umrundet.

Gelaufen wird überwiegend auf dem 37 km langen Radwanderweg rund um den See, der meist aus Schotterwegen besteht. Der Radweg führt mal direkt am Seeufer entlang, dann wieder mit etwas Abstand durch den Wald, der das Gewässer umgibt. Die sechs Kilometer ab km 21 sind der Knackpunkt des Marathons, denn eine lang gezogene Steigung kostet mächtig Körner. „Hier entscheidet sich immer der Ausgang des Rennens", betont Rennleiter Jörg Knopse. Ist der höchste Punkt der Strecke bei km 27 erreicht, haben die Läufer einen tollen Panoramablick über den Tollensesee und die umliegenden Wälder. Bei guter Sicht sind sogar die Kirchturmspitzen von Neubrandenburg zu erkennen, unter denen die Marathonis 27 km vorher losgelaufen sind.

Anschrift: SV Turbine Neubrandenburg e.V.,
     Schwedenstraße 25, 17033 Neubrandenburg
Telefon: 0395/5665377 (Mo + Mi nachmittags); Fax: 0395/3683386
E-mail: svturbine-nbdg@t-online.de
Homepage: www.svturbine-lauf.de
Termin 2003: 14.6.; Termin 2004: 5.6.
Startzeit: 14.00 Uhr; Zielschluss: 5:15 Stunden
Höhenmeter: 350 m
Andere Wettbewerbe: 10 km, Halbmarathon, Staffelmarathon
Startgebühr: 20-26 Euro
Teilnehmerzahl gesamt: 624; Finisher Marathon: 94

Auf flachem Kurs durchs Moor

Neustadt-Poggenhagen: Marathon „Rund um das Steinhuder Meer" *Niedersachsen*

Seit 2002 gehört auch der Volkslauf um das Steinhuder Meer zur Riege der Marathonläufe. In den Jahren davor hatten sich die Veranstalter mit Streckenlängen zwischen 35 und 38 km begnügt. Nur wenige Kilometer von der Großstadt Hannover entfernt zeigt der Landschaftsmarathon den Läufern den Naturpark Steinhuder Meer, der durch den See und die ihn umgebende Moorlandschaft geprägt ist.

Nach dem Start in Poggenhagen führt der Kurs zunächst in den Ort Steinhude, nach dem der größte Binnensee Norddeutschlands benannt wurde. Nach 12 km laufen die Marathonis zum ersten Mal auf einem gepflasterten Rad- und Fußweg direkt am Seeufer. Das Wasser lässt die Läufer auch dann nicht los, wenn sie in Richtung Hagenburg dem See den Rücken kehren: Fischzuchtteiche säumen den Weg. Besonders reizvoll ist der Uferweg, auf den die Läufer nach 28 Kilometern einbiegen. Weit kann der Blick über den großen See schweifen, den man hier „Meer" nennt. Über Holzstege und Waldboden gelangen die Läufer durch das Moor, bei km 33 zur neuen Moorhütte. Durch das Hochmoor geht es zurück in Richtung Ziellinie auf den Sportplatz in Poggenhagen.

Der Untergrund hat viel Abwechslung zu bieten: Asphalt-, Wald- und Wirtschaftswege, aber auch Holzplanken und ein Stück Wiese werden unter die Sohle genommen. Die Holzbrücke über den Hagenburger Kanal, 20 m lang und 4 m hoch, ist die einzige Erhebung, die sich den Läufern in den Weg stellt.

Anschrift: TSV Poggenhagen, Josef Sedlacek,
　　　　　Dyckerhoffstr. 3b, 31515 Wunstorf
Telefon: 05032/65942, Fax: 05032/964666
E-mail: J.Sedlacek@t-online.de
Homepage: www.steinhuder-meer-lauf.de
Termin 2003: 7.9.
Startzeit: 9.00 Uhr
Andere Wettbewerbe: 5 km, 15 km
Finisher Marathon: 191

Das Laufnamen-Rätsel

Niedernhall: ebm-Marathon Hohenlohe *Baden-Württemberg*

Etwas geheimnisvoll oder zumindest nicht gleich verständlich klingt der Name „ebm-Marathon Hohenlohe". Lösen wir also zunächst einmal das Laufnamen-Rätsel: ebm heißt der Sponsor, und dahinter steckt eine Firma, die hochwertige Ventilatoren herstellt. Womit wir bei der geografischen Komponente des Laufnamens angelangt sind. Hohenlohe ist der Kreis, durch den die drei im Angebot stehenden Distanzen führen, Niedernhall ist Start- und Zielort. All das ist im Nordosten Baden-Württembergs beheimatet. Knapp 50 km sind es von hier bis in die nächste größere Stadt, Heilbronn. In dieser Region baut man Wein an; die landschaftlichen Schönheiten des Landstrichs locken Naturliebhaber. Und seit einigen Jahren folgen auch die Läufer dem Ruf der Region, wenn in der ersten September-Hälfte der ebm-Marathon im Kalender steht.

Begonnen hatte das Marathonspektakel in kleinem Rahmen. Der Polizeisportverein des Kreises richtete einen regionalen Marathon aus. „157 Läufer waren es damals bei der Premiere", erinnert sich PSV-Chef Alfred Krämer. Als dann die ebm-Werke ebenfalls einen Lauf ausrichten wollten, stiegen sie als Sponsor in den bereits gemächlich tuckernden Marathonzug ein. Aus dem regional ausgerichteten PSV-Marathon wurde der ebm-Marathon Hohenlohe mit inzwischen deutlich über 2.000 Teilnehmern. „Wir wollen zu einem festen Begriff in der Läuferszene werden", gibt ebm-Geschäftsführer Thomas Philippiak die Richtung vor. Allerdings rennen die weitaus meisten Läufer über die ebenfalls angebotenen 21,1 km oder über die 10-km-Distanz.

Die Läufer können reichlich schöne Landschaft erleben und herrliche Panoramablicke genießen: Ein echtes Alternativprogramm zu den immer größeren, immer hektischeren Cityrennen. Für ein vergleichsweise geringes Startgeld wird der Marathoni während und nach dem Wettkampf rundum gut versorgt. Die Hänge mit den Weinreben sind von beinahe jedem Punkt des Marathons aus zu erblicken. Der Kurs bleibt flach, da er dem Flusstal der Kocher folgt. Auf dem Fahrradweg entlang der Kocher wird es allerdings auf einigen Passagen recht eng.

Alle Teilnehmer starten in Niedernhall in Richtung Künzelsau. Beim romantischen Städtchen Künzelsau mit verwinkelten Gassen und einer Fachwerk-Kulisse befindet sich der erste Wendepunkt. Nach knapp 20 km er-

Die Läuferschlange folgt dem Radweg im Tal der Kocher

reichen die Läufer wieder den Startort Niedernhall. Um die Marathondistanz komplett zu machen, führt der Kurs weiter in die Gegenrichtung. Die Landschaft bleibt die gleiche: Weinberge und grüne Hügel im Hintergrund, ein flacher, asphaltierter Radweg unter den Laufschuhen.

Anschrift: ebm-Marathon, ebm, Bachmühle 2, 74673 Mulfingen
Telefon: 07938/81-529 (werktags von 7.00-17.00 Uhr)
Fax: 07938/81-529
E-mail: info@ebm-marathon.de
Homepage: www.ebm-marathon.de
Termin 2003: 13.9.; Termin: 2004: 11.9.
Fester Termin: 2. Samstag im September
Startzeit: 8.15 Uhr; Zielschluss: offen
Höhenmeter: 30
Andere Wettbewerbe: 10 km, Halbmarathon
Startgebühr: 20-25 Euro
Teilnehmerzahl gesamt: 2.064; Finisher Marathon: 213

Inselluft im Dünenland

Norderney: Norderney-Marathon   *Niedersachsen*

Die erste Fähre am Sonntagmorgen legt um 8.00 Uhr von Norddeich-Mole ab. Wer als gemeldeter Läufer mit diesem Schiff auf die ostfriesische Insel Norderney kommt, wird kostenlos mit einem Bus zum Start in der Nordhelmsiedlung gefahren. Dort werden auch die ersten 5 km des Marathons gelaufen. Dann folgen zwei große Runden über die Insel. Die Läufer können die raue, aber sauerstoffreiche Inselluft während des Marathons in vollen Zügen genießen. Meist geht es auf gepflasterten Wanderwegen über das Eiland, aber auch auf schmalen Pfaden und rund 500 Meter lang über eine Wiese. Oben auf dem Deich ist das Profil flach, dafür kann der Wind so richtig angreifen, und Wind ist auf einer Nordseeinsel keine Seltenheit. Norderney entstand erst vor rund 2000 Jahren durch das Anspülen von Sand. Mit der Zeit wurden Dünen aufgeworfen. Das spürt der Läufer während der 42,195 km: Auf der zweiten Hälfte führt der Kurs durch die Dünen. Jetzt sind etliche kleine, aber teilweise recht steile Anstiege zu bewältigen. Niemals summiert sich das zu echten Höhenmetern, dennoch wird jede dieser kleinen Kraftanstrengungen vom Körper registriert.

Die Veranstaltung war mit bisher gut 100 Marathonläufern sehr klein und familiär. Das Teilnehmerlimit liegt bei 250 Teilnehmern. Es wird also auch in den nächsten Jahren keine Großveranstaltung daraus werden. Die Verpflegung ist ausreichend und auch die sonstige Organisation stimmt.

Anschrift: TuS Norderney, Roberto Nowak,
           Noorder Hook 14, 26548 Norderney
Telefon: 04932/81975
E-mail: NeyMarathon@aol.com
Homepage: www.tus-norderney.de
Termin 2003: 21.9.; Termin 2004: 19.9.
Fester Termin: vorletzter Sonntag im September
Startzeit: 10.00 Uhr; Zielschluss: 5 Stunden
Andere Wettbewerbe: Halbmarathon
Startgebühr: 20 Euro
Teilnehmerzahl gesamt: 117; Finisher Marathon: 107

Schnäppchenpreis für Frühbucher

Oberstaufen: Alpin Marathon Oberstaufen *Bayern*

„Wir wollen in den nächsten Jahren einen landschaftlich sehr attraktiven Lauf im Alpenvorland etablieren", lautet die Zielvorgabe von Friedhelm Donde, der die Premiere des Alpin Marathons 2003 initiiert hat. Aus dem Urlaubsort Oberstaufen im Allgäu führt der Marathon auf den Hochgrat, der rund 1.000 m höher liegt. Vom 1882 m hoch gelegenen Hochgrat hat man mit Wetterglück einen fantastischen Rundblick über die Allgäuer zu den Schweizer Alpen und bis zum Bodensee.

Da es zwischenzeitlich immer wieder mal bergauf und bergab geht, kommen sogar knapp 2.000 Höhenmeter zusammen. Donde beschreibt das, was die Läufer erwartet: „Flache Stücke durch eine abwechslungsreiche Landschaft, hügelige über Alp- und Wanderwege sowie alpine Passagen bis über 1.800 Höhenmeter." Dieser Lauf wird eine sportliche Herausforderung bieten, die sich mit den bereits bestehenden Alpenmarathons durchaus messen lassen kann. Der schweren Strecke gemäß gewähren die Veranstalter mit acht Stunden ein großzügig bemessenes Zeitlimit.

Vor allem für die Frühbucher, die bis drei Wochen vor dem Lauf melden, ist das Startgeld mit 23 Euro ein besonderes Schnäppchenangebot. Denn sie erhalten 2003 für die verhältnismäßig geringe Teilnahmegebühr noch zusätzliche Karten für die Hochgrat- und Hündlebahn sowie für die Sommerrodelbahn und das Erlebnisbad. Zusammengerechnet kosten diese Karten regulär schon 38 Euro.

Anschrift: TSV Oberstaufen Marathon, Friedhelm Donde,
Sennereiweg 2, 87534 Oberstaufen
Telefon: 08386/962909 (nur nach 17.00 Uhr),
08386/9333-31 (tagsüber), Fax: 08386/9333-50
E-mail: friedhelm.donde@t-online.de;
Homepage: www.alpin-marathon.de
Termin 2003: 12.7.
Startzeit: 8.00 Uhr; Zielschluss: 8 Stunden
Höhenmeter: 2.000
Startgebühr: 23-29,50 Euro
Limit: 500 Teilnehmer

Marathon vor, auf und hinter'm Deich

Otterndorf: Küstenmarathon   *Niedersachsen*

Das Nordseebad Otterndorf bietet einen Landschaftsmarathon ganz ohne Berge. Gestartet wird mitten in der norddeutschen Kleinstadt. Über die Hauptstraße geht es in Richtung Deich. Erst laufen die Marathonis vor dem Deich, dann auf der Deichkrone und schließlich an der Elbe, entlang des meistbefahrenen Schifffahrtsweges der Welt. Der rot-weiße Leuchtturm bildet einen weithin sichtbaren Orientierungspunkt auf der Runde der Marathonläufer. Segelhafen und neu angelegte Seenlandschaft hinter dem Deich sind die nächsten Punkte, die auf der 14 km langen Runde angelaufen werden. Wenn es zurück in den historischen Stadtkern der 6.800 Einwohner zählende Gemeinde geht, stehen viele Zuschauer am Straßenrand und feuern die Läufer fleißig an. Denn die örtliche Zeitung macht kräftig Werbung für diese Veranstaltung.

Otterndorf bietet eine hervorragende Organisation, einen schnellen Asphalt in einer typisch norddeutschen Küstenlandschaft. Das bedeutet aber auch, dass der Wind kräftig mitspielen kann. Denn an der Küste weht er fast immer, mal mehr, mal weniger.

Der niedersächsische Landesvorsitzende des Kinderschutzbundes gehört zu den Initiatoren des Marathons. So kommt es, dass der Lauf immer zum Weltkindertag durchgeführt wird. Selbstverständlich stehen daher die Schüler-Rennen neben dem Marathon besonders im Blickpunkt.

Anschrift: OK Küstenmarathon, Norbert Sadatzki,
    Marktstr. 21, 21762 Otterndorf
Telefon: 04751/919030, Fax: 04751/919103
E-mail: Marathon@Otterndorf.de
Homepage: www.Kuestenmarathon.de
Termin 2003: 21.9.; Termin 2004: 19.9.
Fester Termin: Wochenende zum Weltkindertag
Startzeit: 10.00 Uhr; Zielschluss: 5:30 Stunden
Andere Wettbewerbe: 10 km
Startgebühr: 25 Euro
Teilnehmerzahl gesamt: 850; Finisher Marathon: 127

Der Wolfgangsee war das Vorbild

Pleinfeld: Brombachsee-Marathon   *Bayern*

Der österreichische Laufklassiker „Rund um den Wolfgangsee" ist das Vorbild des Brombachsee-Marathons, der im September 2003 seine Premiere feiert. „Als wir beim Rennen um den Wolfgangsee mitgelaufen sind, hat uns der Lauf so fasziniert, dass wir beschlossen haben, auch so etwas ins Leben zu rufen", erklärt Veranstalter Jürgen Spiegel. Schließlich liegt vor den Toren seiner Heimatstadt Pleinfeld ebenfalls ein wunderschöner See, an dessen Ufer viele Läufer das ganze Jahr über Trainingskilometer abspulen. Und da auf einer Runde um den Großen Brombachsee zwar mächtig viele Kilometer zusammenkommen, aber nicht genug für die klassische Marathondistanz, entschieden sich die Veranstalter von Pleinfeld, auch gleich den benachbarten Igelsbachsee und den Kleinen Brombachsee zu umrunden.

Fränkisches Seenland heißt dieser Landstrich und liegt etwa 20 km von der Triathlon-Hochburg Roth entfernt. Auf dem Hauptdamm des Großen Brombachsees wird gestartet. Dann führt der Marathonkurs um die drei Seen, die nur durch Dämme voneinander getrennt sind. Dabei bleiben die Wettkämpfer fast durchgängig direkt am Seeufer und können den Blick über die Seen schweifen lassen. Denn die ebenen, fein gesplitteten Wege zwingen die Läufer nicht zu besonderer Aufmerksamkeit. Die letzten vier asphaltierten Kilometer führen die Wettkämpfer hinein in den Ort Pleinfeld, wo die Finisher auf dem Marktplatz gebührend gefeiert werden sollen.

Anschrift: Brombachsee Running, Jürgen Spiegel,
Industriestr. 3, 91785 Pleinfeld
Telefon: 09145/6434 (privat), Fax: 09144/927981
E-mail: info@brombachseerunning.de
Homepage: www.brombachseemarathon.de
Termin 2003: 20.9.; Termin 2004: 18.9.
Fester Termin: 3. Samstag im September
Startzeit: 13.00 Uhr; Zielschluss: 5:30 Stunden
Andere Wettbewerbe: 19,5 km, ca. 3,5 km
Startgebühr: 20 - 30 Euro

Achtung: Endmoränen-Landschaft!

Plön: Plöner See-Marathon   *Schleswig-Holstein*

18 Jahre lang lief man im Rahmen des „Lauf- und Wander-Festivals Großer Plöner See" 37,2 km um den Großen Plöner See. Im Zuge der Marathonbegeisterung kam 2000 die Marathondistanz hinzu, indem man eine 5 km lange Zusatzschleife einbezog. Das ist der Grund, dass heute zwei in ihrem Anforderungs-Charakter sehr ähnliche Distanzen angeboten werden. Denn die traditionellen 37,2 km um den See wollen die Organisatoren nicht aufgeben.

    Gestartet wird auf dem Marktplatz in Plön direkt vor der Kirche. Dann führt die Runde einmal gegen den Uhrzeigersinn um den Großen Plöner See. Da sich Grund und Boden direkt am See in den Händen der drei großen Güter dieses Landstriches befinden, besteht kein ausgeprägtes Wegenetz direkt am Wasser. Eine der wenigen Uferpassagen am Plöner See führt über die Promenade in Dersau. Bekannt wurde dieses kleine Örtchen in Läuferkreisen durch die Laufschule Andreas, an der die Marathonläufer in etwa 400 m Entfernung vorbeilaufen. Andy Andreas, der bis 2002 die Laufschule leitete, warnt: „Die Strecke führt durch eine Endmoränen-Landschaft. Das bedeutet, dass der Kurs fast nur hügelauf und wieder runter führt. Für den Läufer, der unsere Gegend nicht kennt, ist das umso brutaler, weil er das so nicht erwartet." Statt dem andauernden Blick auf die Uhr gilt die Aufmerksamkeit der Läufer beim See-Marathon also den idyllischen Wegen sowie den wunderschönen Aussichten über See und Landschaft der Holsteinischen Schweiz.

Anschrift: Lauf- und Wander-Festival, Ostlandstr. 8b, 24211 Preetz
Telefon: 0171/7012504, Fax: 0431/1605303
E-mail: anmeldung@lauf-festival-ploener-see.de
Homepage: www.lauf-festival-ploener-see.de
Termin 2003: 31.8.; Termin 2004: 29.8.
Fester Termin: letzter Sonntag im August
Startzeit: 8.55 Uhr; Zielschluss: 5:30 Stunden
Andere Wettbewerbe: 37,2 km
Startgebühr: 25 Euro

Modernes Rennen vor mittelalterlicher Kulisse

Regensburg: Regensburg-Marathon   *Bayern*

1990 trauten sich die Regensburger erstmals auf das Marathonparkett. Doch in den ersten Veranstaltungsjahren wurde den Läufern das Herz der Stadt verwehrt. Sie mussten draußen vor den Toren und an der Donau ihre Kilometer sammeln. Der Durchbruch gelang erst im Mai 1997. Der München-Marathon wurde abgesagt, Regensburg sprang kurzfristig mit der Durchführung der für München vorgesehenen deutschen Marathonmeisterschaften ein. Die nationalen Titelkämpfe waren ein solch starkes Argument, dass den Stadtvätern endlich die heutige Streckenführung durch die City abgetrotzt werden konnte. Sofort katapultierten sich die Regensburger auf Platz eins der bayerischen Marathonläufe, den sie inzwischen allerdings an den wieder auferstandenen München-Marathon abgeben mussten. Seit der Verlegung des Kurses in die Innenstadt weist die Entwicklung der Veranstaltung steil nach oben. Beim damals festgelegten Termin am Wochenende nach Himmelfahrt ist man bis heute geblieben.

Zwei Runden durch die Stadt sind für die Marathonläufer zu absolvieren. Wer sich die volle Distanz nicht zutraut, kann trotzdem Marathonluft schnuppern, aber sich mit einer Runde begnügen. In den letzten Jahren starteten stets viel mehr 21,1-km-Läufer als echte Marathonis. Wer – außer einigen Marathonsammlern – kann schon öfter als zweimal im Jahr auf der prestigeträchtigen Marathondistanz starten? Auch Marathon-Melder können sich während des Rennens noch umentscheiden: Wer einen schlechten Tag erwischt hat, beendet den Lauf nach 21,1 km. Er muss nicht die Schmach des Ausstiegs erleiden, sondern läuft durch`s Ziel und wird für den Halbmarathon-Wettkampf gewertet.

Der Regensburg-Marathon bietet den Marathonläufern eine interessante und gleichzeitig schnelle Strecke durch die alte, von ihrem historischen Stadtkern geprägte Stadt. Bevor die Sightseeing-Tour in Wettkampfschuhen beginnt, dienen die ersten drei Kilometer dem Einordnen in die Läuferschlange. Das ist nötig, denn das Starterfeld ist mit mehr als 6.000 gleichzeitig startenden Läufern gewaltig. Auch wenn die Inline-Skater bereits eine Viertelstunde zuvor losrollen, muss die Aufmerksamkeit auf dem ersten Teilstück den Mitläufern gelten und nicht irgendwelchen Sehenswürdigkeiten am Streckenrand. Doch mit dem Durchlaufen des 1301 erbauten Jakobstors können die Blicke der Läufer über die historische Kulisse der Re-

Fünf Kirchen auf einem Kilometer

gensburger Altstadt schweifen. Hier beginnt das Herzstück der Strecke, das die Läufer vorbei an den Zeugnissen der 2000-jährigen Geschichte der Stadt führt. Mittelalterliche Häuser und enge Gassen prägen das Flair der Universitätsstadt, die 700 Jahre lang Bayerns Hauptstadt war. Logisch, dass bei einer solch geschichtsträchtigen Kulisse auch einige Kopfsteinpflaster-Passagen zu bewältigen sind. Doch auch hier ist der Straßenbelag nicht grob und verhältnismäßig gut zu belaufen. Das beweisen auch die hochkarätigen Streckenrekorde von Dimitri Kapitonov (2:12:19) und Katrin Wessel (2:30:38).

Ein paar Meter nach dem Jakobstor laufen die Akteure an der Schottenkirche vorbei, deren beeindruckendes Portal durch einen modernen Glasvorbau vor den Einflüssen von Witterung und Umweltschmutz geschützt ist. Das ist die erste von fünf Kirchen, die auf dem nächsten Kilometer passiert werden! Schließlich ist Regensburg eine altehrwürdige Bischofsstadt. Die beiden mächtigen Türme vom Dom St. Peter überragen die ganze Stadt. Aber die bekannteste Kirche von Regensburg bleibt ein, zwei Straßenecken von der Marathonstrecke entfernt. Das gewaltige gotische Bauwerk wäre sicher ein zusätzliches Highlight auf dem Marathonkurs. Da aber rund um den Dom das Kopfsteinpflaster schwer zu belaufen wäre, verzichten die Regensburger schweren Herzens auf diese Kultureinlage. Im Marathonprogramm, das sich über zwei Tage erstreckt, fehlt der Dom jedoch nicht. Denn am Vorabend findet im Dom ein Läufer-Gottesdienst mit den Regensburger Domspatzen statt.

Nach fünf Kilometern ist die Zeit gekommen, sich ganz auf das optimale persönliche Lauftempo zu konzentrieren. Die 4,5 km lange Wendepunktstrecke aus der City hinaus zum Osthafen und zurück ist nämlich kein Augenschmaus. Das Grün am Straßenrand kann die Tristesse nicht ganz verbergen. Zum Ausgleich werden wie auf der gesamten Strecke die Ohren von Musikgruppen verwöhnt. Das musikalische Spektrum, das die Marathonis leider nur im Vorbeilaufen genießen können, erstreckte sich in den letzten Jahren vom Punkrock bis hin zu klassischer Musik.

Während Bestzeiten-Jäger auf diesem Streckenabschnitt mächtig Tempo bolzen können, sind Zuschauer Mangelware. Die drängen sich erst wieder dicht an dicht, wenn die Läufer zurück in die Innenstadt laufen. Zweimal wird nun die Donau überquert, zunächst auf der Eisernen Brücke und schon nach einem ein Kilometer langen Schwenk geht es über die 850 Jahre alte Steinerne Brücke zurück in die Altstadt. Hier können die Marathonis das beeindruckende Panorama der Domstadt genießen: Der Blick schweift über historische Gemäuer, Kirchturmspitzen und die trägen Fluten der Donau. Zu allem Läuferglück sind die Brücken sogar flach.

Trotz mittelalterlicher Kulisse in der Altstadt wird eine Organisation auf modernstem Stand und höchstem Niveau geboten. Das liegt auch daran, dass der ausrichtende Verein mit fast 1.000 Mitgliedern der größte reine Laufverein in Deutschland ist. So ist auch die Fachkompetenz für die Ausrichtung eines Laufes geballt. Zudem werden die neuen Vereinsmitglieder beim Eintritt ausdrücklich darauf hingewiesen, dass der LLC kein normaler Leichtathletik-Verein ist, sondern der Vereinszweck in ganz besonderem Maße der Durchführung des Regensburg-Marathons dient. Alle Vereinsmitglieder verpflichten sich, die Ausrichtung des großen sportlichen Ereignisses aktiv mitzugestalten.

Aus dem Veranstaltungsprogramm der mit 141.000 Einwohnern viertgrößten Stadt Bayerns ist der Marathon nicht mehr wegzudenken. Rund 75.000 Zuschauer feuern nach Polizeiangaben die Marathonis an. Das Herz der Altstadt pocht also während der Veranstaltung gewaltig. Auch in und um die großen Zelte auf dem Parkplatz bei Start und Ziel, wo Marathon-Rockparty, Läufermesse, Startkartenausgabe und Siegerehrungen untergebracht sind, ist mächtig was los.

Anschrift: Regensburg Marathon, Postfach 100105, 93001 Regensburg
Telefon: 0941/5862801, Fax: 0941/5862802
E-mail: info@regensburg-marathon.de
Homepage: www.regensburg-marathon.de
Termin 2003: 1.6.; Termin 2004: 23.5.
Fester Termin: Sonntag nach Himmelfahrt
Startzeit: 9.00 Uhr; Zielschluss: 5:30 Stunden
Andere Wettbewerbe: Halbmarathon, FunRun und MiniMarathon
Startgebühr: 30 - 40 Euro
Teilnehmerzahl gesamt: 7.411; Finisher Marathon: 1.334

Einmal, zweimal oder dreimal Halbmarathon

Remscheid: Röntgen-Lauf-Tag (Marathon + 63 km) *NRW*

Rund um Remscheid führt ein durchgehend gekennzeichneter Wanderweg, der Röntgenweg. Diesem Weg folgen seit 2001 Wettkämpfe über 21,1 km, die Marathondistanz und über die ultralangen 63 km. Wer die 63 km hinter sich bringt, hat dann sogar noch ein paar Kilometer mehr als den Röntgenweg unter seine Laufschuhe gebracht. Der Kurs besteht aus einem ständigen Auf und Ab. Schließlich liegt Remscheid im Bergischen Land. Zusammengerechnet 1.240 Höhenmeter müssen die Ultraläufer bewältigen.

Nur die ersten 4 km führen durch Wohngebiete. Danach dominieren Forststraßen und Waldwege durch den herbstlich gefärbten Laubwald. Auf den ersten 21,1 km ist mächtig was los. Denn die vielen 21,1-km-Läufer, die Marathonis und die Ultras laufen gemeinsam los. Nach der Halbmarathonmarke ändert sich das Bild schlagartig, jetzt sind die meisten ganz alleine unterwegs. Ein paar Kilometer vor dem Marathonziel wird die Müngstener Brücke, die höchste Eisenbahnbrücke Deutschlands, durchlaufen. Die Marathonfinisher werden mit dem Bus zurückgefahren. Wer bis hierher weniger als sechs Stunden benötigte, darf aber auch – wenn er will und für die 63 km gemeldet hat – weiterlaufen und eine dritte Halbmarathon-Teilstrecke anhängen. Damit ist die Runde um Remscheid komplett.

Bei Regen sind einige Passagen matschig, teilweise glitschig und erlangen dadurch einen crossartigen Charakter.

Anschrift: Deutsches Röntgen Museum,
        Schwelmerstr. 41, 42897 Remscheid
Telefon: 02191/163148, Fax: 02191/163145
E-mail: fiedler@str.de; Homepage: www.roentgenlauf.de
Termin 2003: 26.10.; Termin 2004: 24.10.
Fester Termin: letzter Sonntag im Oktober
Startzeit: 9.00 Uhr
Höhenmeter: 850 (Marathon), 1.240 (63 km)
Andere Wettbewerbe: 5 km, Halbmarathon
Startgebühr: 20 - 25 Euro
Teilnehmerzahl gesamt: 3.000

Gesamtdeutsches Kult-Ereignis

Rennsteig: GutsMuths-Rennsteiglauf   *Thüringen*

Der Rennsteig, ein Weg, der die Flüsse Werra und Saale miteinander verbindet und über die Höhen des Thüringer Waldes verläuft, hatte schon immer eine erhebliche Bedeutung. Im Mittelalter diente er als Pfad für Jäger, Handelsleute und Boten, später wurde er als Wanderweg bekannt. 1973 liefen einige Studenten der Universität in Jena erstmals über den Rennsteig. In den ersten Jahren hatten es die Gründer und Organisatoren des Rennsteig-Laufes nicht einfach. Dieser „von unten" kommende Laufspaß passte denen „da oben" überhaupt nicht. Der Sportbund der DDR versuchte ihn erst zu verbieten, dann zu behindern.

Erinnerung: Rennsteiglauf 1983

Doch gerade das machte die Veranstaltung stark. „Denen da oben" wollten es die Läufer zeigen. Sie identifizierten sich mit dem schwierigen Rennen, genossen das Gefühl von Freiheit und Abenteuer und kamen in Scharen. Von 903 Teilnehmern 1975 bei der dritten Auflage verfünffachte sich die Zahl innerhalb von nur drei Jahren auf 4.445 im Jahr 1977. Zehn Jahre später war man bei 9.203 registrierten Läufern angelangt. Doch selbst diese beeindruckende Zahl dokumentiert nicht die wirkliche Nachfrage nach Startkarten. Aufgrund der Teilnehmerbegrenzung konnten bei weitem nicht alle Interessenten starten.

Nach der Wende hat sich der legendäre Geländelauf über die Höhen des Thüringer Waldes längst zu einem gesamtdeutschen Kult-Ereignis entwickelt. Wegen seiner einzigartigen Ausstrahlung ist das Rennen höchstens noch mit dem Flair des Bieler 100-km-Laufes vergleichbar. Seinen Namen erhielt der GutsMuths-Rennsteiglauf vom Philanthropen Johann Christoph Friedrich GutsMuths. Der wirkte als Lehrer im thüringischen Schnepfenthal und erkannte schon früh die positiven Auswirkungen körperlicher Ertüchtigung. So schrieb er bereits 1793: „Einer der strengsten

Übungen für den Körper ist das lange anhaltende Laufen. Es kommt aber alles nur darauf an, dass man allmählich zu Werke gehe, um den jungen Leuten Kraft in die Beine und Schenkel zu bringen, die nie durch Stillsitzen erlangt wird."

Seit 1975 werden zwei, seit 1992 drei unterschiedliche Laufdistanzen angeboten. Die Streckenlängen und Kursführungen variierten mehrmals, so dass durchgängige Rekordlisten nicht geführt werden können. Heute messen die drei Strecken des Rennsteiglaufes 74,3 km, 43,1 km und 20,4 km.

Die Königsstrecke, der Supermarathon über 74,3 km, startet in aller Frühe auf dem Marktplatz in Eisenach. Trotz der extremen Länge mit vielen Höhenmetern rannten hier 1.475 Langstreckler im Jahr 2002 los. Vorbei an der Hohen Sonne, wo früher der Start war, markiert der Inselsberg den ersten großen Orientierungspunkt. Auf den 25 km bis auf die Spitze dieses weithin sichtbaren, markanten Berges sind rund 700 Höhenmeter zu ersteigen. Aber hier darf man auf keinen Fall die Kräfte verpulvern, schließlich ist gerade einmal das erste Drittel des „langen Kanten" bewältigt. Von der Höhe von 916 m werden auf den nächsten 2 km 200 Höhenmeter wieder eingebüßt. Das erweist sich als sehr unangenehm, da ausgerechnet diese Bergabpassage zu den wenigen asphaltierten Kilometern gehört. Auf Asphalt steil bergab – das tut weh. Aber dieses Teilstück ist die einzige wirklich unangenehme Passage.

Ab jetzt wechseln sich auf dem Höhenweg durch den Thüringer Wald Bergauf- und Bergab-Passagen ab. Auf meist breiten Wanderwegen geht es durch dichte Wälder. Immer wieder bietet sich ein herrlicher Ausblick auf die umliegenden Täler und Berge. Erst hinter dem als Wintersportort bekannten Oberhof wird der höchste Punkt der Strecke, der Große Beerberg, erreicht. Überwiegend leicht bergab führt der Kurs in den Zielort Schmiedefeld.

Erst 1992 wurde der so genannte Halbmarathon ins Programm aufgenommen, der allerdings nur 20,4 km lang ist. Er verläuft über den letzten Teil der Supermarathonstrecke. Seine Einführung war umstritten, denn mancher fürchtete ums Renommee des harten Rennsteigläufers. Noch heute belächeln einige der Ultraläufer die kurze Rennsteig-Alternative als „Luschenrennen". Doch die Kurzstrecken-Finisher müssen sich wahrlich nicht hinter den anderen Rennsteigläufern verstecken. Kernige Steigungen und ständiges Bergauf und Bergab erschweren auf dem Weg von Oberhof nach Schmiedefeld die Kilometer bis zum Ziel. Und auch die ganze Schönheit des Rennsteiglaufes können sie genießen: grüne Wälder, romantische Waldwege und schöne Aussichten. Unter einem anderen Aspekt sind die

Bei Regen sind die Bedingungen noch härter

20,4 km längst zur „Königsstrecke" geworden: 5.582 Läufer erreichten 2002 das Ziel. Mit einem Blockstart wird versucht, die Läufermassen, die schon bald auf die romantischen, aber schmalen Waldwege einbiegen, etwas zu entzerren. Das hat auch Siegfried Martick aus Riesa überzeugt, der 2002 seinen 22. Rennsteig-Lauf absolvierte. In den ersten 15 Jahren, von 1980 bis 1995 finishte Martick stets den langen Kanten. Seitdem läuft er die kurze Rennsteiglauf-Distanz: „Denn ich habe im Frühjahr immer noch einen anderen wichtigen Lauf in der Planung. Da passen die 20,4 km besser ins Vorbereitungsprogramm. Der Blockstart in Oberhof war in Ordnung. Leider hatten sich einige Läufer in den falschen Block eingereiht und brachten das

142

Auf dem Sportplatz in Schmiedefeld werden alle Finisher kräftig gefeiert

Feld damit ins Stocken. Insgesamt kann ich dieser Veranstaltung nur meine Referenz erweisen: Der Lauf ist perfekt organisiert."

Die Marathondistanz ist im Thüringer Wald nicht nur durch die profilierte Strecke schwerer als im Flachen, sie ist auch länger: 43,1 km. Das bringt Statistiker und Bilanzierer regelmäßig in Schwierigkeiten. Ist dieser Marathon überhaupt ein „echter"? Erstens legen die Regeln fest, dass ein Marathon „mindestens" 42,195 km lang sein muss, ein paar Meter länger darf das Marathonvergnügen schon sein. Zweitens und noch wichtiger aber ist, dass sich die Finisher im Zielort Schmiedefeld alle als echte Marathonläufer fühlen. Schließlich können sie nichts dafür, dass ihnen der Veranstalter rund 900 m mehr aufbrummt.

Die Marathonläufer starten in Neuhaus. Damit sich das große Feld erst einmal entzerren kann, führen die ersten 5 km flach und schnell über die Bundesstraße 281, erst dann geht es hinein in den Wald. Ab jetzt besteht die Strecke aus einem dauernden Wechsel von kräftezehrenden Anstiegen und Bergabpassagen. In den Orten, die passiert werden, stehen die Zuschauer und feuern die Läufer auf ihrem Weg durch den Thüringer Wald kräftig an. Ist der Stadtrand des Zielortes Schmiedefeld erreicht, halten freundliche Polizisten für jeden, auch den letzten Läufer, die Autos an. Doch bleiben die letzten 900 m im Ort aus einem anderen Grund ganz besonders im Gedächtnis der Finisher. Denn hier fordert der knüppelharte Anstieg hoch zum Schmiedefelder Sportplatz noch einmal alle Kräfte. Die Zuschauer stehen bereits dicht an dicht und feuern alle an, so dass Hochwandern statt Hochlaufen nur im äußersten Notfall erlaubt ist. Dann, auf den letzten 300 Metern, folgt das legendäre „Bad in der Menge", alle Finisher werden kräftig gefeiert.

Hier auf dem Sportplatz treffen sich alle Läufer beim gemeinsamen Zieleinlauf. Wenn das Wetter auch nur einigermaßen mitmacht, ist hier eine Riesenstimmung angesagt. Supermarathon und Marathon führen aus entgegengesetzten Richtungen auf Schmiedefeld zu. Das bedeutet, dass die Strecke, die am Rennsteig-Tag belaufen wird, insgesamt über 117 km lang ist! Der logistische Aufwand, den das erfordert, ist enorm. Über 1.500 Helfer sind im Einsatz! Bei der Bewältigung dieser Herausforderung hat der ausrichtende Rennsteiglauf-Verein gewaltige Fortschritte gemacht. Mehr kann man nicht erwarten, schließlich darf man in den Höhen des Thüringer Waldes keine Citylauf-Maßstäbe anlegen.

Wer in diese Mittelgebirgslandschaft fährt, sollte sich auf extremes Wetter vorbereiten. Wenn es nicht eintritt – umso besser. Schnee im Mai ist hier aber durchaus möglich. „Ich habe noch nie bei einem Lauf so gefroren", berichtete Ultraspezialistin Birgit Lennartz im Jahr 2000. Und schon wieder lachend fügte Miss Rennsteiglauf nach ihrem siebten Sieg am Rennsteig hinzu: „Die Helfer am Verpflegungsstand haben wirklich komisch geschaut, als ich mir warmen Tee über den Kopf und die Oberschenkel geschüttet habe. Aber das war mir egal, Hauptsache irgend etwas Warmes. Deshalb habe ich mich auch über die Bergaufpassagen gefreut, denn da wurde mir wenigstens etwas wärmer."

Anschrift: Rennsteiglauf Sportmanagement & Touristik, Schmückestraße 74, 98711 Schmiedefeld
Telefon: 0180/5736678 (8.00-17.00 Uhr), Fax: 036782/6427
E-mail: info@rennsteiglauf.de; Homepage: www.rennsteiglauf.de
Termin 2003: 17.5.; Termin 2004: 15.5.
Fester Termin: Mitte Mai
Startzeit: 6.00 Uhr (74,3 km), 9.00 Uhr (43,1 km)
Zielschluss: 12 Stunden (74,3 km), 9 Stunden (43,1 km)
Höhenmeter: 1.490 (74,3 km), 667 (43,1 km)
Andere Wettbewerbe: 21,1 km
Startgebühr: 30-36 Euro
Teilnehmerzahl gesamt: 14.542
Finisher: 1.381 (74,3 km), 3.474 (43,1 km)

Landschaftslauf in sechs Teilen

Riesenbecker Sixdays: Hörstel-Riesenbeck NRW

140 Kilometer in sechs Tagen sind bei den Riesenbecker Sixdays zu bewältigen, darunter ist kein voller Marathon. An sechs aufeinander folgenden Tagen werden jeweils Wettkämpfe zwischen 21 und 28 Kilometern ausgetragen. Aber die Belastungen addieren sich so, dass wir diesen herrlichen Landschaftslauf in sechs Teilen in den „marathon-guide" aufgenommen haben. Wer im Münsterland nur flache Strecken erwartet, liegt falsch, die meisten Tagesabschnitte sind ganz schön bergig. Denn der Kurs führt unter anderem an den südlichen Hängen des Teutoburger Waldes entlang. Die Strecken sind gut gekennzeichnet. Obwohl die Läufe durch die Natur des Tecklenburger Landes führen, braucht auf Stimmung nicht verzichtet zu werden: An den einzelnen Zielorten sind kleine Volksfeste organisiert.

Die Sixdays haben einen festen Termin: Sie beginnen samstags und enden immer an Christi Himmelfahrt. So liegen nur drei Arbeitstage innerhalb der Riesenbecker Sixdays, ein Kurzurlaub für weit angereiste Läufer bietet sich an. An den Arbeitstagen starten die Etappen erst um 18.00 Uhr, so dass die Läufer der Region nach der Arbeit noch mitrennen können.

Die Logistik eines solchen Etappenrennens, das sich über sechs Tage erstreckt, stellt riesige Anforderungen an das Veranstalter-Team. Daher werden die Sixdays nur in Jahren mit gerader Endzahl gelaufen.

Anschrift: Michael Brinkmann,
    Drosselstr. 65, 48477 Hörstel-Riesenbeck
Telefon: 05454/180018, Fax: 05454/180901
E-mail: m.brinkmann-riesenbeck@t-online.de
Homepage: www.sv-teuto.de
Termin 2004: 15.5. - 20.5.
Fester Termin: in Jahren mit gerader Endzahl,
    die Sixdays enden immer an Christi Himmelfahrt
Startzeit: 14.00 / 18.00 Uhr
Streckenlänge: 140 km in 6 Tagen
Startgebühr: 75 Euro
Teilnehmerzahl gesamt: 350 (Limit: 350); Finisher: 317

▲ Bei den großen City-Marathons – wie hier in Hamburg – gehören die Straßen der Innenstädte den Läufern.

▲ Marathon-Helden für einen Tag: Im Ziel des Bonn-Marathons lässt sich dieser Finisher gebührend feiern.

▲ Diese Läufer warten nicht erst bis zur Ziellinie und lassen sich bereits während des Rennens kräftig anfeuern.

▲ Die ganze Familie ist unterwegs, wenn Papa zum Marathon-Abenteuer aufbricht.

▲ Mit Musik geht alles besser ... auch das Marathonlaufen.

▲ Der Lohn der Marathon-Mühen wartet im Ziel auf die Finisher.

Erste Formüberprüfung

Rodgau-Dudenhofen: Ultramarathon (50 km)   *Hessen*

Der frühe Termin Ende Januar im hessischen Rodgau in der Nähe von Frankfurt ermöglicht Ultraläufern eine erste Formüberprüfung im neuen Jahr. Doch das Datum beinhaltet auch das Risiko winterlicher Wetterverhältnisse. Von Schneeregen über Sturm bis hin zu strahlendem Sonnenschein über einer Raureiflandschaft, wie bei der Veranstaltung im Jahr 2003, ist alles möglich.

Trotzdem, oder gerade deshalb gehört der Lauf mit zuletzt fast 300 Teilnehmern zu den größeren Ultraläufen in Deutschland. Die 5-km-Runde, die zehnmal zu absolvieren ist, ist weitgehend flach und besteht aus teilweise asphaltierten Wald- und Feldwegen. Einige Teilnehmer nutzen die Möglichkeit und planen von vornherein nur eine reduzierte Distanz als Long Jog ein. Denn auch die „Aussteiger" jeder Runde werden mit genauen Zeiten in der Ergebnisliste geführt und bekommen so ihre Leistung bestätigt.

Aufgrund der relativ hohen Teilnehmerzahl ist ordentlich Betrieb auf der Rundstrecke, Einsamkeit kommt nicht auf. So haben gerade die „Jogger", die diesen ersten Leistungstest nicht ganz so ernst nehmen, genug Gesellschaft, um sich über vergangene oder kommende Heldentaten in Berlin, Biel oder beim Marathon des Sables auszutauschen.

Die Organisation und Verpflegung ist liebevoll und perfekt bis hin zu der kostenlosen Übernachtungsmöglichkeit mit Frühstück in der Turnhalle.

Anschrift: RLT Rodgau, Reinhardt Schulz,
          Im Sommerfeld 11, 63150 Heusenstamm
Telefon: 06104/923666, Fax: 06104/923777
E-mail: rlt-rodgau@t-online.de
Homepage: www.rlt-rodgau.bei.t-online.de
Termin 2004: 31.1.
Fester Termin: letzter Samstag im Januar
Startzeit: 10.00 Uhr; Zielschluss: 6 Stunden
Höhenmeter: 30
Startgebühr: 20-25 Euro
Teilnehmerzahl gesamt: 264
Finisher 50 km: 232

Sicher durch den Hafen

Rostock: Marathon-Nacht   *Mecklenburg-Vorpommern*

Eine Sommernacht haben sich die Rostocker für ihren Marathon ausgesucht. Von der ganz besonderen Atmosphäre erwarten sie sich zusätzliche Attraktivität, zudem weichen sie mit dem späten Start eventueller sommerlicher Hitze aus.

2002 übte man in der Hafenstadt schon einmal über die halb so lange Distanz die Organisationsabläufe; 700 kamen. Für die Marathonpremiere bereiten sich die Veranstalter auf eine Verdopplung der Gesamtteilnehmerzahl vor, man rechnet mit knapp 500 Marathonläufern.

Start und Ziel werden im Stadthafen aufgebaut. Von hier aus wird eine große Runde gelaufen. Bei Redaktionsschluss waren zwei unterschiedliche Streckenvarianten in der Diskussion. Die Streckenteile an dem Rostock prägenden Hafen sind für beide gleich: 5 km lang verläuft der Kurs über die Hafenpromenade, und über 3 km führt der Weg über die Uferpromenade von Gelsdorf mit einem beeindruckenden Blick auf die Rostocker City. Außerdem werden 3,5 km durch den Park der Internationalen Garten-Ausstellung getrabt.

Ob die attraktive Wunschpassage durch den Tunnel unter der Warnow zustande kommt, ist noch nicht geklärt. Noch wird der 790 m lange Tunnel gebaut, der die Teilung der Stadt durch das breite Wasser beenden soll. Für den Autoverkehr soll er im September 2003 freigegeben werden, die Rostocker Nacht startet im August…

Anschrift: Baltic Night Fever Marathon e.V. Rostock,
           Klosterhof 2, 18055 Hansestadt Rostock
Telefon: 0381/2523598, Fax: 0381/3779336
E-mail: rostock-marathon@t-online.de
Homepage: www.rostock-marathon.de
Termin 2003: 2.8.; Termin 2004: 31.7.
Fester Termin: Samstag vor der Hanse Sail Rostock
Startzeit: 17.00 Uhr; Zielschluss: 6 Stunden
Andere Wettbewerbe: Halbmarathon, Marathon-Staffel
Startgebühr: 25 - 35 Euro

Zeitlos an der Ostsee

Rügen, Ostseebad Baabe: *Mecklenburg-Vorpommern*
Mönchgut-Marathon

Früh im Jahr, nämlich im März, und früh am Tag, nämlich ab 6.00 Uhr, wird im Ostseebad Baabe auf der Insel Rügen Marathon gelaufen. Veranstalter dieses Landschaftserlebnisses sind die „Wanderfreunde SBG Rügen", der Marathon ist als IVV-Wanderung angemeldet und so ist auf der großen Runde über die Halbinsel Mönchgut vieles für Läufer ungewohnt. Der frühe Start resultiert daraus, dass den Wanderern laut Reglement zwölf Stunden Zeit zur Bewältigung der Strecke gegeben werden muss! Organisator Norbert Topel stellt klar: „Bei uns geht es in erster Linie um das Landschaftserlebnis. So können die Läufer von jedem Punkt des Laufes das Wasser der Ostsee sehen. Für jeden Teilnehmer gibt es eine Urkunde, aber eine offizielle Zeit nehmen wir nicht."

So stellen diese 42,195 km mit ihren sieben Verpflegungsstellen unterwegs vor allem einen hervorragenden Vorbereitungslauf für die schnellen Frühjahrsmarathons dar. Der Kurs führt zunächst vom Ostseebad Baabe nach Thiessow. Dabei wird die rund 5 km lange Strecke von Lobbe nach Thiessow komplett über den Sandstrand der Ostsee gelaufen. „Der Sand direkt am Wasser ist fest und gut zu belaufen", versichert der Organisator. Aber wenn Ostsee und Wetter nicht mitspielen, steht für diese Passage eine Ausweichstrecke zur Verfügung.

Abwechslung ist bei diesem Geländemarathon Trumpf: Neben Sandstrand sind Asphalt, Waldwege, einige Berge Rügens und Treppenstufen zu belaufen.

Anschrift: Norbert Topel, Wanderfreunde SBG Rügen e.V.,
Strandstr. 40, 18586 Ostseebad Baabe
Telefon: 038303/1330
Termin 2003: 10.3.
Startzeit: 6.00 Uhr; Zielschluss: 12 Stunden
Andere Wettbewerbe am Veranstaltungstag: 5 km, 10 km
Startgebühr: 10 Euro
Teilnehmerzahl gesamt: 278; Teilnehmerzahl Marathon: 126

Fehlstart schon vor der Premiere

Ruhrgebiet: Karstadt RuhrMarathon,   *NRW*
Bochum-Dortmund

Die Geschichte des Karstadt Ruhr-Marathons begann mit einem klassischen Fehlstart. In den Lauf-Kalendern des Jahres 2002 war der Lauf für Oktober eingetragen. Doch ein finanzkräftiger Hauptsponsor allein reicht nicht, das Rennen musste aus organisatorischen Gründen verschoben werden. 2003 startet der zweite Versuch auf einem Punkt-zu-Punkt-Kurs, der im Bochumer Stadtteil Wattenscheid beginnt. Durch das Ruhrgebiet bis zum Ziel am Hansaplatz in Dortmund führt die Strecke. Der Veranstalter formuliert sehr wohlwollend: Die Strecke führt durch typische Regionen und Stadtgebiete von Bochum und Dortmund. Herbert Grönemeyer, für dessen Konzert am Vorabend an die Läufer Karten verkauft wurden, textete so: „Bochum, du bist keine Weltstadt. Auf deiner Königsallee finden keine Modenschauen statt."

Dabei liegt das einzige Highlight in Bochum an der Königsallee: Nach 6 km laufen die Marathonis vorbei am Schauspielhaus Bochum. Ansonsten bietet der Weg in Richtung Dortmund wenig Spektakuläres.

Flach ist der Kurs nicht. Auf der ersten Streckenhälfte steigt das Profil zweimal mächtig an. Insgesamt müssen 371 Höhenmeter überwunden werden. Zum Ausgleich dafür ist Rückenwind zu erwarten, da überwiegend Westwind herrscht und die Marathonläufer von West nach Ost laufen. Ob die Streckenführung in den nächsten Jahren beibehalten wird, wollen die Organisatoren erst nach der Premiere entscheiden.

Anschrift: Karstadt RuhrMarathon, Geschäftsstelle,
          Haedenkampstr. 18 - 20, 45143 Essen
E-mail: info@karstadtruhrmarathon.de
Homepage: www.karstadt-ruhrmarathon.de
Termin 2003: 11.5.
Startzeit: 9.00 Uhr; Zielschluss: 6 Stunden
Höhenmeter: 371
Andere Wettbewerbe: Halbmarathon
Startgebühr: 43 - 75 Euro

Ein Marathon vor dem Marathon

Sassenburg-Stüde: Heide-Marathon   *Niedersachsen*

Friedhelm Weidemann, der Initiator dieses Marathons, zählt zu der besonderen Spezies der Marathonsammler. Logisch, dass er schon am Tag vor dem eigentlichen Wettkampf für Sammler einen Marathon zum Einrollen – und Zählen – anbietet. Für die besonders Harten, die beide Marathons herunterspulen, wird eine eigene Doppelmarathon-Wertung erstellt.

Beim Marathon nach dem Einlauf-Marathon startet rund eine Hundertschaft Läufer. 2002 waren es exakt 100 von denen 100 das Ziel erreichten! Macht eine Finisher-Traumquote von 100 Prozent!

Vom 600 Einwohner zählenden Örtchen Stüde, eingemeindet nach Sassenburg, geht es direkt zum und über den Elbe-Seiten-Kanal. Ab hier ist die Streckenführung ganz einfach: Oben auf dem Damm neben dem Kanal befindet sich ein Betriebsweg. Dem gilt es so lange zu folgen, bis die Hälfte der Strecke angezeigt wird. Nach der Wende geht es auf dem gleichen Weg zurück. Von der Dammkrone aus blickt man über Wiesen, Felder und Wälder. Vereinzelte Schiffe und entgegenkommende Läufer sind die einzigen Abwechslungen in dieser Einsamkeit. Wer also seinen Marathon in Jubel und Trubel laufen will, der ist hier falsch.

Die 20 km lange Fast-Gerade neben dem Kanal ist durchgehend flach. Nur auf dem letzten Kilometer zurück zum Ziel im Dorfkern steigt der Kurs leicht an. Da sich ein beträchtlicher Teil der 600 Einwohner Stüdes an der Organisation beteiligt, funktioniert alles vorzüglich.

Anschrift: Marathon-Verein Stüde, Friedhelm Weidemann,
          Eichenkamp 32, 38524 Sassenburg/Stüde

Telefon: 05379/1796

E-mail: Marathon@Stuede.de

Homepage: über www.Marathon.de

Termin 2003: 28.6.

Startzeit: 16.30 Uhr; Zielschluss: 5 Stunden

Höhenmeter: gering

Andere Wettbewerbe: Halbmarathon

Startgebühr: 12 - 30 Euro

Teilnehmerzahl gesamt: 250; Finisher Marathon: 100

Bei Kilometer 5 ist Schluss mit dem Philosophieren

Schmallenberg: Härdler-Lauf (44,5 km) *NRW*

Die 44,5 km lange Runde vor den Toren der Sauerlandgemeinde Schmallenberg präsentiert sich auf dem „Philosophenpfad" erst einmal recht sanft. Lockeres Einrollen ist angesagt. Aber schon bald wird die Zeit des Philosophierens oder Träumens abrupt beendet und nach 5,5 km durch hartes Berganlaufen ersetzt. Denn auf den nächsten elf Kilometern erklimmt die Laufroute den Rothaarkamm. Rund 330 Höhenmeter müssen überwunden werden. Von Kilometer 16 bis 30 bleiben die Wettkämpfer dann in der Höhe und können die herrliche Waldlandschaft richtig genießen. Zwischen den hohen Bäumen tun sich immer wieder schöne Blicke ins Tal auf. Die Kilometer 30 bis 39 sind durch ständiges Bergablaufen gekennzeichnet. Wer das Bergablaufen nicht gewöhnt ist, der holt sich hier seinen Muskelkater für die nächsten Tage. Wellig und überwiegend leicht ansteigend ist das Profil auf den letzten fünf Kilometern. Verglichen mit den zuvor gemeisterten Anstiegen ist das zwar wenig, doch das Umschalten nach dem Bergablaufen fällt schwer.

Die gut markierte Strecke hält viel Abwechslung für den Läufer bereit, vom Asphalt über Schotter und Waldwege bis zu Crosseinlagen ist alles vertreten. Die Verpflegung unterwegs ist reichhaltig, die Organisation zuverlässig. Aber sie beugt sich nicht jedem modernen Trend. Hier zählt weiterhin Leistung: Nur die ersten 50 Prozent jeder Altersklasse erhalten Urkunden, die zweite Hälfte geht leer aus.

Anschrift: Skiclub Jagdhaus, Bernhard Tröster,
            Eichenweg 30, 57392 Schmallenberg
Telefon: 02972/1676, Fax: 02972/921986
E-mail: sc.jagdhaus@gmx.de; Homepage: www.sc-jagdhaus.de
Termin 2003: 12.7.; Termin 2004: 10.7.
Fester Termin: 2. Samstag im Juli
Startzeit: 15.30 Uhr; Zielschluss: 5:30 Stunden
Andere Wettbewerbe: 12,2 km, 26,2 km
Startgebühr: 13 Euro
Teilnehmerzahl gesamt: 530
Teilnehmerzahl 44,5 km: 110

Kaiserlich schön – kaiserlich hart

Schwäbisch Gmünd:
Schwäbische Alb Marathon (50 km) *Baden-Württemberg*

Nach einem flachen, 6 km langen Auftakt hinaus aus Schwäbisch Gmünd, genießen die Läufer die Schwäbische Alb in ihrer ganzen herbstlichen Pracht. Denn der ultralange Lauf entschädigt mit herrlichen Ausblicken über die Schwäbische Alb für seine knochenharten Anstiege und die Bergab-Passagen, die die Muskeln arg schinden. Mit den Drei-Kaiser-Bergen müssen drei überaus harte Brocken von den Läuferfüßen erklommen werden: Zunächst der Hohenstaufen mit 684 m Höhe, auf dem früher die Stammburg des Hohenstaufengeschlechts stand. Kaum oben angekommen geht es schon wieder steil hinab und nach einem halben Dutzend Kilometern auf der Hochfläche des Asrückens wieder steil hinauf zum Hohenrechberg, 708 m, steil hinab und gleich wieder hinauf zum 720 m zählenden Nachbarberg Stuifen. Zwischen den Gipfeln steigen die Läufer immer wieder auf gut 500 m hinab. 1.100 m beträgt die zusammenaddierte Höhendifferenz. Erschwerend kommt hinzu, dass die Laufstrecke keineswegs immer aus gemütlichen, breiten Wanderwegen besteht. Eine echte Crossprüfung ist der Aufstieg zum Stuifen. Nicht wenige hangeln sich hier auf allen Vieren hoch oder ziehen sich an Ästen hoch. Erst 30 km sind dann bewältigt. Zwar geht es von hier an überwiegend bergab, aber gelaufen ist das Rennen noch längst nicht. Noch liegen weitere 20 lange Kilometer vor den geschlauchten Wettkämpfern. Erleichtert wird die superharte Ausdauerprüfung durch ein eingespieltes und bewährtes Team, das den Lauf perfekt über die Bühne bringt.

Anschrift: Erich Wenzel,
    Schweriner Str. 14, 73529 Schwäbisch Gmünd
Telefon: 0172/6256963
E-mail: info@albmarathon.de; Homepage: www.albmarathon.de
Termin 2003: 18.10.; Termin 2004: 16.10.
Startzeit: 10.30 Uhr; Zielschluss: 7 Stunden
Höhenmeter: 1.100
Andere Wettbewerbe: 25,6 km (780 Hm)
Startgebühr: 25 - 30 Euro
Teilnehmerzahl gesamt: 1.100; Finisher 50 km: 482

Aufbruch in eine neue Zeit

Schwarzwald-Marathon: Bräunlingen   *Baden-Württemberg*

Als ruhige, beschauliche Gegend gilt der Schwarzwald. Doch 1968 begann hier der Aufbruch in eine neue (Läuferinnen-)Zeit. Eine kleine Lauf-Revolution. Marathonlaufen für Frauen war damals zwar schon denkbar, aber verboten. Die Gründer dieses Marathons machten bei der Premiere gleich Nägel mit Köpfen: Es gab eine Frauenwertung, obwohl das gegen die Leichtathletik-Verbandsregeln verstieß. Sieben Jahre später ermittelten die deutschen Marathonfrauen auf der nicht leicht zu laufenden Runde durch den Schwarzwald ihre erste nationale Titelträgerin – inzwischen mit dem offiziellen DLV-Segen. 1973 war der Lauf über die Waldwege des Schwarzwaldes mit 2.000 Läufern der damals größte Marathon der Welt. Doch als der Boom der City-Marathons begann, büßte die schöne Strecke und die frische Waldluft für viele an Attraktivität ein. Die Teilnehmerzahlen sanken und sanken.

Seit der 35. Auflage 2002 ist vieles neu. Statt der großen Schleife werden nun zwei Halbmarathonrunden gelaufen. Jede weist 140 Höhenmeter auf, damit ist der Lauf deutlich einfacher geworden. Der Charakter eines Landschaftslaufes durch die typische Schwarzwaldlandschaft mit Wäldern und Wiesen wurde beibehalten. Ob das 2002er Rennen für den Schwarzwald-Marathon wieder einmal ein Aufbruch in eine neue Zeit mit größeren Teilnehmerzahlen war, wird die Zukunft zeigen.

Anschrift: OK Schwarzwald-Marathon,
              Balzerstr. 3, 78199 Bräunlingen
Telefon: 0771/8976345, Fax: 0771/8976735
E-mail: ok@schwarzwald-marathon.de
Homepage: www.schwarzwald-marathon.de
Termin 2003: 12.10.; Termin 2004: 10.10.
Fester Termin: 2. Sonntag im Oktober
Startzeit: 10.00 Uhr; Zielschluss: 5:30 Stunden
Höhenmeter: 280
Andere Wettbewerbe: 10 km, Halbmarathon
Startgebühr: 29 - 34 Euro
Teilnehmerzahl gesamt: 2.000; Finisher Marathon: 670

Einmal im Laufschritt um den See

Simmerath/Einruhr: Rursee-Marathon *NRW*

Nach dem Eifel-Marathon in Bitburg-Biersdorf im Frühjahr und dem Monschau-Marathon im Hochsommer ist der Rursee-Marathon der dritte Lauf über die ganz besondere Streckenlänge von 42,195 km in der Eifel. Wie bei den beiden anderen Läufen in diesem waldreichen Mittelgebirge ist der Kurs von einem ständigen Auf und Ab geprägt. Aber da hier die Strecke überwiegend am Ufer des Rursees entlang führt, halten sich die Steigungen in Grenzen. Offensichtlich gibt es sogar ausgesprochene Eifel-Marathon-Spezialisten. So gewann Helmut Peters im Jahr 2002 zwei der drei Eifelmarathons und beim dritten, in Monschau, wurde er Zweiter! Natürlich kommt der Eifel-Spezialist aus Schleiden in der Eifel.

Der Rursee, eine der größten Talsperren Deutschlands, liegt knapp 40 km von Euskirchen und keine 20 km von Monschau entfernt. Der bunte Herbstwald und der Ausblick auf die Wasserfläche des langgestreckten Sees prägen diesen Lauf. Gelaufen wird vorwiegend auf Waldwegen, was im regnerischen November auch etwas matschig werden kann. Die Organisation funktioniert gut und ist mit warmen Getränken auf die kalte Jahreszeit eingestellt. Auf Zuschauer muss allerdings weitgehend verzichtet werden.

Anschrift: Rursee-Marathon,
           Wiesentalstr. 2, 52152 Simmerath/Einruhr
Telefon: 02485/911151, Fax: 02485/911152
E-mail: info@rursee-marathon.de
Homepage: www.rursee-marathon.de
Termin 2003: 9.11.; Termin 2004: 7.11.
Fester Termin: 1. Sonntag im November
Startzeit: 10.30 Uhr; Zielschluss: 6 Stunden
Höhenmeter: 420
Andere Wettbewerbe: 5 km, 10 km
Startgebühr: 20 Euro
Teilnehmerzahl gesamt: 655 (Limit: 800); Finisher Marathon: 362

Bizarres Abenteuer im Bauch der Erde

Sondershausen: Untertage-Marathon *Thüringen*

100 Jahre lang wurde im Brügmann-Schacht unter Sondershausen Kalisalz abgebaut. Heute drehen einmal im Jahr Marathonläufer unter Tage ihre Runden. Im klapprigen Förderkorb rumpeln sie dicht aneinander gedrängt rund 700 m in die Tiefe. Schon das Einfahren ist ein Erlebnis: dreieinhalb Minuten dauert das Hinabsausen durch die Finsternis. Auf offenen Lastwagen werden die Läufer durch die Stollen zum Start gefahren.

Etwa 28 Grad Celsius herrschen hier unten im Bauch der Erde und eine Luftfeuchtigkeit von nur 30 Prozent. Schon nach wenigen Kilometern ist die Kehle dank der trockenen Luft wie ausgedörrt. Während es oben auf das Weihnachtsfest zugeht, sind hier unten Netzhemd und kurze Hose angesagt. Aber das ist noch nicht alles: Dort, wo man auf purem Salz läuft, ist es rutschig und die in Salz und Gestein geschlagenen Wege sind auch nicht eben: 1.000 Höhenmeter müssen auf den Untertage-Runden überwunden werden. Das ist hart, sehr hart. Deshalb sollten nur wirklich Guttrainierte hier die 42,195 km in Angriff nehmen. Aber für die ist es ein bizarres, unvergessliches Marathon-Erlebnis. Entlang der ewig langen Förderbänder herrscht eine ungewohnte Stille, denn das Feld zieht sich hier unten schnell auseinander. Nur der eigene Atem ist zu spüren. Wenn die im Stollen angebrachten Lampen zu weit auseinander hängen, wird es dunkel. Dann muss der Lauffluss verlangsamt werden, bis im fahlen Licht der Grubenlampen wieder das „weiße Gold" schimmert.

Anschrift: SC Impuls Erfurt, Bärbel Kleinsteuber,
      Auf der Bärenburg 5, 99100 Erfurt
Telefon: 036208/79666 (8.00 – 16.00 Uhr), Fax: 036208/80681
E-mail: sc-impuls-erfurt@t-online.de
Homepage: www.sc-impuls.de
Termin 2003: 13.12.; Termin 2004: 11.12.
Fester Termin: 2. Samstag im Dezember
Startzeit: 13.00 Uhr; Zielschluss: 6 Stunden
Höhenmeter: 1.000
Andere Wettbewerbe: Halbmarathon
Startgebühr: 30 Euro
Teilnehmerzahl gesamt: 98; Finisher Marathon: 88

Vom Gurkenland zum Läuferland

Spreewald-Marathon: Cottbus-Burg *Brandenburg*

Die Spreewaldgurke ist in aller Munde. Ansonsten liegt dieser Teil Brandenburgs ganz im Osten Deutschlands ziemlich weit ab vom Schuss. Als Vorreiter hat der Landschaftslauf „Durch die Bucksche Schweiz" in Hohenbocka mit Distanzen bis zu 30 km erstmals massenhaft Läufer in die Region geholt. Mit den dabei gewonnenen Erfahrungen sitzt Veranstalter Weidner mit im Organisations-Boot, wenn nun Marathonläufer diesen Landstrich beim 1. Spreewald-Marathon erobern sollen.

In Cottbus, der Heimatstadt von Stephan Freigang, dem Marathon-Dritten der Olympischen Spiele von Barcelona, wird gestartet. Durchgehend flach ist der Kurs, nicht einmal Brückenanstiege oder Überführungen sollen den Lauf hemmen. Auf den ersten 15 km werden die Marathonis von Alleen begleitet. Zwischen den Bäumen sehen die Läufer wenig Wald, dafür aber Felder – auch Gurkenfelder – und Wiesen so weit das Auge blicken kann. Nach dem ersten Viertel beginnt die Landschaft, die diesem Marathonrennen den Namen gibt: der Spreewald. Das ist ein von unzähligen Kanälen und Rinnsalen durchzogenes Gebiet. An Feuchtwäldern mit ihren Weiden und Erlen geht es vorbei und natürlich an den Fließen, in denen das Wasser fließt und Boote die Touristen transportieren.

Die Gemeinde Burg an der Spree weist 120 Kilometer Wasserwege auf! Im Zentrum der Stadt wird das Ziel aufgebaut, Bühne und Festplatz sollen nicht nur die Aktiven anlocken.

Anschrift: Frank Günther, Goethestr. 15, 01945 Ruhland
Telefon: 035752/15699
E-mail: frank.guenther@lrv.hohenbocka.de
Homepage: www.SpreewaldMarathon.de
Termin 2003: 13.4.; Termin 2004: 18.4
Startzeit: 10.05 Uhr
Höhenmeter: keine
Andere Wettbewerbe: 10 km, Halbmarathon
Startgebühr: 20 bis 35 Euro

Der Deister bleibt im Hintergrund

Springe: Springe-Deister-Marathon *Niedersachsen*

Auch das gibt es: Nach weit über einem Vierteljahrhundert mit Marathon-läufen in Springe hält ein Ehepaar die Streckenrekorde. 1999 lief Andrea Krajenski hier 3:09:14 und ihr Ehemann Volker 2:34:09. Diese Rekordzeiten zeigen: Springe gehört nicht zu den Großen im Marathongeschäft. Dafür aber zu den Läufen für den kleinen Geldbeutel. Für nur 7 Euro konnte hier 2003 ein kompletter Marathon unter die Füße genommen werden, und das inklusive einer liebevollen, familiären und guten Organisation.

Wer Angst hat, für so wenig Geld eventuell weniger als 42.195 Laufmeter geboten zu bekommen, kann beruhigt werden: Veranstaltungs-Chef Hans-Jürgen Lühring ist gleichzeitig anerkannter DLV-Strecken-Vermesser.

Der Name des Rennens setzt sich aus zwei geografischen Begriffen zusammen: Springe ist der nicht einmal 30 km vom Zentrum der niedersächsischen Landeshauptstadt Hannover entfernte Austragungsort. Deister nennt sich der Höhenzug, der sich hinter Springe erstreckt und sich bei Wanderern großer Beliebtheit erfreut. Von vielen Punkten der Strecke aus hat man einen guten Blick auf den Deister. Der Kurs bleibt trotzdem vollständig im Flachland vor dem Höhenzug.

Vier Runden müssen heruntergespult werden, bis der Marathon absolviert ist. Man läuft zu 80 Prozent auf asphaltierten Wegen, der Rest sind gut befestigte Feld- und Waldwege.

Anschrift: LLG Springe, Postfach 100316, 31815 Springe
Telefon: 05041/4403
E-mail: LLGSpringe@gmx.de
Homepage: www.LLG-Springe.de
Termin 2004: 27.3.
Fester Termin: 4. Samstag im März
Startzeit: 12.00 Uhr; Zielschluss: 6 Stunden
Höhenmeter: ca. 180
Andere Wettbewerbe: 10 km, Halbmarathon
Startgebühr: 7-9 Euro
Teilnehmerzahl gesamt: 768; Finisher Marathon: 76

Marathon als Marathonvorbereitung

Steinfurt: Internationaler Steinfurt Marathon   *NRW*

Wenn die Tage wieder länger werden und die Temperaturen sich durchweg läuferfreundlich geben, werden Marathon-Aspiranten langsam kribbelig und können kaum noch ihre Vorfreude auf den anstehenden Frühjahrsmarathon zügeln. Da ist für viele auch ein Marathon als Vorbereitung auf den Marathon-Höhepunkt willkommen. Selbst wenn der lange Vorbereitungslauf

Steinfurt machte die Brems- und Zugläufer bekannt

nur ganz locker und mit einigen Sicherheitsreserven zum eigentlichen Leistungsvermögen gelaufen wird, sollten mindestens vier bis sechs Wochen zwischen den beiden Läufen liegen. Da der Steinfurt-Marathon in dieser Zeitspanne vor den großen City-Marathons im Frühjahr liegt, nutzen viele engagierte Läufer diesen als Gelegenheit für einen Trainingslauf mit vollem Rennservice über die komplette Distanz.

Gut tausend Läufer starten beim Frühjahrsklassiker vor der Ritterburg am romantischen Schloss Burgsteinfurt. Erst seit 2001 beginnt hier die 21,1 km lange Runde. Sie verbindet die Stadtteile Burgsteinfurt und Borghorst miteinander. Das bedeutet, dass der Steinfurt-Marathon ein Landschaftsmarathon mit Stadtlauf-Elementen ist. Die Strecke zeigt eine typische, von Landwirtschaft und einzelnen kleinen Waldstücken geprägte Landschaft, auch Misthaufen und frisch gedüngte Felder gehören zum Steinfurter Flair. Der Kurs ist nicht mehr so flach wie die frühere Steinfurter Runde, aber der Wind kann am Lauftag noch genauso mächtig mitmischen wie früher. Dafür können sich die Läufer auf ein solides Organisationsteam verlassen, das mit der Erfahrung von mehr als zwei Veranstaltungs-Jahrzehnten das Großereignis in der sonst beschaulichen Kreisstadt souverän bewältigt.

Obwohl Steinfurt ein wenig abseits der großen Verkehrswege im Münsterland liegt, hat es dieser Lauf geschafft, sich immer wieder ins Gespräch zu bringen. Steinfurt machte das Serviceangebot von Brems- und Zugläufern in Deutschland bekannt: besonders gekennzeichnete Läufer, die ein gleichmäßiges Tempo vorlegen. So soll das Unterbieten einer bestimmten Zeit erleichtert werden. Heute ist diese Steinfurter Einrichtung auch von vielen anderen Veranstaltern aufgegriffen worden. Und als im November 1989 die Mauer geöffnet wurde, waren die Steinfurter wieder ganz fix. Der Steinfurt-Marathon 1990 wurde zum „Ersten deutsch-deutschen Marathonlauf". Ernst Römer, der Gründer und langjährige Leiter des Steinfurt-Marathons, erkannte die einmalige Chance und lud die Marathonis aus der DDR ein: „560 Gäste hatten wir an diesem Wochenende, alle bekamen freie Unterkunft und Verpflegung. 370 davon waren Läufer und für die war auch der Start frei." Römer & Co. setzten sich voll für die Realisierung des Wiedervereinigungs-Lauffestes ein. In seiner Rückschau bekennt Ernst Römer: „Sicher wurden wir überlaufen. Aber für die Verhinderung eines Chaos sorgten die ersten geheimen Wahlen in der DDR." Die standen einen Tag nach dem Marathon durch Steinfurt an und hielten sicher viele interessierte DDR-Läufer von einem Start weit im Westen Deutschlands ab. 370 Läufer und deren Clans unterzubringen und zu verpflegen, erwies sich auch so als eine schwer lösbare Aufgabe.

Eine weitere Steinfurter Spezialität ist die Paar-Wertung. Wer sich als Paar meldet, kommt in diese Wertung, ein Trauschein wird nicht verlangt. 21 Paare kamen 2002 in die Wertung, beim Rekordlauf 1990 finishten sogar 52 Paare.

Anschrift: TB Burgsteinfurt, Marathonorganisation,
        Postfach 1550, 48545 Steinfurt
Telefon: 02551/7584 (Mo - Fr 14.00 - 16.00 Uhr), Fax: 02551/7584
E-mail: tbburgsteinfurt@steinfurter-marathonlauf.de
Homepage: www.steinfurter-marathonlauf.de
Termin 2004: 20.3.
Fester Termin: 3. Samstag im März
Startzeit: 14.00 Uhr; Zielschluss: 5 Stunden
Höhenmeter: 65
Andere Wettbewerbe: Halbmarathon
Startgebühr: 25 - 30 Euro
Teilnehmerzahl gesamt: 1.642; Finisher Marathon: 886

Laufbegeisterter Hotelier

Thurmansbang: Dreiburgenland-Marathon *Bayern*

Im südlichen Bayrischen Wald liegt das Dreiburgenland, eine waldreiche Region mit kleinen Ortschaften, die verstreut zwischen Hügeln und einigen Seen liegen. Ein wichtiger Wirtschaftszweig dieser niederbayerischen Region, die sich durch eine noch relativ intakte Landschaft auszeichnet, ist der Fremdenverkehr. So verwundert es nicht, dass als Veranstalter des Dreiburgenland-Marathons ein Hotel im Luftkurort Thurmansbang verantwortlich zeichnet. Hier hatte der laufbegeisterte Hotelier Ludwig Schürger die Idee, die Faszination einer Marathon-Veranstaltung als Attraktion für diese Ferienregion zu nutzen.

Die Marathonstrecke besteht aus einer zweimal zu laufenden etwas hügeligen 21,1-km-Runde. Teils auf Sandwegen, teils auf asphaltierten Wegen geht es durch frühlingsgrüne Mischwälder, einige kleinere Ortschaften und rund um den Dreiburgensee.

Die noch relativ wenigen Teilnehmer der Premiere 2002 bewerteten die Organisation und Atmosphäre des Laufs sehr positiv. Dass die Veranstalter noch viel vorhaben, zeigt die in der Ausschreibung fixierte Limitierung der Läuferzahl auf 500, was bei knapp 120 Teilnehmern auf allen drei angebotenen Strecken im Premierenjahr als ehrgeiziges Ziel verstanden werden kann. Die Marathon-Strecke ist über das ganze Jahr hinweg ausgeschildert, um so heimischen Läufern und sportlichen Urlaubsgästen auch während des Jahres einen guten Trainingsservice zu bieten.

Anschrift: Hotel Schürger,
　　　　　Ginghartinger Str. 2, 94169 Thurmansbang
Telefon: 08504/9000, Fax: 08504/4965
E-mail: info@hotel-schuerger.de; Homepage: hotel-schuerger.de
Termin 2003: 26.4.; Termin 2004: 24.4.
Fester Termin: letzter Samstag im April
Startzeit: 10.00 Uhr; Zielschluss: 6 Stunden
Höhenmeter: 900
Andere Wettbewerbe: 12,45 km, Halbmarathon
Startgebühr: 20 Euro
Teilnehmerzahl gesamt: 119; Finisher Marathon: 21

Zwölfmal über die Zarow

Ueckermünde: Ueckermünder Haffmarathon

Mecklenburg-Vorpommern

Schon seit 1984 steht in Ueckermünde am Stettiner Haff die klassische Distanz auf dem Programm. Der Lauf gehört zu den Marathonrennen, die das Ende der DDR überlebt haben. „Diese Tradition ist uns wichtig", betont Veranstalter Hans-Jürgen Eckenbrecht, der alles so gut vorbereitet hat, dass er selbst im Zeitbereich um 3:40 locker mitläuft. Schon zu DDR-Zeiten gehörte der Haff-Marathon zu den kleinen im Land und das hat sich bis heute nicht geändert. Denn damals wie heute ist die Anreise in die Uckermark, dicht an der Ostsee und genauso dicht an der polnischen Grenze, für die meisten Marathonläufer ziemlich weit. Und von der Ferienstimmung, die die Touristen zumindest im Sommer auf das benachbarte Usedom lockt, ist im März noch nichts zu spüren.

Seit 1999 wird auf einer 7,03 km langen Runde gelaufen, die vor dem Albert-Einstein-Gymnasium beginnt. Der flache und durchgehend asphaltierte Kurs führt 1 km durch Ueckermünde bis er den Wald erreicht, in dem die nächsten 3 km gelaufen werden. Etliche Angler stehen auf dem Wehr, auf dem die Läufer das Flüsschen Zarow überqueren. Auf den nächsten zwei Kilometern schlängelt sich der Weg durch Wiesen und Heide bis in das ehemalige Fischerörtchen Grambin. Über eine Holzbrücke erfolgt Zarow-Querung Nummer zwei bevor auf dem letzten Rundenkilometer die roten Ziegel den Weg zum Albert-Einstein-Gymnasium weisen. Und schon kann die zweite von insgesamt sechs Runden beginnen.

Anschrift: Hans-Jürgen Eckenbrecht,
               Bremer Strasse 17, 17373 Ueckermünde
Telefon: 039771/23188, Fax: 01212/541752618
E-mail: haffmara@web.de
Termin 2003: 22.3.; Termin 2004: Ende März
Startzeit: 11.00 Uhr; Zielschluss: 5 Stunden
Andere Wettbewerbe: 2 km, 5 km, Halbmarathon
Startgebühr: 18-20 Euro
Teilnehmerzahl gesamt: 145; Finisher Marathon: 50

Echte und unechte Marathonis am Start

Unna: Stadt-Marathon

70.000 Einwohner zählt Unna in Westfalen. Wie kann man da einen Stadt-marathon durchführen? Für eine einzige, große Runde reicht das Stadtge-biet nicht aus. Die Marathonmacher der westfälischen Stadt suchten des-halb eine 8 km lange Runde aus, die fünfmal durchlaufen wird. Trotzdem ist es kein typischer City-Marathon: ein Kilometer der Runde führt durch den Stadtpark, zwei Kilometer durch ein Naherholungsgebiet, der Rest durch Innenstadt-Bereiche. Im oft warmen Juli bietet Unna Newcomern eine Gelegenheit zum vorsichtigen Herantasten an die Marathondistanz. Denn wer nach 26 oder 34 Kilometern das Rennen beendet, dem wird die zurückgelegte Distanz beurkundet.

Nicht nur „echte Marathonläufer" sind am Rennsonntag auf der 8-km-Runde unterwegs. Gleichzeitig wird eine Marathonstaffel gestartet. Staffeln bekommen in den letzten Jahren immer mehr Zuspruch. 2002 wechselten sich in Unna Läufer von 104 Staffeln ab, um auf fünf Läufer verteilt die 42,194-km-Distanz zu absolvieren. Das hat für die „echten Marathonis" Vor- und Nachteile. Einerseits ist so auf den acht Runden und am Stre-ckenrand immer etwas los, andererseits bringen die Staffeln mit ihren unterschiedlich schnellen Läufern mächtig Unruhe in das ansonsten eher auf Gleichmäßigkeit gepolte Marathonfeld.

Anschrift: Lauf Team Unna, Reinhard Wass,
            Dürerstraße 15, 59423 Unna
Telefon: 02303/14499
Homepage: www.laufteamunna.de
Termin 2003: 13.7.; Termin 2004: 11.7.
Fester Termin: 2. Sonntag im Juli
Startzeit: 9.00 Uhr; Zielschluss: 5 Stunden
Höhenmeter: 100
Andere Wettbewerbe: 26 km, 34 km, Marathonstaffel
Startgebühr: 18 Euro
Teilnehmerzahl gesamt: 720; Finisher Marathon: 146

Laufspaß nur mit Reisepass

Usedom-Marathon: Swinoujscie-Wolgast

Mecklenburg-Vorpommern

Gestartet wird der Usedom-Marathon auf der Strandpromenade im polnischen Swinoujscie. Er führt dann von Polen nach Deutschland. Ohne Reisedokumente kommen aber auch Läufer nicht über die deutsch-polnische Grenze. Deshalb müssen sie bei der vom Veranstalter angebotenen Fahrt vom Ziel in Wolgast zum Start den Pass in der Tasche haben. Während des laufenden Wettkampfes verzichten die Grenzbeamten auf das Kontrollieren der Läufer. Pässe und Kleidung werden vom Veranstalter zum Ziel transportiert.

Immer an der Ferienküste der Insel Usedom entlang führt dieser Punkt-zu-Punkt-Marathon. Dabei werden die Seepromenaden so altehrwürdiger Ostseebäder wie Ahlbeck und Heringsdorf durchlaufen. Später schwenkt der Kurs in die teilweise bewaldeten Dünen, wo es hügelig wird. Immer wieder bieten sich den Läufern fantastische Blicke auf Meer, Strand und Steilküste. Nach 30 Kilometern heißt es bei Zinnowitz Abschied nehmen von Küste und Ferienkulisse. Entlang der B 111 geht es wenig windgeschützt auf Wolgast zu. Über die Peenemündung führt eine Zugbrücke nach Wolgast und ins Peenestadion, wo der Reisepass wartet.

Für ein günstiges Startgeld wird eine passable Organisation einschließlich der Busfahrt zum Start geboten. Die Zahl der Marathon-Finisher hat sich in den letzten Jahren bei 250 eingependelt.

Anschrift: SV Usedom-Marathon, Postfach 1101, 17431 Wolgast
Telefon: 03836/200720, Fax: 03836/234648
E-mail: mail@usedom-marathon.de
Homepage: www.usedom-marathon.de
Termin 2003: 6.9.
Startzeit: 10.30 Uhr; Zielschluss: 5 Stunden
Andere Wettbewerbe: Halbmarathon
Startgebühr: 19-21 Euro
Teilnehmerzahl gesamt: 486; Finisher Marathon: 241

Frühmorgens den Sommernebel genießen

Wardenburg-Südmoslesfehn: *Niedersachsen*
Wardenburg-Marathon

Keine 10 km vor den Toren von Oldenburg liegt Südmoslesfehn, ein Ortsteil der Gemeinde Wardenburg. „Früher wurde in unserer Gegend kein Marathon angeboten. Unsere Läufer wollten aber gerne einen Marathon mit wenig Aufwand in den frühen Morgenstunden laufen, damit sie nachmittags wieder zu Hause sind", berichtet Hans Schnittger. Also wurde eine große Runde rund um die Gemeinde Wardenburg ausgesucht, vermessen und als Wardenburg-Marathon den Läufern präsentiert.

Freie Natur, Wiesen und Flussläufe begleiten die Läufer auf dieser Runde. Nur rund drei Kilometer der Strecke führen an Häusern vorbei. Die Laufschuhe traben über Asphaltstraßen, Klinker- und Naturwege, die zum Teil bewaldet sind. Rund fünf Kilometer führen direkt an kleinen Flussläufen entlang. „Besonders schön ist frühmorgens der Nebel in den Flussniederungen und der Tau auf der Strecke", schwärmt Organisator Schnittger. Zudem wird so etwaiger Augusthitze aus dem Wege gegangen. Aber vielen war – Nebel hin, Nebel her – die Startzeit um 6.00 Uhr doch etwas zu früh. Die Veranstalter beugen sich dem mehrheitlichen Läuferwillen und verschieben das Loslaufen ab 2003 um eine Stunde.

Der SV Moslesfehn hat die Veranstaltung gut im Griff, wenn auch die Leichtathleten im Verein nur die zweite Geige spielen. Nummer eins sind nämlich die Faustballer, die das 700 Einwohner zählende Örtchen in der Bundesliga vertreten.

Anschrift: Wilfried v. d. Pütten,
         Diedr.-Dannemann-Str. 259, 26203 Südmoslesfehn
Telefon: 0441/503950, Fax: 0441/503950
E-mail: wvdp@nwn.de
Termin 2003: 10.8.
Startzeit: 7.00 Uhr
Andere Wettbewerbe: Halbmarathon
Startgebühr: 10 Euro
Teilnehmerzahl gesamt: 270; Teilnehmerzahl Marathon: 100

Wo früher Rennwagen rasten

Wegberg: Deutschlands West-Zipfel-Marathon   *NRW*

Knapp 5 km lang ist die achtmal zu durchlaufende Runde im niederrheinischen Städtchen Wegberg, die vom Start in den Ortsteil Beeck führt. Dabei laufen die Marathonis über den Grenzlandring. Dieser Name hat bei Kennern des Motorsports einen guten Klang. Die damals 9 km lange Betonpiste rund um Wegberg galt von 1948 bis 1952 als schnellste Rennstrecke Europas. Hier wurden Durchschnittsgeschwindigkeiten von über 200 Stundenkilometern erreicht. Aber auch von Rekorden mit Muskelkraft wird hier berichtet: Der Franzose Jose Meiffret fuhr am 28.10.1950 hinter seinem Motorrad-Schrittmacher in einer Stunde kaum zu glaubende 104 km/h mit dem Rad. Nach einem tragischen Unfall mit 13 Toten war die Geschichte des Grenzlandringes als Rennstrecke beendet. Den Marathonläufer, der heute über den Grenzlandring trabt, erinnern nur noch die Straßenschilder an die Vergangenheit.

Der Rückweg aus Beeck führt über die Prämienstraße, wo aber keine Zusatzprämien zu erlaufen sind, zum Sportzentrum mit Start und Ziel. Von der Cafeteria bis zu den Duschen liegt hier alles dicht beieinander. Der Kurs ist niederrhein-typisch flach und führt ausschließlich über befestigte Radwege und Nebenstraßen. Es geht durch Wohngebiete und an Feldern vorbei. Da der Verein auf der Strecke noch verschiedene andere Rennen über kürzere Distanzen durchführt, ist die Organisation reibungslos eingespielt.

Anschrift: VSV Grenzland Wegberg, Manfred Schmidt,
          Obere Bergstr. 1, 41844 Wegberg
Telefon: 02434/24711, Fax: 02434/240928
E-mail: VSV@VSV-Grenzland-Wegberg.de
Homepage: www.VSV-Grenzland-Wegberg.de
Termin 2003: 6.7.; Termin 2004: 4.7.
Fester Termin: 1. Sonntag im Juli
Startzeit: 8.00 Uhr
Andere Wettbewerbe: Marathon-Staffel
Startgebühr: 13 Euro
Teilnehmerzahl gesamt: 202; Finisher Marathon: 74

Fast von der Quelle bis zur Mündung

Weiltalmarathon: Schmitten-Arnoldshain · · · · · · · · · · · · *Hessen*

Während die großen City-Marathons im Rampenlicht der Öffentlichkeit stehen, haben – teilweise von der Öffentlichkeit unbemerkt – auch die Läufe in der mehr oder weniger unberührten Natur ihre eigene Konjunktur. Das beweisen die Marathon-Premieren des Jahres 2003: Mit dem Brombachsee-Marathon, dem Kyffhäuser-Marathon, dem Hasetal-Marathon, dem Euregio-Egrensis-Marathon nach Marktredwitz, dem Spreewald-Marathon, dem Alpin-Marathon Oberstaufen und dem Weiltal-Marathon bewerben sich in Deutschland gleich sieben neue Landschaftsmarathons um die Gunst der Läufer.

Der Weiltalmarathon im Naturpark Hochtaunus folgt dem Lauf des Flüsschens Weil, das in der Nähe des Kleinen Feldbergs entspringt. Schon bald nach dem Start in Schmitten-Arnoldshain erreichen die Läufer den Weiltalweg und mit ihm die Weil. Nur wenige Kilometer zu Beginn fehlen, sonst hätten die Läufer die komplette Strecke von der Quelle dieses Flusses bis zur Mündung begleitet. Die Marathonis folgen dem Fluss auf Feld- und Waldwegen, die zum größten Teil nicht asphaltiert sind. Die Strecke führt mit insgesamt 362 „negativen" Höhenmetern fast durchweg leicht bergab. Bei Kilometer 15 ist die einzige, allerdings recht knackige Steigung von fast 100 Höhenmetern hinauf zur Burg Weilstein zu bewältigen. Bei Weilburg mündet die Weil in die Lahn, der Weiltalweg endet und das Marathonziel ist erreicht. In der Startgebühr enthalten ist ein Bustransfer vom Zielort Weilburg zum Start in Arnoldshain. Die auf 1.000 Teilnehmer limitierte Premiere 2003 war schon im Januar ausgebucht.

Anschrift: Zweckverband Naturpark Hochtaunus,
　　　　　　Pestalozzistr. 2, 61250 Usingen
Telefon: 06081/2885 (Mo - Do 7.15 - 16.15 Uhr, Fr 7.30 - 12.00 Uhr)
Fax: 06081/12285
E-mail: hochtaunus@naturpark.de
Homepage: www.weiltalweg.de
Termin 2003: 27.4.
Startzeit: 9.30 Uhr; Zielschluss: 6:30 Stunden
Startgebühr: 20 - 30 Euro; Limit: 1.000 Teilnehmer

Alle zwei Jahre zum Riesenfass – und zurück

Weinstraßen-Marathon: Bockenheim   *Rheinland-Pfalz*

Die Deutsche Weinstraße führt über 83 km durch eines der größten geschlossenen Weinanbaugebiete Deutschlands bis an die französische Grenze (Elsass). Auf dem nördlichsten Abschnitt wird alle zwei Jahre ein schön-schwerer Marathon angeboten. Gestartet wird dort, wo auch die Weinstraße beginnt: im pfälzischen Bockenheim. Von dort führt die hügelige Marathonrunde durch etliche Weinorte. Hier werden die Läufer – und seit 2002 auch Halbmarathonis – von den zusätzlich durch Dorffeste angelockten fröhlichen Pfälzern mächtig angefeuert. Viele Fachwerkhäuschen in den romantischen Örtchen und natürlich die dazwischen liegenden Weinberge erfreuen die Läuferseele. In Bad Dürkheim, wo das größte Weinfass der Welt steht, ist die Hälfte bewältigt. Von hier geht es über eine andere Route durch andere Weinorte und vorbei an neuen Festen zurück in Richtung Bockenheim. Die letzten 7 km werden dann auf der gleichen Strecke wie die ersten absolviert, nur in umgekehrter Richtung.

Auf der Deutschen Weinstraße steht – beim Marathon wie beim Weinfest – das Erlebnis im Vordergrund und nicht allein die Leistung. Denn unterwegs sind einige hügelige Anstiege zu bewältigen. Das Organisationsteam schafft vorzügliche Laufbedingungen. Wer's mag, kann sich während des Rennens an den Verpflegungsstellen auch mit Wein versorgen.

Anschrift: Marathon Deutsche Weinstraße, Kreisverwaltung
Bad Dürkheim, Philipp-Fauth-Str. 11,
67098 Bad Dürkheim
Telefon: 06322/961-499, Fax: 06322/961-499
E-mail: info@marathon-deutsche-weinstrasse.de
Homepage: www.marathon-deutsche-weinstrasse.de
Termin 2004: 4.4.
Fester Termin: Die Veranstaltung wird im
2-Jahres-Rhythmus durchgeführt
Startzeit: 10.00 Uhr; Zielschluss: 5:30 Stunden
Andere Wettbewerbe: Halbmarathon
Startgebühr: 28-33 Euro
Teilnehmerzahl gesamt: 1.881 (Limit: 2.000); Finisher Marathon: 685

Vorbei am Römerkastell

Welzheim: Limes-Marathon   *Baden-Württemberg*

Rund 40 km von Stuttgart entfernt gehen die Marathonläufer gemeinsam mit den „Halben" auf die Strecke durch Wälder und Felder. Asphaltiert oder gesplittet ist der Untergrund, durchaus wellig das Profil. Kurz bevor die 21,1-km-Läufer das Ziel erreichen, biegen diejenigen, die die doppelte Distanz zurücklegen wollen, ab und laufen auf anderen Wegen weiter. Nach 29 km stoßen sie auf den Hinweg und laufen die ersten 13 km in umgekehrter Richtung zum Ziel im Luftkurort Welzheim.

In der Römerzeit bildete der Limes eine bedeutende Grenze, die aus Erdwällen, Gräben und Palisadenzäunen bestand. Nach diesen alten Grenzbefestigungen nennt sich der Welzheimer Lauf nicht ohne Grund Limes-Marathon. „Da läuft man direkt an den alten, frisch restaurierten Befestigungsanlagen vorbei", schildert Gerd Rudi Papcke den attraktivsten Punkt dieses Rennens. An das Passieren des Römerkastells erinnert er sich trotz inzwischen über 200 absolvierter Marathonrennen noch genau.

Rund 150 Wettkämpfer absolvieren vor den Toren von Welzheim die Marathondistanz. Schon in den letzten Jahren lag der Termin stets sehr nah am Schönbuch-Marathon, der einen ähnlichen Charakter, aber eine deutlich längere Tradition aufweist. 2003 werden die beiden nur rund 50 km auseinander liegenden Landschaftsmarathons sogar am selben Tag gestartet.

Anschrift: Sportgemeinschaft Welzheimer Wald,
        Äderlingstr. 3, 73642 Welzheim
Telefon: 07182/936366, Fax: 07182/936368
E-mail: hallo@limes-marathon.de
Homepage: www.limes-marathon.de
Termin 2003: 25.5.; Termin 2004: 16.5.
Fester Termin: Sonntag 2 Wochen vor Pfingsten
Startzeit: 9.00 Uhr; Zielschluss: 5 Stunden
Höhenmeter: 400
Andere Wettbewerbe: 10 km, Halbmarathon
Startgebühr: 22 Euro
Teilnehmerzahl gesamt: 584; Teilnehmerzahl Marathon: 216

Auf langen Geraden durch den Wald

Werdau: Werdauer Waldlauf und Herbstmarathon   *Sachsen*

Zweimal im Jahr, im Frühjahr und im Herbst, ist Marathonzeit im sächsischen Werdau. Start und Ziel liegen auf dem Gelände der Landessportschule Sachsen und deren Infrastruktur kommt den Marathonläufern zugute. Einige der Teilnehmer kennen das Gelände noch von der Trainer-Ausbildung des Deutschen Turn- und Sportbundes der DDR. Von der Sportschule geht es direkt in den Wald, wo zwei Runden zu absolvieren sind. Das Ganze ist eine recht hügelige Angelegenheit, 120 Höhenmeter liegen zwischen niedrigstem und höchstem Punkt, aber auch danach geht es regelmäßig hinauf und hinunter. Dabei sind keine kleinen Pfade zu bewältigen, sondern breite, asphaltierte oder geschotterte Forstwege. Auf langen Geraden führt der Kurs durch den dichten Baumbestand. Hohe Bäume und viel Grün umgeben die Läufer. Mehr tut sich nicht – woher sollten hier, 10 km von Zwickau entfernt, auch Zuschauer kommen? Während beim Waldlauf im April die Marathonläufer zumindest auf der ersten Hälfte von den gleichzeitig startenden 21,1-km-Läufern begleitet werden, sind die Kilometer im Wald beim zweiten Marathon, der am Volkstrauertag stattfindet, recht einsam. Schließlich lagen 2002 über drei Stunden zwischen den ersten und den letzten der 127 Marathonfinishern.

Anschrift: Förderverein Werdauer Waldlauf e.V.,
          Postfach 1355, 08403 Werdau
Telefon: 03761/72401 (nach 18.00 Uhr), Fax: 03761/1818-245
E-mail: info@werdauer-waldlauf.de
Homepage: www.werdauer-waldlauf.de

► Werdauer Waldlauf – Termin 2003: 13.4.
Startzeit: 9.00 Uhr; Zielschluss: 6 Stunden
Andere Wettbewerbe: 10 km, Halbmarathon
Teilnehmerzahl gesamt: 470; Finisher Marathon: 83
► Werdauer Herbstmarathon – Termin 2003: 16.11.
Fester Termin: Volkstrauertag
Startzeit: 11.00 Uhr; Zielschluss: 5 Stunden
Startgebühr: 10-13 Euro
Finisher Marathon: 127

Traumstrecke durch den Harz

Wernigerode: Harzquerung (51 km) *Sachsen-Anhalt*

Herbert Pohl, der „Vater" der Harzquerung, bewältigte einst als flotter Wanderer den Rennsteiglauf. Pohl erreichte noch innerhalb der Läufer-Sollzeit das Ziel, doch die Strecke des großen, berühmten Laufes durch den Thüringer Wald gefiel ihm gar nicht so gut. Da beschloss der begeisterte Wanderer selbst einen Lauf auszurichten und wählte die 51 km lange Route der Harzquerung aus: Der Lauf zwischen den Städten Wernigerode und Nordhausen bietet einen unvergleichlich schönen Einblick in die Harzlandschaft. Allerdings muss die Traumstrecke mit harter Schufterei bezahlt werden: 1.100 Höhenmeter sind zu überwinden.

Das Rennen beginnt mit einem Paukenschlag: Auf den ersten drei Kilometern werden 230 Höhenmeter erklommen. Dabei steigt das Gelände nach wenigen hundert Metern so stark an, dass viele Läufer schon die erste Gehpause einlegen. Immer wieder wechselt die Landschaft. Mal führen schmale Pfade durch dichte Tannenwälder, dann wieder geben breite Wanderwege vorbei an gerodeten Flächen den Blick über die Berge des Mittelharzes frei.

Knackpunkt der Strecke ist der Poppenberg. Nach 36 langen und bergigen Kilometern müssen auf den nächsten 3 km 300 Höhenmeter hinauf auf den Bergrücken erstiegen werden, die aber auf den folgenden 3 km gleich wieder verloren gehen. Trotz der superharten Anforderungen im Verlauf der 51 km finishten 242 der 245 Starter im Jahr 2002. Aus diesen Zahlen wird aber auch deutlich, dass für viele Wettkämpfer das Rennen eine sehr einsame Angelegenheit sein kann.

Anschrift: Skiklub Wernigerode 1911 e.V., Familie Unverzagt, Rosa-Luxemburg-Str. 34, 38855 Wernigerode
Telefon: 03943/634959
Homepage: www.SV-Lok.com
Termin 2003: 26.4.; Termin 2004: 24.4.
Fester Termin: letzter Samstag im April
Startzeit: 8.30 Uhr; Zielschluss: 7:30 Stunden
Höhenmeter: 1.100
Andere Wettbewerbe: Halbmarathon, 25 km, 28 km
Startgebühr: 14-17 Euro; Finisher 51 km: 242

Ein harter Brocken

Wernigerode: Brocken-Marathon   *Sachsen-Anhalt*

1.142 m hoch ist der Brocken und genau diese Höhenmeter müssen die
Wettkämpfer beim Brocken-Marathon im Oktober bewältigen. Klar, dass
in diesem Monat und in dieser Höhe das Wetter eine wichtige Rolle spielt.
Oben auf dem Brocken wurden am Lauftag 2002 minus 8 Grad Celsius ge-
messen, plus 15 Grad waren es ein Jahr zuvor! 1992 bedeckte eine ge-
schlossene Schneedecke von 9 cm Höhe den Gipfel und im Jahr 1998 wehte
der Wind mit Stärke 11! Wer den Marathon auf den höchsten Harzberg be-
streiten will, der muss sich auf extreme Verhältnisse einstellen.

Der Brocken-Marathon, den die Veranstalter als „Deutschlands schwer-
ster Marathon" charakterisieren, ist eine Distanz des Harz-Gebirgslaufes,
der seit 1978 veranstaltet wird. Mit bis zu 4.000 Teilnehmern zählte er
schon zu DDR-Zeiten zu den beliebtesten Läufen der Region. Damals lief
man selbstverständlich nicht über den Brocken. Der war militärisches
Sperrgebiet. Seit 1990 ist das Betreten dieses charakteristischen Berges
möglich und seitdem werden die 42,195 km über den Gipfel absolviert.
Allerdings musste diese besondere Route hart erkämpft werden. Denn als
der Brocken endlich frei betreten werden durfte, türmten sich die nächsten
Schwierigkeiten auf: Die Nationalparkverwaltung verweigerte den Läufern
die Brockenpassage. Die Sportler würden das Gleichgewicht der Natur
empfindlich stören, argumentierten die Naturschützer, was angesichts der
vielen Touristen, die tagtäglich mit der Brockenbahn hinaufgekarrt werden, völlig unverständlich ist. Doch die Brockenlauf-Macher setzten sich
im Rechtsstreit durch: Heute ist die Realisierung des Brockenlaufes sogar
im Nationalpark-Gesetz festgeschrieben und garantiert.

Nach dem Start beim Forsthaus Himmelpforte wird auf den ersten 11
km ohne besondere Schwierigkeiten durch den bunten Herbstwald getrabt. Bei Kilometer 12 läuten die Ilsefälle den harten und langen Aufstieg
zum Brockengipfel ein. Zunächst noch vom malerischen Flüsschen Ilse
begleitet geht es jetzt sieben Kilometer lang ständig bergauf. Auf der alten
Kolonnentrasse, entlang der früheren Grenze, wird es bei km 16 mit Steigungen von bis zu 25 Prozent so richtig heftig. Bei km 19 ist der Brockengipfel, der höchste Berg des Harzes erreicht. Der Veranstalter bereitet die
Brocken-Marathon-Aspiranten schon in der Ausschreibung auf diesen
Moment vor: „Entweder Vater Brocken hat gute Laune (eher unwahr-

scheinlich) oder er zeigt Zähne und gibt uns zu verstehen, den Gipfel schnellstens wieder zu verlassen." Wer Wetterglück hat, kann von hier oben eine traumhafte Aussicht genießen. Auf dem höchsten Punkt werden die Läufer von einer beträchtlichen Anzahl von Zuschauern erwartet. Mit der Brockenbahn nach oben gelangt, feiern sie die Läufer lautstark.

An den Verpflegungsstellen wird gemäß der guten Tradition bei vielen Läufen in der ehemaligen DDR einiges geboten: Haferschleim, Schmalzbrote, Plätzchen, Schokolade, verschiedene Obstsorten, Tee und Kaffee erfreuen die Kehlen. Auch wer mit solchen Dingen keine Wettkampfzeit verschwenden will, profitiert von der durchgehend guten Organisation.

Auf der alten Brockenstraße geht es auf asphaltiertem Untergrund ständig bergab. Der harte Auftritt schmerzt in den Beinen. Aber wenn bei Kilometer 23 die alte Brockenstrasse verlassen wird, geht es auf angenehm zu laufenden Waldwegen weiter. Lange Bergab-Passagen werden immer wieder von kurzen, aber heftigen Steigungen unterbrochen. Marathonläufer Christoph Külzer-Schröder beschreibt diese Rennphase so: „Bei Kilometer 34 ein erster Eindruck, dass irgendwann auch dieser Lauf sein Ende finden würde. In der Ferne war das Schloss Wernigerode zu erkennen. Der Anblick motivierte. Bei Kilometer 36 stieß die 22-Kilometer-Strecke zur Marathonrunde hinzu. Da dieser Lauf erst später gestartet worden war, konnten die 22er mit den Marathonis gemeinsam den Rest des Weges genießen. Kurz vor dem Ziel bereits ein erster Eindruck von der stimmungsvollen Atmosphäre, die am Ziel und der daran angrenzenden Wiese herrscht. Wie immer mobilisiert dieser Geräuschteppich aus Lautsprecher, Musik und Beifall das letzte Quäntchen Kraft."

Anschrift: Harz-Gebirgslauf,
             Friedrichstr. 118b, 38855 Wernigerode
Telefon: 03943/639037, Fax: 03943/639039
E-mail: harz-gebirgslauf@t-online.de
Homepage: www.harz-gebirgslauf.de
Termin 2003: 11.10.; Termin 2004: 9.10.
Fester Termin: 2. Samstag im Oktober
Startzeit: 9.00 Uhr; Zielschluss: 5:30 Stunden
Höhenmeter: 1.150
Andere Wettbewerbe: 5 km, 11 km, 22 km
Startgebühr: 15 - 25 Euro
Teilnehmerzahl gesamt: 3.500; Finisher Marathon: 750

Schnell bei Wetterglück

Wörth-Maximiliansau: *Rheinland-Pfalz*
Rhein-Marathon Maximiliansau

Wenige Kilometer von Karlsruhe entfernt auf der gegenüberliegenden Rheinseite liegt der Wörther Ortsteil Maximiliansau. Auf direktem Weg durch den Ort führt die Strecke zum Rhein und bleibt auf dem Rheindamm bis zur Wende. Dieser Damm ist absolut eben, zudem ist der Kurs fast durchgehend asphaltiert. Schnell kann also laufen, wer keinen Dauerapplaus dafür benötigt und ein wenig Wetterglück hat. Denn gegen Wind ist die Piste am Rhein nicht geschützt. Aber zumindest auf der ersten Halbmarathonrunde kann man sich das breite Kreuz des Vordermanns als Windschutz suchen. Nach dem ersten Wendepunkt kann jeder in die Augen der Mitläufer schauen und dabei abschätzen, ob der eigene Vorsprung vor der Konkurrenz reichen wird.

Der zweite Marathon-Wendepunkt liegt mitten im Ort Maximiliansau. In 130 Metern Entfernung lockt das 21,1-km-Ziel. Nicht nur die gleichzeitig gestarteten Halbmarathonläufer dürfen jetzt ins Ziel laufen. Auch alle Möchtegern-Marathonis, die den Schwenk zurück auf den Rheindamm nicht mehr schaffen, werden über die halbe Distanz gewertet. Auf der zweiten Runde über den Rheindamm wird es einsam. Wer jetzt noch einen Vordermann mit breitem Kreuz braucht, muss großes Glück haben.

Die Organisation wird von Läufern gemeistert und ist seit vielen Jahren eingespielt.

Anschrift: VLG Maximiliansau, Oskar Behr,
Sparbenhecke 1c, 76744 Wörth
Telefon: 07273/2589, Fax: 07271/49290
E-mail: vlg.maximiliansau@laufinfo.de
Homepage: www.laufinfo.de
Termin 2003: 3.10.; Termin 2004: 3.10.
Fester Termin: 3. Oktober
Startzeit: 9.30 Uhr; Zielschluss: 5 Stunden
Andere Wettbewerbe: Halbmarathon, Marathon-Staffel
Startgebühr: 13 Euro
Teilnehmerzahl gesamt: 599; Finisher Marathon: 182

Prag-Feeling in Unterfranken

Würzburg: Stadtmarathon Würzburg   *Bayern*

2001 wagte die unterfränkische Stadt am Main den Einstieg in die Marathon-Szene. Mit den beiden ersten Auflagen hat sich der Würzburg-Marathon in der erweiterten Spitze der deutschen City-Marathons etabliert. 2002 belegte er mit 1.506 Finishern Platz 14 unter den teilnehmerstärksten Marathons in Deutschland. Allerdings mussten die Teilnehmer bei beiden Läufen einige organisatorische Pannen hinnehmen. Auflage Nummer zwei war aber schon viel besser als die Premiere und ab 2003 wird eine noch attraktivere Streckenführung geboten. Denn in den ersten Jahren durften die Hauptlinien der Straßenbahn nicht durch den Läuferstrom unterbrochen werden. Mit steigenden Teilnehmerfeldern und im Vorfeld des 1.300-jährigen Stadtjubiläums, das 2004 gefeiert wird, ist diese Beschränkung passé.

Nach wie vor ist das Rennen durch die Stadt am Main durch eben diesen Fluss geprägt. Die meisten Kilometer werden auf ufernahen Straßen gelaufen. Nur so ist in der mitten im fränkischen Weinanbaugebiet gelegenen Metropole ein überwiegend flacher Kurs zu schneidern. Für die Zuschauer lohnt es sich zunächst nicht, sich vom Start auf der Dreikronenstraße wegzubewegen. Denn nach einer 6 km langen Auftaktschleife durch den Stadtteil Zellerau sind die Läufer wieder da. Entlang des Mains und grüner Mainauen führt der Kurs weiter nach Heidingsfeld, wo die Läufer mächtig gefeiert werden. Auf der anderen Seite geht es entlang des Mains zurück. Die mittelalterliche Festung Marienberg beherrscht das Bild der Stadt. Bei km 17 ist die Aussicht auf die Burg besonders prächtig. Dann beginnt die Runde durch die Altstadt. Schon auf der langen Theaterstraße haben die Läufer die Residenz im Blick, wenn sie über den Rücken des Vordermannes schauen. Anschließend laufen die Marathonis an der fürstbischöflichen Residenz vorbei und können das stattliche Barockschloss bewundern, das seit 1982 zum Weltkulturerbe zählt. Dieser Streckenteil repräsentiert die Stadt besonders eindrucksvoll. Deshalb schickt man in Würzburg Läufer besonders gerne über diese Passage. So führt der Marathon für 500 m über dieselbe Strecke wie der Würzburger Residenzlauf. Mit seinen 10 km ist dieser Wettkampf, der wenige Wochen vor dem Marathon im Laufkalender verankert ist, für die Läufer der Region eine ideale Standortbestimmung vor dem Marathon.

Nach der Altstadtschleife überqueren die Läufer den Main über die Alte Mainbrücke. Die Heiligenfiguren auf der Brücke sorgen für Prag-Feeling, denn dieser Streckenteil erinnert an das Überqueren der Karlsbrücke während des Prag-Marathons.

Die 21,1 km-Läufer werden in der unterfränkischen Stadt gleichzeitig mit dem Marathonis auf die Strecke geschickt. Sie haben ihr Ziel nach der Mainquerung bald erreicht. Nach 20,8 km trennen sich die Wege. Müde Marathonis können ebenfalls nach einer Runde ins Ziel schwenken. Wer aber die volle Distanz im Visier hat, der startet jetzt zur zweiten Runde. Ohne die vielen Halbmarathon-Läufer werden die Straßen deutlich leerer, denn die Schlange der Marathonis ist nach der Hälfte der Distanz weit auseinander gezogen. So wird auf der zweiten Runde mancher Streckenabschnitt trotz eines gelegentlichen romantischen Blickes auf die Weinberge als eher langweilig empfunden.

Keine großen Höhenunterschiede sind zu vermelden, allerdings sind in der auf beiden Seiten des Mains liegenden Stadt etliche Brücken zu über- oder unterlaufen. Da kommt doch einiges an kleinen Anstiegen zusammen und auch Kopfsteinpflaster-Passagen malträtieren die Beine. Wenn sie bei km 40 an der Marienkapelle vorbeilaufen, werden sich einige Läufer an den Vorabend erinnern. Denn in einer katholischen Bischofsstadt gehört natürlich auch ein Läufergottesdienst zum Rahmenprogramm dazu. Der wird in Würzburg von einem marathonerprobten Pfarrer gehalten, darum kümmert sich Organisator Michael Littmann schon weit im Vorfeld höchstpersönlich.

Anschrift: Stadtmarathon Würzburg, Michael Littmann,
　　　　　An der Stadtmarter 2, 97228 Rottendorf
Telefon: 09302/990417, Fax: 09302/980782
E-mail: info@wuerzburg-marathon.de
Homepage: www.wuerzburg-marathon.de
Termin 2003: 18.5.; Termin 2004: 16.5.
Fester Termin: 3. Sonntag im Mai
Startzeit: 9.00 Uhr; Zielschluss: 5:30 Stunden
Höhenmeter: 50
Andere Wettbewerbe: Halbmarathon, Mini-Marathon
Startgebühr: 30 - 40 Euro
Teilnehmerzahl gesamt: 4.500 (Limit: 5.000)
Finisher Marathon: 1.506

Österreich

Grenzgänger

Bregenz: 3-Länder-Marathon · *Vorarlberg*

Durch das Dreiländereck am Bodensee führt der 3-Länder-Marathon. Schon vor dem Start steht etwas Besonderes an: Die Läufer setzen gemeinsam mit einem Schiff vom Zielort Bregenz zum Startgelände im Hafen von Lindau über. Am bayerischen Bodensee-Ufer entlang führt dann der Kurs nach Vorarlberg und über die schöne Uferpromenade durch Bregenz. Jetzt beginnt die große Schleife durch die Schweiz in Richtung St. Margarethen. Während in Deutschland und in Österreich kräftig am Straßenrand applaudiert wird, fehlten die Zuschauer in der Schweiz bisher völlig.

Bis km 30 wird den Läufern viel Abwechslung geboten: Der weite Blick über den Bodensee; ländliche und städtische Passagen im Wechsel. Dann verlangt der Streckenabschnitt von km 30 bis km 34 mentale Stärke. Denn der Kurs folgt dem immer geradeaus führenden Rheindamm. Beendet und gekrönt wird die Drei-Länder-Tour im Casino-Stadion in Bregenz. Hier werden die Finisher von zahlreichen Zuschauern in Empfang genommen.

Die Berge bleiben Hintergrund-Szenerie: Die Strecke ist so ausgesucht, dass sie nur 18 m Höhenunterschied aufweist. Auch wenn es 2002 Beschwerden über zu wenig Duschen gab, steht die Organisation. Das zeigt auch die Teilnehmerzahl. Bereits im zweiten Veranstaltungsjahr 2002 verdoppelte sich die Zahl der erfolgreichen Marathonläufer auf 1.140 Finisher.

Anschrift: Förderverein 3-Ländermarathon,
Postfach, 6900 Bregenz
Telefon: 05574/43443-0, Fax: 05574/43443-4
E-mail: office@bodensee-alpenrhein.at
Homepage: 3-laender-marathon.com
Termin 2003: 5.10; Termin 2004: 3.10.
Fester Termin: 1. Sonntag im Oktober
Startzeit: 11.00 Uhr; Zielschluss: 5:30 Stunden
Andere Wettbewerbe: Halbmarathon
Startgebühr: 35-48 Euro
Teilnehmerzahl gesamt: 3.800 (Limit: 4.000); Finisher: 1.140

Mit Vorsicht genießen

Galtür: Silvretta-Ferwall-Marathon (42,3 km) *Tirol*

Im besonders schneesicheren Wintersport-Ort Galtür am Ende der Silvretta-Hochalpenstraße steht man beim Marathonstart bereits auf 1584 m Höhe über dem Meeresspiegel. Entsprechend bombastisch ist hier das Alpenpanorama. Danach geht es 24 km lang stetig bergan bis das Muttenjoch in einer Höhe von 2620 m erreicht ist. Das ist hart, aber für den trainierten Läufer zu schaffen. Das Problem beim Silvretta-Ferwall-Marathon kommt dann erst noch. Es liegt nicht in der Bergauf-, sondern in der Bergab-Strecke vom Muttenjoch: Auf den nächsten 7 km stürzt die Strecke in Richtung Tal und verliert dabei 1100 Höhenmeter!

Einem Spezialisten für Bergmarathons wie Dr. Thomas Miksch macht eine solche Belastung wenig aus. Der Chirurg aus Kempten siegte im Jahr 2002 zunächst in Galtür und holte sich nur eine Woche später im westfälischen Rheine die deutsche Vizemeisterschaft über 100 km. Für einen Laufsport treibenden Urlauber aus dem Flachland ist dagegen eine solch steile Abwärts-Passage nicht ungefährlich. Bergab sollte ohne Blick auf die Zielzeit mit äußerster Konzentration langsam und mit Vorsicht gelaufen werden. Sonst sind Stürze und orthopädische Probleme im Anschluss an den Lauf nicht ausgeschlossen.

Wer sich hier die nötige Zeit lässt, der kann auf den letzten elf Kilometern weiterhin die wunderschöne Aussicht auf die hochalpinen Berggipfel genießen.

Anschrift: SC Silvretta Galtür, 6563 Galtür
Telefon: 05443/8521 (Mo - Fr 8.00 - 12.00 Uhr, 14.30 - 17.00 Uhr)
Fax: 05443/844516
E-mail: galtuer@netway.at
Homepage: www.silvretta-ferwall-marsch.at
Termin 2003: 31.8.
Startzeit: 7.00 Uhr; Zielschluss: 6:50 Stunden
Höhenmeter: 1.386
Startgebühr: 14 - 15 Euro
Teilnehmerzahl gesamt: 676; Finisher 42,3 km: 134

ROSBACHER
2:1 IDEAL
FÜR DEINEN KÖRPER.

Das Schönste nach dem Sport ist die Erfrischung. Schön, wenn diese dann nicht nur schmeckt, sondern dem Körper auch genau das wiedergibt, was er verloren hat. Trinken Sie deshalb Rosbacher Mineralwasser mit dem 2:1-Ideal – zwei Teile Calcium zu einem Teil Magnesium. Das ideale Verhältnis für Ihren Körper, diese wichtigen Mineralien wieder aufzunehmen.

Rosbacher schmeckt – nicht nur deinem Körper.

CALCIUM ZU
2:1-IDEAL
MAGNESIUM

Rosbacher
Ur-Quelle
STILL

www.rosbacher.com

▲ Auch Winterzeit ist Marathonzeit. Diese beiden Läufer genießen die Wintersonne beim Siebengebirgsmarathon in Bad Honnef-Aegidienberg.

▲ Frauen-Power auf der Marathon-Distanz: Statt auf die Uhr schauen diese beiden Läuferinnen lieber in die Landschaft.

▲ So bunt ist die Marathon-Szene: Wenn Tausende in Laufschuhen durch die Städte rennen, steht für viele der Spaß im Vordergrund.

2. Zermatt Marathon 5. Juli 2003

ZERMATT MARATHON
THE WAY TO THE TOP

Start: St. Niklaus, 1085 m ü.M. **Ziel**: Gornergrat, 3010 m ü.M.
Distanz: 42,195 km **Höhendifferenz**: 2189m
Datum: Samstag, 5. Juli 2003 **Anmeldeschluss**: 13. Juni 2003
Startzeit: 9.07 Uhr **Zielschluss**: 16.45 Uhr
Startgeld: 95.- Franken / 70.- EURO

ZERMATT
MARATHON

INFOS

Infos / Online-Anmeldung
www.zermattmarathon.ch

Infos / Anmeldung
info@zermattmarathon.ch
Tel. +41 (0)79 436 88 73
Fax +41 (0)27 927 12 06
Zermatt Marathonh
Postfach 630
CH-3900 Brig

Unterkunft / Anreise
BVZ Zermatt Tours
Tel. +41 (0)27 948 15 60

Im Zickzack durch die Altstadt

Graz: Graz-Marathon   *Steiermark*

Beim prunkvollen Schloss Eggenberg startet der Graz-Marathon und zeigt den Läufern auch auf den folgenden 42,195 km die Sehenswürdigkeiten der steirischen Landeshauptstadt. Dabei geht es auf direktem Weg zur Murr und über den Fluss hinweg in Richtung Hauptplatz. Das Zentrum der Altstadt ist bereits nach 4 km zum ersten Mal erreicht. Da Schloss Eggenberg auf einer Anhöhe liegt, laufen die Marathonis auf diesen ersten Kilometern überwiegend leicht bergab. Von jetzt an ist eine riesige Acht durch das Stadtgebiet zu absolvieren. Zweimal müssen die Marathonläufer dieser Acht folgen. Dabei umrunden sie zwar den die Stadt so prägenden Schlossberg, müssen aber nicht hinauf zum Schloss. So bleibt der Kurs überwiegend flach.

Die Kilometer durch die malerische Altstadt mit ihren barocken Fassaden sind die schönsten; die Strecke führt im Zickzack-Kurs hindurch. Hier im Zentrum stehen die Zuschauer dicht. In den Außenbezirken bleiben die Läufer meist unter sich.

Insgesamt nahmen 2002 am Graz-Marathon 7.000 Läufer teil, darunter 3.000 Kinder. 1.370 Starter liefen die komplette Marathonstrecke, überquerten fünfmal die Mur und finishten danach erfolgreich. Damit zählt der Graz-Marathon zu den größten Marathonläufen Österreichs. Die Organisation steht, besonders gelobt wird von den Finishern die umfangreiche Verpflegung im Ziel.

Anschrift: Erich Hollerer, Inter Promotion,
          Wielandgasse 14-16, 8010 Graz
Telefon: 0316/849988 (8.30-13.00 Uhr), Fax: 0316/849988-14
Homepage: www.grazmarathon.at
Termin 2003: 5.10.; Termin 2004: 10.10.
Startzeit: 9.30 Uhr; Zielschluss: 5 Stunden
Höhenmeter: 29 m
Teilnehmerzahl gesamt: 7.000; Finisher Marathon: 1.370

Kostenlos durchs Südburgenland

Güssing: Südburgenland Öko Energie Marathon

Burgenland

Dieser Marathon ist eindeutig der preisgünstigste Lauf, der in diesem Buch vorgestellt wird. Denn wer sich rechtzeitig für diesen Lauf entscheidet, muss kein Startgeld bei der Marathonpremiere zahlen! Dafür erhält er nicht nur Startnummer und Verpflegung auf den 42,195 km, sondern kann auch noch das Finisher-T-Shirt mit nach Hause nehmen. Mit diesem besonderen Angebot will das Südburgenland die Läufer in die Region locken und so den Fremdenverkehr ankurbeln.

Gestartet wird auf dem Hauptplatz in Güssing, das als Öko-Musterstadt bezeichnet wird. Von dort führt eine große Schleife durch die benachbarten Ortschaften. Felder, Obstbäume, der Weinanbau und kleine Wälder prägen die Landschaft. Die Burg Güssing ist weithin sichtbar, doch müssen die Marathonläufer nicht zur Burg hinauflaufen, der Kurs bleibt vollkommen flach. Die Veranstalter versprechen für die Premiere die Beschilderung jedes Kilometers und Labestationen alle 5 km. Feuerwehrfeste, Frühschoppen mit Musik, Jagdhornbläser und ein Husarentreffen mit Pferdekutschenschau werden in den Ortschaften auf dem Weg organisiert. Ungarische Folklore erinnert daran, dass die Grenze zum Nachbarland ganz nah ist. In Luising, bei km 25, kann man über die Grenze in die Puszta-Ebene schauen. Auch für die Betreuer ist das Rennen attraktiv: Mit Bussen werden verschiedene Punkte zum „Marathon schau'n" angefahren.

Anschrift: Sport Tiger, Hauptplatz 5, 7540 Güssing
Telefon: 03322/43058, Fax: 03322/43286
E-mail: office@sport-tiger.com
Homepage: www.run-in-the-sun.at
Termin 2003: 14.9.
Startzeit: 10.00 Uhr
Höhenmeter: 31
Andere Wettbewerbe: 21,1 km, 5 km
Startgebühr: Gratis bei Meldung bis zum 14.8.2003,
danach 35 Euro

Der Pfarrer gibt den Startschuss

Leutschach: WelschLauf *Steiermark*

Berg-Marathons gibt es einige, Wein-Marathons auch, aber nur einer nennt sich „Berg-Wein-Marathon" und der führt von Wies nach Ehrenhausen. Oder von Ehrenhausen nach Wies. Denn die Laufrichtung wechselt jährlich. Aus dem jeweiligen Zielort werden die Läufer mit Bussen zum Start gefahren. Zum Marathon traten zuletzt mehr als 400 an. In geraden Jahren, wenn in Wies gestartet wird, feuert der Pfarrer höchstpersönlich die Startpistole ab. 2002 schickte der Geistliche Rat Franz Raggam dem Schuss noch ein eigens für den Lauf geschriebenes Gedicht vorweg. Zwischen Weinbergen und Wäldern führt der Kurs teilweise direkt an der Slowenischen Grenze durch die Weinanbaugebiete der Schilcher- und Welsch-Region. Entlang der Südsteirischen Weinstraße werden immer wieder idyllische Weinorte durchlaufen. Hier werden die Läufer kräftig aufgemuntert. Denn leicht zu laufen ist der Kurs nicht: Insgesamt 1.440 Höhenmeter sind zu überwinden. Die gesamte Organisation ist ausgesprochen liebevoll und trotz der insgesamt rund 3.000 Teilnehmer sehr familiär. Die Versorgung der Läufer ist optimal organisiert: 21 Labestationen werden entlang der Marathondistanz aufgebaut!

Wer als Langstreckler in dieser Region Urlaub macht, kann das ganze Jahr über vom Lauf profitieren. Denn die Marathonstrecke ist in beide Richtungen ganzjährig ausgeschildert.

Anschrift: WelschLauf, Claudia Pronegg,
Knielyhaus, 8463 Leutschach
Telefon: 0676/3383540, Fax: 03454/59910-26
E-mail: welschlauf@leutschach.at
Homepage: www.welschlauf.at
Termin 2003: 3.5.; Termin 2004: 1.5.
Fester Termin: 1. Samstag im Mai
Startzeit: 10.00 Uhr; Zielschluss: 6 Stunden
Höhenmeter: 1.440
Andere Wettbewerbe: 10 km, Halbmarathon
Startgebühr: 30-40 Euro
Teilnehmerzahl gesamt: 3.200; Finisher Marathon: 456

Das Herz der Stadt erobert

Linz: OMV-Linz-Marathon   *Oberösterreich*

Die drittgrößte Stadt Österreichs kehrte 2002 in den Kreis der Marathon-städte zurück. Das gelang gleich mit einem Paukenschlag: Insgesamt 5.600 Starter rannten bei der Premiere des OMV-Linz-Marathons mit; 1.512 finishten über die Marathondistanz. Die Organisation klappte zur Zufriedenheit der Läufer und zumindest im Zentrum standen die Zuschauer dicht. Die Strecke ist flach und lässt die Jagd auf persönliche Rekorde zu.

Der Marathon hat gleich zu seiner Premiere das Herz der Stadt erobert: Gestartet wird vor dem Brucknerhaus und auch das Ziel hat einen standesgemäßen Platz gefunden. Keinen Kilometer vom Start entfernt wird es auf dem Hauptplatz mit seinen eindrucksvollen Fassaden im Mittelpunkt der Altstadt aufgebaut. Natürlich spielt auch die Donau beim Linz-Marathon eine wichtige Rolle. Schon bald nach dem Start erweisen die Marathonläufer dem Strom ihre Referenz und queren ihn über die Nibelungenbrücke. Auch wenn sie nach gut 16 km hier wieder zurücklaufen, werden sie kräftig von den Zuschauern angefeuert. In den Außenbezirken fehlte der Applaus 2002 noch. Die Marathon-Macher haben reagiert und die Strecke gegenüber der Premiere so verändert, dass die Marathonis auf den letzten Kilometern noch eine Schleife durch die Innenstadt laufen. Diese verbesserte Streckenführung ist besonders günstig für Betreuer und Zuschauer. Sie müssen nur ein paar Meter gehen, dann können sie den Läufern gleich mehrfach zujubeln.

Anschrift: Marathon-Servicestelle der LIVA,
         Roseggerstr. 41, 4020 Linz
Telefon: 0732/603412 oder 0664/1200811, Fax: 0732/606212
E-mail: linzmarathon@aon.at
Homepage: www.linz-marathon.at
Termin 2003: 6.4.; Termin 2004: 18.4.
Startzeit: 9.52 Uhr; Zielschluss: 6:30 Stunden
Andere Wettbewerbe: Halbmarathon, Staffelmarathon
Startgebühr: 40-50 Euro
Teilnehmerzahl gesamt: 5.600; Finisher Marathon: 1.700

Mit Genuss auf der Pferdebahn

Unterweitersdorf: Pferdebahn-Genuss-Marathon

Oberösterreich

Eine ungewöhnliche Art des Marathonlaufens bieten die Macher des Pferdebahn-Genuss-Marathons an. Hier wird nicht gegeneinander gelaufen, sondern ganz bewusst miteinander. Die Marathondistanz wird in Gruppen bewältigt, die von erfahrenen Vorläufern angeführt und geleitet werden. Die schnellste Gruppe erreicht nach vier Stunden das Ziel, die langsamste nach 5:30 Stunden. Es geht also einzig und allein um den Laufgenuss. Um in die richtige Gruppe zu kommen, muss der Anmelder natürlich seine Zielzeit einigermaßen genau einschätzen können. Dafür ist es wichtig das Höhenprofil zu kennen: Zwischen km 27 und 31 steigt der Kurs um 120 Höhenmeter, ansonsten geht es überwiegend bergab, denn das Ziel liegt 320 Höhenmeter tiefer als der Start. Wer sich überschätzt hat, kann allerdings bei den Labestellen auf die nächste, langsamere Gruppe warten.

Mit Bussen werden die Läufer vom Zielort Unterweitersdorf zum Start nach Kerschbaum gefahren. Nach einer ersten Schleife über 4,5 km wird zum großen Teil auf der Originaltrasse einer Pferdeeisenbahn gelaufen, mit der die Reisenden vor 170 Jahren fuhren. Teilweise sind noch die ursprünglichen Schwellensteine zu sehen. Idyllische Waldwege, Felder und Wiesen begleiten die Läufer. Auch wenn es keine offizielle Zeitmessung gibt, wird alles, was sonst zu einem richtigen Marathon gehört, angeboten: Nudelparty, Startnummer, markierte Strecke, alle fünf Kilometer Verpflegungsstellen, Urkunde und Medaille.

Anschrift: Friedrich Madlmair, Steiningerweg 27, 4209 Treffling
Telefon: 0699/12302261
E-mail: info@pferdebahnmarathon.com
Homepage: www.pferdebahnmarathon.com
Termin 2003: 23.8.
Startzeit: 8.00 Uhr
Andere Wettbewerbe: Halbmarathon
Startgebühr: 29 - 37 Euro
Teilnehmerzahl gesamt: 510 (Limit: 1.000); Finisher Marathon: 180

Fröhlich durchs Kulturdenkmal

Wachaumarathon: Melk-Krems — *Niederösterreich*

Einzigartige Kulturdenkmäler, deren Untergang ein unersetzlicher Verlust für die ganze Menschheit wäre, werden von der UNESCO als Weltkulturerbe klassifiziert und besonders geschützt. Auf der Erde gibt es 563 solchermaßen hervorgehobene Kulturdenkmäler. Eins davon ist die Wachau, das liebliche Donautal zwischen Melk und Krems, von vielen als der schönste Teil der Donau bezeichnet. Genau zwischen diesen beiden Städten verläuft der Punkt-zu-Punkt-Kurs des Wachau-Marathons.

Zwischen den Ausläufern des Böhmischen Massivs und dem Dunkelsteiner Wald bildet die Donau ein enges Flusstal. Da die Strecke aber stets im Flusstal bleibt, ist sie durchgehend flach. Enge Kurven fehlen, so ist der Wachauer Marathon als ein sehr schneller Kurs anzusehen. Aber auf einem Punkt-zu-Punkt-Kurs kann der Wind auch einmal zu kräftig von der falschen Seite kommen, was man dann im Rennbericht als starken Gegenwind bezeichnet.

Um Zeiten und Platzierungen kümmern sich jedoch die meisten Läufer beim Wachau-Marathon kaum. Denn die Region ist nicht nur ein Kulturdenkmal, sondern auch eine Wein-Gegend. Bei Läufen vorbei an Weinreben scheint allein der Anblick für Fröhlichkeit zu sorgen. „Laufgenuss und Lebenslust" wollen die Veranstalter des Wachau-Marathons auch dadurch fördern, dass sie die drei gelungensten Kostüme mit Sachpreisen prämieren.

Aber die Wertung des schönsten Kostüms bleibt nicht die einzige Sonderwertung. Sowohl über Marathon als auch über die Halbmarathon-Distanz werden die schnellsten Beschäftigten im Öffentlichen Dienst, die besten Studenten, die flinkesten Juristen und die ausdauerndsten Ärzte ermittelt. Das Gleiche gilt für aktive oder pensionierte Banker, Versicherungskaufleute und Wirtschaftstreuhänder. Wer denkt, dass jetzt aber das Ende der Sonderwertungen erreicht sei, der irrt. Schließlich gibt es ja noch „Heavy Runners" und Hunde: Über 21,1 km werden Läufer über 90 kg und Läuferinnen über 70 kg, die in der Wachau „Heavy Runners" heißen, gesondert gewertet. Und beim Viertelmarathon kommen auch die Hundeliebhaber unter den Läufern zum Zuge. Paare, die sich aus Herrchen oder Frauchen mit Hund zusammensetzen, müssen gemeinsam die Ziellinie überlaufen. Dann kommen sie in die separate Wertung.

Auf der breiten Bundesstraße 3 führt der Kurs immer entlang der Donau. Diese Straße bildet die Rennstrecke und muss natürlich während des Rennens für den Autoverkehr gesperrt werden. Nach der Premiere 1998 gab es prompt eine Kampagne „Wachau Wirte gegen Wachau Marathon". Die Wirte sorgten sich um ihren Umsatz bei gesperrter Straße und vorbeipreschenden Läufern. Man einigte sich auf eine kürzere Sperrzeit und mittlerweile steht die gesamte Region hinter dem sportlichen Event.

Der Marathonstart erfolgt im Melker Stadtteil Emmersdorf vor Schloss Luberegg und dem Yachthafen. Das weithin sichtbare Benediktinerstift von Melk auf der anderen Donauseite bildet die Kulisse. Dann folgt entlang der Strecke ein Weinberg auf den anderen und dazwischen immer mal wieder Obstgärten. Ab und zu liegt eine Burg auf einem Felsen zwischen Wein und Obst. Die bekannten Winzerorte Spitz, Joching, Weisskirchen und Dürnstein sorgen für Stimmungshöhepunkte in der Naturarena.

Die letzten Kilometer zeigen den Läufern die Altstadt der mehr als 1.000 Jahre alten Stadt Krems. Durch das Steinerne Tor hindurch laufen die Marathonis durch die malerische Fußgängerzone. Musik-Bands und Zuschauer-Jubel helfen auf den letzten langen Minuten bis zum Zieleinlauf vor den Tribünen des Kremser Stadions.

Der Zielort Krems bietet alle Voraussetzungen für einen erfolgreichen Lauf. Die Stadthalle bietet viel Platz für die Anmeldeformalitäten und die Sportmesse. Im Fußballstadion direkt nebenan ist der Zieleinlauf aufgebaut. Im Stadtpark daneben ist das Festzelt für die Siegerehrungen postiert. Nicht nur die Verpflegung an der Strecke ist optimal, auch rund um das Rennen wird bestens für die Läufer gesorgt.

Anschrift: Wachaumarathon Club,
          Obere Landstraße 14, 3500 Krems
Telefon: 02732/82853, Fax: 02732/8461822
E-mail: gutermann@wvnet.at
Homepage: www.wachaumarathon.at
Termin 2003: 14.9.; Termin 2004: 12.9.
Startzeit: 9.30 Uhr; Zielschluss: 6 Stunden
Andere Wettbewerbe: 4,2 km, 10 km, Halbmarathon
Startgebühr: 41-49 Euro
Teilnehmer gesamt: 7.500; Finisher Marathon: 1.645

Marathonhelden auf dem Heldenplatz

Wien: Vienna City Marathon   *Wien*

Der Marathon durch das Freiluft-Museum Wien wechselte seit der Premiere 1984 immer wieder die Streckenführung. Drei Konstanten ziehen sich jedoch durch all die Jahre: Zum einen wurden stets die zahlreichen architektonischen Kleinode der Stadt einbezogen. Konstante zwei ist die breite Ringstraße, die Prunkstraße Wiens schlechthin. Mit ihren historischen Prachtbauten zählte sie immer zur Kulisse des Rennens. Und das dritte ständige Element bildet der Prater, der ausgedehnte Park in den Donau-Auen, der jedes Mal in den Wiener Marathonkurs einbezogen war. Laufendes Sightseeing war also durchgehend garantiert.

Seit dem Jahr 2001 starten die Marathonläufer vor den futuristischen Hochhäusern des modernen Wien: Uno-City wurde 1979 als dritter Hauptsitz der Vereinten Nationen nach New York und Genf eröffnet. Hier steht die unentbehrliche breite Startgerade zur Verfügung. Denn das Teilnehmerfeld ist auch in der Hauptstadt der Republik Österreich in den Boomjahren des City-Marathons immer größer geworden. Ohne dass eine Kurve den Lauffluss bremsen und so die Läuferschlange zum Stehen bringen könnte, wird die Donau über die Reichsbrücke überquert. Das Hineinlaufen ins Stadtzentrum über eine Brücke und das anschließende mehrmalige Herein- und Herauslaufen aus dem Zentrum erinnert an den Köln-Marathon und ist doch so ganz anders. Die auf den Start folgenden Kilometer führen fast bis zur Urania schnurgeradeaus. Hier kann sich das Marathonfeld in die Länge ziehen und entzerren. Auf der schattigen Ringstraße wird nur einen Kilometer später das prunkvolle Gebäude der Wiener Staatsoper erreicht, wo mit dem Wiener Opernball der berühmteste und eleganteste Ball der Welt gefeiert wird. In nicht ganz so elegantem Outfit werden die Läufer hier kurz vor dem Ziel zum zweiten Mal entlangschnaufen. Gegenüber den Touristen, die Tag für Tag die Monumentalbauten bestaunen, haben die Läufer einen großen Vorteil. Sie werden nicht vom vorbeibrausenden Verkehr bei ihrer Stadtbesichtigung gestört.

Über die Linke Wienzeile erreichen die Läufer bei km 11 Schloss Schönbrunn, die ehemalige Sommerresidenz der Habsburger Kaiser. Hier lud Kaiserin Marie Theresia einst zum Hofball und die junge Kaiserin Sissi lustwandelte im riesigen Park. Vor der eindrucksvollen Barockanlage des Schlosses starteten die Läufer lange Jahre zur Marathon-Tour durch Wien.

Aber für die inzwischen über 10.000 Marathonstarter fehlt hier der Platz. Angefeuert von unzähligen Zuschauern geht es über die Mariahilfer Straße, eine 4 km lange belebte Geschäftsstraße, zurück ins Zentrum. Nach dem erneuten Einbiegen in die Ringstraße bei 15 km ist das Ziel vor der Hofburg zum Greifen nahe. Aber in Wien gibt es für Marathonläufer so viel zu sehen, dass es viel zu schade wäre, schon nach dem ersten Streckendrittel die Kurve zu kratzen. Also geht es zunächst weiter über die Ringstraßen mit Monumentalbauten en masse. Für die Stammteilnehmer stellen sich erneut Erinnerungen an zurückliegende Läufe ein, wenn sie am beeindruckenden neugotischen Rathaus vorbeilaufen, wo sich bis 2002 das Ziel befand.

Entlang des Donaukanals führt der Kurs zum Prater. Nach den vielen Prunkbauten bringen die Kilometer im Prater grüne Abwechslung. Die meisten der in Wien lebenden Marathonläufer kennen sich hier genau aus. Denn im Prater blühen nicht nur die Blumen, hier ist auch das Läufereldorado der Großstadt. Bei km 29 wird das berühmte Riesenrad erreicht, eines der Wahrzeichen Wiens. Auf der 4 km langen Prater Hauptallee, wo Tag und Nacht Jogger auf und ab rennen, fehlen die Zuschauer. Gerade hier ab km 30 haben alle Marathonis mächtig mit den Auswirkungen der langen Distanz zu kämpfen. Je nach Charakter und Einstellung sehnen sie sich Applaus-Unterstützung herbei oder freuen sich, dass sie in Ruhe gelassen werden. Ist das Lusthaus am Ende der Hauptallee umrundet, dann endlich geht es in Richtung Ziel.

Die Hofburg war über mehr als sechs Jahrhunderte der Sitz der Herrscher Österreichs und auch heute residieren hier Österreichs Bundespräsident und Bundeskanzler. Vor der Hofburg liegt ab 2003 das Ziel. Damit kehrt man an jenen Platz zurück, an dem bereits beim ersten Wien-Marathon 1984 die letzten Marathonmeter absolviert wurden. Hier werden die Marathonläufer – egal welcher Leistungsklasse – mit ihrem Zieleinlauf zu Marathonhelden. Der Platz, an dem das passiert, heißt Heldenplatz. Allerdings muss zugegeben werden, dass dieser Platz nicht wegen der Marathonläufer Heldenplatz heißt.

Mit 794 Finishern startete der Wien-Marathon 1984 im damals üblichen kleinen Maßstab. Ein solides Niveau mit Finisherzahlen zwischen 4.500 und 6.600 festigte in den Jahren 1991 bis 1999 den Ruf des Vienna City Marathons. Ab 2000 setzte das Rennen zum großen Teilnehmersprung an. Rund 9.000 erfolgreiche Finisher wurden seitdem jedes Jahr gezählt. Doch die Gesamtteilnehmerzahl dieses Rennens liegt beträchtlich höher. Über 25.000 kamen im Jahr 2002 durch Staffelmarathon, 16-km-

Lauf, Juniorlauf und Fun-Run zusammen. Damit ist der Wien-Marathon das Sportereignis der Alpenrepublik mit den meisten aktiven Teilnehmern.

Die große Runde durch Wien ist nicht vollkommen flach, sondern leicht wellig. Das bereitet jedoch keine Probleme, schnelle Zeiten und persönliche Rekorde sind möglich. Bei diesem Unterfangen werden die Läufer von rund 200.000 Zuschauern angefeuert. Das ist beträchtlich, doch sind die Marathonis in Wien über lange Passagen ganz auf sich alleine gestellt. Aber bei mehr als 10.000 Teilnehmern relativiert sich das Wort „alleine" von selbst.

Auf der ganzen Marathon-Welt sind Nudelpartys am Vorabend des Rennens üblich. Die Wiener setzten dem von Anfang an ihre typisch österreichische Variante entgegen: die Kaiserschmarrn-Party. Im Langstreckerlager ernten sie damit kräftigen Beifall. Verstärkt wird dieser Applaus durch die gediegene Atmosphäre, in der das Auffüllen der Kohlenhydrat-Vorräte vor dem Rennen vor sich geht. Denn in Wien zelebriert man selbst den Marathon in elegantem Stil. Hier findet das Drumherum nicht in irgendwelchen Turnhallen oder zugigen Riesenzelten statt. Die Orangerie des Schlosses Schönbrunn und der Festsaal des Rathauses waren in den letzten Jahren die repräsentativen Party-Paläste.

Bei der Startaufstellung gab es 2002 Probleme, langsame Läufer standen ganz weit vorne. Ansonsten haben die Wiener nach knapp drei Jahrzehnten Marathongeschichte die Organisation dieses Massenspektakels voll im Griff.

Anschrift: Vienna City Marathon, Enterprise Sport
           Promotion GmbH, Keplerplatz 12/1/5, 1100 Wien
Telefon: 01/6069510, Fax: 01/6069540
E-mail: office@vienna-marathon.com
Homepage: www.vienna-marathon.com
Termin 2003: 25.5.; Termin 2004: voraussichtlich 16.5.
Startzeit: 9.00 Uhr; Zielschluss: 5 Stunden
Startgebühr: 43 - 50 Euro
Andere Wettbewerbe: 16 km, Staffelmarathon, Fun-Run
Teilnehmerzahl gesamt: 25.200 (Limit Marathon: 12.000 Teilnehmer)
Finisher Marathon: 8.831

Einsam am Inn, Trubel in den Dörfern

Wörgl: Tirol-Vital-Marathon   *Tirol*

Auf dem Bahnhofsplatz von Wörgl herrscht ständiges Kommen und Gehen. Das ist auch am Tag des Tirol-Marathons so. Allerdings sind die meis-
ten „Reisenden" an diesem Tag recht sportlich gekleidet. Denn vor dem
Bahnhof ist das Ziel des Tirol-Marathons aufgebaut. Gestartet wird die
Marathondistanz 2003 erstmals nicht in Wörgl, sondern auf dem Oberen
Stadtplatz im benachbarten Ferienort Kufstein. Dadurch soll der Lauf
noch attraktiver gestalten werden. Mit Bussen werden die Läufer zum Start
gefahren. Die ersten 15 Kilometer verlaufen dem Inn folgend flussaufwärts.
Dann geht es durch Wörgl, wo auf dem Bahnhofsplatz das erste Mal das
Zentrum der Laufveranstaltung durchlaufen wird. Auf der Strecke der in
Wörgl startenden 21,1-km-Läufer geht es dann durch die von herrlichen
Bergen umrahmte Landschaft zum größten Teil durch das Flußtal. Hier
dominiert das Grün, Zuschauer sind Mangelware. Aber neben Wörgl und
Kufstein werden auch die Dörfer Kirchbichl, Angath und Langkampfen
durchlaufen, wo endlich die am Inn fehlenden Zuschauer stehen und Mu-
sikgruppen versuchen, bei den Teilnehmern neue Energien freizusetzen.

Auch wenn Tirol für seine Berge bekannt ist und die Läufer an einem
imposanten Bergpanorama vorbeilaufen, bleibt dieser Marathon im Flachen, seine insgesamt 70 Höhenmeter sind unerheblich.

Anschrift: Tirol-Vital-Marathon, Mag. Markus Höfle,
      Mitte 222, Tirol, 6300 Angerberg
Telefon: 0676/585 66 00
E-mail: m.hoefle@tsn.at; Homepage: www.tirol-marathon.at
Termin 2003: 28.9.; Termin 2004: 26.9.
Startzeit: 9.30 Uhr; Zielschluss: 6:30 Stunden
Höhenmeter: 70
Andere Wettbewerbe: 5 km, 10 km, Halbmarathon
Startgebühr: 40-50 Euro
Teilnehmerzahl gesamt: 1.500; Finisher Marathon: 246

Gefeierte Ultras für einen Tag

Wörschach: 24-Stunden-Benefizlauf   *Steiermark*

24-Stunden-Läufe fristen normalerweise ein Dasein im Verborgenen. In der 1.200 Einwohner zählenden Gemeinde Wörschach ist das ganz anders. Nicht weniger als 2.000 Läufer sind auf den Beinen und sorgen für viel Wirbel auf den Straßen des malerischen Städtchens. Die meisten absolvieren als Staffelläufer nur einen Teil des Tagespensums. Bis zu 24 Läufer dürfen sich die 24 Stunden teilen. Doch immerhin deutlich über 100 treten an, um herauszufinden, wie viele Kilometer sie auf eigenen Füßen innerhalb eines vollen Tages und einer ganzen Nacht zusammenbekommen. Laut Reglement kann jeder Läufer zwischendurch vier Stunden Pause machen. Aber dann kommen in dieser Zeit keine Kilometer zusammen und so verzichten die meisten auf diese Möglichkeit.

Am Samstagnachmittag um 14.00 Uhr wird gestartet. Von jetzt an drehen sich die Läufer auf einem 2.323 Meter langen, asphaltierten Rundkurs durch den Ort. Die Berge bleiben im Hintergrund, nur zehn Meter beträgt der Höhenunterschied pro Runde. Nach 19 Runden ist die Marathondistanz erreicht. Aber das zählt im Ennstal wenig, hier werden Ziele in anderen Regionen angepeilt. Der Streckenrekord liegt bei 258 Kilometern! Überall an der Strecke ist mächtig was los. Absperrgitter müssen auf manchen Passagen Läufer und Zuschauer trennen. Selbst in der Nacht sind die Läufer nicht alleine, sondern werden immer wieder angefeuert.

Anschrift: 24 Std.-Benefizlauf Wörschach, Sigrid Scherz,
        8942 Wörschach 27

Telefon: 03682/22383, Fax: 03682/22545

E-mail: info@24stundenlauf.at; Homepage: www.24stundenlauf.at

Termin 2003: 19.7.-20.7.

Fester Termin: vorletztes Wochenende im Juli

Startzeit: 14 Uhr

Höhenmeter: 10 m je Runde

Andere Wettbewerbe: Halbmarathon, 7 km

Startgebühr: 79 Euro

Teilnehmerzahl gesamt: 2.500 (Limit: 2.000)

Finisher 24 Stunden: 134 Einzelläufer

Schweiz

Ein Pokal für jeden Finisher

Basel: Basler Marathon   *Basel-Stadt*

Der Basler Marathon ist ein reiner Landschaftsmarathon. Bestrebungen, das Rennen in die Innenstadt zu verlegen, waren bislang nicht von Erfolg gekrönt. So sind die Läufer während des Laufes durch das Naherholungsgebiet „Lange Erlen" vom herbstlichen Wald und grünen Wiesen umgeben. Die Stimmung ist heimelig statt großstädtisch. Wer Gemütlichkeit dem Trubel vorzieht, der läuft hier richtig.

Vom Start auf der Tartanbahn im Stadion Grendelmatte im Basler Stadtteil Riehen führt der Kurs direkt zur Wiese. Das ist keine grüne, sondern eine rauschende. Denn Wiese heißt das Flüsschen, das im Mittelpunkt dieses Marathons steht. Mehr als die Hälfte jeder der vier 10,3 km langen Runden führt über den Uferweg dieses Gewässers. Direkt neben der Wiesendamm-Promenade, die von den Marathonläufern unter die Laufschuhe genommen wird, verläuft die Grenze zu Deutschland. Auf den Wegen durch die Natur haben die Läufer ausreichend Gesellschaft: Knapp tausend starteten 2002 über die Marathondistanz.

Die Organisation funktioniert reibungslos, schließlich hat man in Basel genügend Übung: Der Marathon wird schon seit 1975 durchgeführt. Jeder Marathonläufer, der die Distanz innerhalb des Zeitlimits von fünf Stunden bewältigt, erhält nach dem Zieleinlauf einen Pokal! Und wer will, kann am nächsten Tag gleich noch einmal starten. Dann nämlich wird der Marathon als Staffel-Wettbewerb angeboten.

Anschrift: Basler Marathon, Postfach 2270, 4002 Basel
Fax: 061/2785394
E-mail: roland.fischer@apgsga.ch; Homepage: www.lsvb.ch
Termin 2003: 25.10.
Startzeit: 10.00 Uhr; Zielschluss: 5 Stunden
Andere Wettbewerbe: Halbmarathon
Startgebühr: 22 Euro
Teilnehmerzahl gesamt: 2.000; Finisher Marathon: 863

Der große Ultra-Knüller

Biel: 100-km-Lauf von Biel   *Bern*

Der moderne 100-km-Lauf wagte seine ersten Gehversuche in der Schweiz. Grundlage waren die Ausdauermärsche, die bei den Eidgenossen schon in den 50er Jahren sehr populär waren. Der Prototyp des heute üblichen 100-km-Rennens entstand 1959. In diesem Jahr nahmen erstmals 35 Läufer eine 100 km lange Runde unter die Turnschuh-Sohlen, die im Schweizer Städtchen Biel startete. Sieht man von zahlreichen kleineren Streckenänderungen ab, wird die Runde des Jahres 1959 im Prinzip noch heute gelaufen. Aus dem bescheidenen Anfang entwickelte sich das „Mekka" des europäischen 100-km-Laufes schlechthin. Nachdem der Waldnieler „Laufpapst" van Aaken die These verbreitet hatte, 100 km seien leichter zu laufen als Marathon, versuchten sich immer mehr an dieser superlangen läuferischen Herausforderung. 1978 starteten in Biel erstmals mehr als 4.000 Teilnehmer. Doch dann wurde die Konkurrenz immer größer, Landschafts-Ultras wie der lange Kanten des Rennsteigs oder der Swiss Alpine in Davos fanden ihre Liebhaber und machten den Bielern Konkurrenz. Dort fing man den Läuferschwund auf den hundert Kilometern mit zusätzlichen Streckenangeboten auf. So stand über viele Jahre auch ein Marathon auf dem Programm, der aber für das Jahr 2003 gestrichen wurde. 2002 ließen sich rund 2.300 die einmalige Atmosphäre der hundert Kilometer nicht entgehen. Dazu kamen noch einmal gut 2.500, die auf den kürzeren Distanzen starteten.

„100 km von Biel", das bedeutet: Laufen, wenn andere schlafen! Denn im Schweizer Seeland wird um 22.00 Uhr gestartet. Was sich für die meisten Läufer exotisch und gewöhnungsbedürftig anhört, hat einen einfachen Grund: das Zeitlimit in Biel liegt bei 22 Stunden, so finisht die Spitze im Morgengrauen und das Gros der Läufer kommt bei Tageslicht ins Ziel. In der Praxis bereitet der nächtliche Start den Läufern kaum Probleme.

Wer in Biel einen Landschaftslauf erwartet, wird auf den ersten sieben Kilometern mächtig überrascht: Sie erinnern an einen Stadtmarathon. Denn die Zuschauer stehen dicht gedrängt und feuern die Ultras an. Dann geht es hinaus in die Dunkelheit der unbewohnten Landschaft. Doch bei km 17 ist damit zunächst wieder Schluss: Überwältigend wie ein kleiner Triumphzug ist der Einlauf in die Stadt Aarberg. Plötzlich stehen am Streckenrand wieder Zuschauer, dicht an dicht, mitten in der

Nacht. Über die berühmte Holzbrücke poltern die Läufer am Publikum und der mittelalterlichen Kulisse des Markplatzes vorbei. Dieser Wechsel von Einsamkeit, Stille der Nacht und Betriebsamkeit in den Orten wiederholt sich viele Male.

In Aarberg trabt das Läuferfeld noch in einem dichten Pulk vorbei. Aber auch nach vier, fünf oder zehn Stunden bleibt keiner lange Zeit ganz allein. Dafür sind es zu viele, die sich die „Nacht der Nächte" nicht entgehen lassen. Von Aarberg bis Kirchberg ist der Kurs durch ein ständiges Bergauf und Bergab gekennzeichnet. Die Augen haben sich längst an die Dunkelheit gewöhnt. Doch dann, kurz hinter Kirchberg, nach nicht ganz 60 Kilometern geht es nicht mehr ohne Taschenlampe. Denn jetzt folgt die Laufstrecke fast 10 km lang dem Leinpfad entlang der Emme, unterbrochen nur von einer Getränkestation ziemlich genau auf der Hälfte. Das ist er, jener Weg, um den sich so viele Legenden und Abenteuergeschichten ranken. Ho-Chi-Minh-Pfad wird er genannt und bei seiner Erwähnung horcht jeder Ultra ehrfürchtig auf. Dunkel, stockdunkel ist er, steinig, manchmal wurzelig und eng, sehr eng. Und endlos, immer geradeaus im Dunkeln.

Auch nach dem berüchtigten Pfad hören die Steigungen und Gefällstrecken nicht auf: Erst bei Gossliwil und km 82 ist der höchste Punkt erreicht. Aber wenn die Beine nicht mehr wollen, macht das Runterlaufen manchmal mehr Probleme als das Hochlaufen. Und von Gossliwil nach Arch werden 200 Höhenmeter auf etwa zwei Kilometern verloren.

Irgendwann wird es hell, die schöne, grüne Landschaft wird sichtbar, man kann die Berge, die man bisher nur gefühlt hat, endlich auch sehen. Die langsameren Läufer sind in dieser Beziehung im Vorteil, sie können länger im Lauf- oder Wanderschritt die schöne Landschaft des Jura genießen. Die letzten 15 km bleiben dann endlich flach, auf den letzten 5 km wird jeder Kilometer angezeigt. Bis dahin begnügen sich die Organisatoren mit 5-km-Abschnitten. Von weitem schon ist das Eisstadion zu sehen. Auf den letzten Metern ins Ziel wartet Applaus auf die müden Ultraläufer.

Hervorragend ausgeschildert ist der Kurs durch die Nacht. Große, deutliche und größtenteils beleuchtete Schilder weisen den Weg. Bei anderen Läufen wird über die Begleitfahrräder geschimpft, in Biel gehören sie zum Geschehen dazu. Die vielen Rücklichter zeigen manchmal kilometerweit den Verlauf der Strecke an, so profitieren auch die nicht direkt Betreuten vom Licht der Radfahrer. Läufer und Radfahrer bilden in Biel eine funktionierende Symbiose. Wer eine persönliche Betreuung mitgebracht hat, hat vor allem bei schlechten Wetterverhältnissen den Vorteil, dass er auf der Runde Kleidung und Schuhe wechseln kann. Aber in Sachen Verpflegung kann sich jeder Teilnehmer während der gesamten 100 km voll und ganz auf die offiziellen Angebote verlassen, die Versorgung ist vorzüglich.

Wer die schwere Bieler Strecke erst einmal antesten will, kann den Lauf in Oberramsern nach 38 km, in Kirchberg nach 58,5 km oder in Gossliwil nach 82 km beenden, kommt in die Wertung und erhält eine Teilnehmermedaille.

Der Deutsche Helmut Urbach drückte der bergigen Schweizer Runde nachhaltig seinen Stempel auf. 1966 absolvierte er aus einer Bierlaune heraus seinen ersten Bieler Hunderter in guten, aber nicht besonders auffälligen 9:26 h. Nur ein Jahr später hieß der Sieger Helmut Urbach! Mit seinen sieben Siegen in Biel wurde er zu einem Wegbereiter des 100-km-Laufes in Deutschland. Der Biel-Triumphator, der seine erste Ultra-Erfahrung in Biel noch vor seinem ersten Marathon machte, empfiehlt Ultra-Beginnern das superlange Rennen in der Schweiz: „Da läuft man immer in Gesellschaft, ist nie allein und die Organisation ist perfekt." Als zusätzlicher Aspekt kommt hinzu, dass das Aussteigen nicht so verlockend ist wie auf einer mehrmals zu laufenden 10-km-Runde. Denn bevor man stundenlang im Bus sitzt, kann man auch durchlaufen – oder durchmarschieren.

Das schwere Profil macht nicht nur Anfängern zu schaffen. Jeder Starter sollte bereits in seine Planungen vor dem Rennen einbeziehen, dass der Kurs vom gemütlichen Städtchen am Bieler See in die Erhebungen des Jura führt. Insgesamt müssen rund 550 Höhenmeter überwunden werden. Trotz oder wegen dieser langen, bergigen Herausforderung gilt der Bieler Hunderter in Ultra-Kreisen als Muss.

Anschrift: Bieler Lauftage, Postfach 224, 2560 Nidau
Telefon: 032/3318709, Fax: 032/3318714
E-mail: lauftage@compuserve.com
Homepage: www.100km.ch
Termin 2003: 13./14.6.; Termin 2004: 11./12.6.
Startzeit: 22.00 Uhr; Zielschluss: 22 Stunden
Andere Wettbewerbe: Halbmarathon, 10,5 km
Höhenmeter: 550
Teilnehmerzahl gesamt: 4.100; Finisher 100 km: 1.441

Auf steinigen Höhenpfaden durchs Alpenpanorama

Davos: Swiss Alpine Marathon   *Graubünden*

Mit vielen Höhenmetern gewürzte Marathondistanzen in den Alpen haben Konjunktur. Das zeigt sich nicht nur an der steigenden Zahl von extrem anspruchsvollen Rennen über 42,195 km, sondern auch in der Verschiebung der Teilnehmerzahlen innerhalb einer Traditionsveranstaltung wie dem Swiss Alpine Marathon. Lange Zeit war die Ultradistanz über 78,5 km, der „K78", das Maß aller Dinge. Wer über die kürzeren Distanzen antrat, hatte halt nicht mehr drauf. In den letzten Jahren hat sich das gewandelt. Der „K42" ist jetzt der beliebteste unter den Davos-Distanzen, 1.000 finishten hier 2002, jeweils gut 800 über 78,5 km und 30 km.

Die im Kurort Davos startenden Ultraläufer erwartet ein Rennen im hochalpinen Gelände mit einer extremen Höhendifferenz von 2.320 m. Zunächst aber verlieren sie auf den ersten 30 km bis Filisur 450 Höhenmeter. Angesichts dieser „Anlaufhilfe" muss die Devise für die Ultras lauten: Vorsichtig anlaufen, nicht überziehen. Gerade unter den außergewöhnlichen Bedingungen der Alpenregion zahlt sich ein vorsichtiger Beginn doppelt aus. Das wird auf den ersten Wettkampf-Kilometern dadurch

Lauf durch die grandiose Bergwelt bei Davos

Unerwartete musikalische Aufmunterung mitten in den Bergen

erschwert, dass gleichzeitig mit den „K78"-Läufern die Kurzstreckler über 30 km starten und zu einem flotten Renntempo verleiten.

Das 30-km-Ziel ist in Filisur aufgebaut. Für die Ultras bildet der Ort nur ein erstes Etappenziel. Auf den nächsten Kilometern ändern sich die Anforderungen grundlegend: Jetzt geht es bergan. Das nächste große Etappenziel, die Keschhütte liegt 1.550 m höher bei km 52,9. Auf dem Weg dorthin wird Bergün durchlaufen, wo die Ultras mächtig gefeiert werden. Von hier sind es noch 42 km bis zum Ziel in Davos. Das bedeutet, dass hier die Marathonläufer starten. Die „K42"er haben sich das landschaftliche Filetstück dieses Laufes ausgesucht – es ist aber auch der härteste Abschnitt. Auf schmalen Bergpfaden schlängeln sich die Läufer in einer nicht enden wollenden Kolonne bergauf zur Keschhütte, die 2.632 m über dem Meeresspiegel liegt. Natürlich laufen hier oben nur die absoluten Spitzenläufer. Alle anderen gehen, während der Blick immer mal wieder kurz zum eindrucksvollen Gletscher des Piz Kesch springt.

Auf den nächsten 7 km bis zum Scalettapass liegt den Läufern die Bergwelt zu Füßen. Der Panoramatrail ist ein in schwindelerregender Höhe am steilen Hang entlang führender steiniger Höhenpfad. Die Läufer befinden sich hier in einem Zwiespalt. Bei schönem Wetter könnten sie das unvergessliche Panorama genießen. Doch jedes Umschauen auf diesem Weg ist gefährlich. Jeder Fehltritt kann böse Folgen haben. Aber jedes Stehenbleiben zum Genießen der Landschaft kostet Zeit und staut die Läuferschlange auf! Der Panoramatrail hat sich als zu eng für alle Läufer erwiesen. Deshalb müssen die „K42"er den rund einen Kilometer längeren Weg über die Alb Funtauna nehmen. Auch für nicht schwindelfreie Ultras steht diese Variante offen.

Ab dem Scalettapass laufen alle wieder auf dem gleichen Weg. Hier oben ist das Reich des Laufarztes Dr. Beat Villiger. Er schaut jedem Läufer persönlich in die Augen. Denn zu den Anforderungen von Streckenlänge und Höhenmetern gesellt sich die dünne Luft. Er, ganz allein er, erteilt die Erlaubnis zum Weiterlaufen. Denn der Abstieg über felsigen Untergrund ist keine leichte Sache. Auf den vier Kilometern bis Dürrboden verlieren die Läufer auf unangenehm zu laufenden Pfaden mit viel Geröll 600 Höhenmeter! Die blauen Zehennägel, die sich unzählige Läufer hier geholt haben, sind noch das geringste Übel. Auf den letzten 14 Kilometern bis zum Ziel ist der Parcours wieder fair zu laufen.

Ab 2003 wird es in Davos einen zweiten Marathon geben. „C42" nennt er sich. Das C steht für Cross und er führt von Davos nach Bergün. Dieser Lauf bietet je nach Sichtweise den Vor- oder Nachteil, dass er keine hochalpinen Anforderungen an die Läufer stellt. Statt der 1.890 Höhenmeter des „K42" werden hier den Läufern „lediglich" 830 Bergauf-Meter abverlangt. Die wunderschöne Alpen-Landschaft umgibt die Läufer allerdings auch hier.

Anschrift: Swiss Alpine Marathon Davos,
          P.O. Box 41, 7270 Davos Platz
Telefon: 081/4011490, Fax: 081/4011489
E-mail: info@swissalpine.ch
Homepage: www.swissalpine.ch
Termin 2003: 26.7.
Fester Termin: letzter Samstag im Juli
Startzeit: 8.00 Uhr (78,5 km + C42); 10.00 Uhr (K42)
Höhenmeter: 2.320 (78,5 km), 1.890 (K42) und 830 (C42)
Andere Wettbewerbe: 30,8 km
Startgebühr: 80 - 95 Euro
Teilnehmerzahl gesamt: 4.050
Finisher 78,5 km: 880; Finisher Marathon: 1.000

Im Mekka der Waffenläufer

Frauenfeld: Frauenfelder — *Thurgau*

Vom Marktplatz in Frauenfeld nach Wil und zurück führt die Runde des „Frauenfelder". Dabei ist es immer hügelig, die meisten der aufaddierten 520 Höhenmeter werden aber auf dem Hinweg gemeistert, auf dem Rückweg geht es überwiegend bergab. Das Ziel ist nicht ohne Grund in der Frauenfelder Stadt-Kaserne. Denn die Marathonläufer sind seit dem Jahr 2000 als Gäste auf der Originalstrecke des Frauenfelder Militärwettmarsches unterwegs. Der schon 1934 zum ersten Mal durchgeführte Marsch ist das Highlight dieser Schweizer Spezialität. Dabei wird in einem Tarnanzug gelaufen, ein Rucksack mit mindestens 6,2 kg Gepäck inklusive Gewehr muss mitgeführt werden.

Von einer militärischen Ausbildungs-Übung haben sich die Waffenläufe zu einer eigenständigen Sportdisziplin entwickelt. In den 70er und 80er Jahren starteten etwa 7.000 bis 8.000 Waffenläufer jährlich. Heute nehmen an den elf zur Schweizer Meisterschaft zählenden Wettkämpfen jeweils 400 bis 700 Läufer teil. Gelaufen wird nicht mehr in schweren Militärstiefeln, sondern in modernen Sportschuhen. Das macht sich bei den Zeiten bemerkbar: Den Frauenfelder Militärmarsch 2002 gewann Daniel Keller in 2:50:40 Stunden, den Marathon für „zivile" Läufer ganz ohne Waffe und Rucksack Michael Seiler in 2:42:19 Stunden. Groß ist der Unterschied nicht!

Anschrift: OK Frauenfelder, Postfach, 8524 Uesslingen
Telefon: 052/7461378, Fax: 052/7461000
E-mail: info@frauenfelder.org
Homepage: www.frauenfelder.org
Termin 2003: 16.11
Startzeit: 10.30 Uhr; Zielschluss: 6 Stunden
Höhenmeter: 520
Andere Wettbewerbe: Halbmarathon
Startgebühr: 33 CHF
Teilnehmerzahl gesamt: 1.251; Finisher Marathon: 200

Kein Käse!

Hindelbank: 50-km-Lauf Emmental   *Bern*

Bekannt wurde das Emmental durch den nach ihm benannten Käse. Der Emmentaler Käse war die Antwort dieses Tales im Kanton Bern auf den Alpenkäse. Bis 1800 glaubte man nämlich, nur aus Alpenmilch sei guter Käse zu gewinnen. Heute ist der Emmentaler in aller Welt bekannt. Der 50-km-Lauf-Emmental ist aber keinesfalls eine Antwort auf die viel bekannteren Bergmarathons in den Alpen. Denn dieser echte Fünfziger war zuerst da. Schon seit 1972 wird hier gelaufen und viele Schweizer Ultraläufer bauen das Rennen zielgerichtet in ihre Biel-Vorbereitung ein.

Gestartet wird in Hindelbank, ein paar Kilometer von Burgdorf entfernt. Wie bei den Bergmarathons wird während der 50 km langen Runde, die zum überwiegenden Teil auf Asphalt gelaufen wird, viel Natur mit tollen Aussichten geboten. Dafür sind aber auch rund 900 Höhenmeter zu bewältigen. Die erste Hälfte steigt beständig an, das letzte Stück hinauf zum Menziwilegg ist dann doch ziemlich steil. Die zweite Hälfte führt überwiegend bergab. Ab und an wird aber auch der Rückweg durch saftige Steigungen aufgemischt.

Der Lauf- und Marschverein Emmental hat die Veranstaltung organisatorisch im Griff. Hervorgegangen ist der Verein – typisch schweizerisch – aus dem von Waffenläufern gegründeten Wehrsportverein Burgdorf. Heute steht der Sport ohne Waffe nicht nur in diesem Verein im Vordergrund.

Anschrift: LMV Emmental, PF 657, 3401 Burgdorf
Telefon: 034/4024252
E-mail: ernstiseli@hotmail.com
Homepage: www.lmve.ch
Termin 2003: 24.5.; Termin 2004: 22.5.
Startzeit: 9.00 Uhr; Zielschluss: 7 Stunden
Höhenmeter: 900
Andere Wettbewerbe: 5 km, 25 km
Startgebühr: 40 CHF; Finisher 50 km: 490

Nicht nur die Aussicht raubt den Atem

Interlaken: Jungfrau-Marathon   *Bern*

Die Eigergletscher-Moräne führt bis in die Höhe von 2.205 m

Das Jungfraumassiv mit der berühmten Gipfelgruppe von Jungfrau, Mönch und Eiger hat die Menschen zu allen Zeiten fasziniert. So war es nur eine Frage der Zeit, bis auch die Läufer dieser Faszination erlegen waren. Nachdem der Swiss Alpine Marathon von Davos gezeigt hatte, dass ein Ausdauer-Wettkampf im hochalpinen Gelände attraktiv ist und viele Anhänger findet, setzte der ehemalige Hindernisläufer und Trainer Heinz Schild seine Idee eines Jungfrau-Marathons 1993 erstmals in die Praxis um.

Neben dem einmaligen Alpen-Panorama ist Abwechslung der große Trumpf des Jungfrau-Marathons. Er ist ein Berg-Marathon in hochalpinem Gelände, trotzdem gibt es aber etliche Passagen in den Orten mit vielen Zuschauern. Die schneebedeckten Gipfel ziehen die Blicke der Läufer an, trotzdem bleibt das Rennen lange Zeit in der Ebene, gibt Gelegenheit, die Schönheiten des Berner Oberlandes im Laufschritt zu erkunden und zu genießen. Natürlich sind die aus Gletschern gespeisten Bäche und Felswände spektakulär, aber auch Wälder, durch die der Wettkampf führt bevor die Baumgrenze erreicht ist, haben ihren Reiz. Und auf den meisten Wettkampfkilometern kann man die Silhouette der Jungfrau sehen.

Nach dem Start mitten in der Stadt, beim Grand-Hotel Victoria-Jungfrau, wird zunächst eine Runde durch Interlaken gelaufen, ein auf dem Schwemmland zwischen Brienzer See und Thuner See gebauter Ort. Mit einem Abstecher zum Brienzer See bleibt die Strecke auf den ersten zehn Kilometern bis nach Wilderswill total flach. Nach Überquerung einer romantischen Holzbrücke in Wilderswill folgt der erste richtige Berglauf-Kilometer. Entlang des rauschenden Flüsschens Lütschine geht es nach Lauterbrunnen. Die Szenerie drumherum wird deutlich rauer. Aber auch auf den zweiten 10 km bis nach Lauterbrunnen halten sich die Anstiege mit 280 Höhenmetern noch in Grenzen. Dort sorgen Musikgruppen und viele Zuschauer für Volksfeststimmung. Mit den Bahnen in der touristisch voll erschlossenen Region können die Zuschauer problemlos verschiedene Punkte anfahren, um so ihre Läufer mehrmals zu unterstützen. Lauterbrunnen ist auch deshalb für die Zuschauer so interessant, weil der Kurs hier eine Schleife bildet und die Läufer zweimal durch den Ort kommen.

Bei km 26 ist Schluss mit lustig. Über 1.400 m Steigung müssen auf den letzten 14 km überwunden werden. Zunächst geht es in endlosen Serpentinen hinauf in den Wintersportort Wengen. Hier steht wieder das Publikum und feiert die Läufer, bevor der letzte und entscheidende Teil der Härteprüfung beginnt. Durch Wälder und über Schotterwege geht es weiter zur Wengener Alp, wo das eigentliche Skigebiet beginnt. Jetzt löst das Grün der Weiden den Wald ab. Giftige Anstiege und eine wahnsinnige Aussicht rauben den Atem. Beeindruckende Felswände, den Eigergletscher und die majestätische Dreiergruppe der Viertausender vor Augen, geht es – für die meisten im wahrsten Sinne des Wortes – dem Ziel entgegen.

Je näher die Marathonis der berühmt-berüchtigten Eigergletscher-Moräne kommen, desto enger und unwegsamer werden die Wege. Hier sollte man auf keinen Fall oberhalb des Limits laufen. Denn neben Kraft und Ausdauer wird gerade in diesem Bereich auch die Koordination gefordert. Das Belaufen der Moräne nach 40,4 Rennkilometern ist der absolute Höhepunkt, sowohl vom Erlebnis als auch von der Höhe her. 2.205 Höhenmeter sind hier erreicht. Von jetzt an führen die letzten beiden Wettkampfkilometer bergab.

Auf der Kleinen Scheidegg in 2.099 m Höhe, umgeben von der Kulisse der Viertausender, lockt das Ziel. Hier stehen die von den Startern in Interlaken abgegebenen Kleiderbeutel und warme Duschen für die Finisher bereit, eine logistische Meisterleistung. Die Organisation ist nicht nur auf diesem Gebiet absolut professionell. Die vielen Verpflegungsstände stehen immer genau da, wo der Läufer sie braucht. Einziger Kritikpunkt: Auch das

Hinunterfahren mit der Bergbahn nach dem Zieleinlauf ist beschwerlich, denn sie ist hoffnungslos überfüllt und für solche Läufermassen eben nicht gebaut. Das ist ein Grund für die strenge Limitierung der Teilnehmer.

Das Wetter kann natürlich in solch hochalpinen Regionen übel mitspielen. In manchen Jahren betrug der Temperaturunterschied zwischen dem Start in Interlaken und dem Ziel auf der Kleinen Scheidegg über 15 Grad. Bei der langen Zeit, die alle für die schweren 42,195 km bergan benötigen, sollte die Kleidung also sehr sorgsam ausgesucht werden. Ein sommerliches Trägerhemdchen wirkt sicher sehr sportiv, bietet aber auf den von fast allen Läufern gehend absolvierten steilsten Kilometern keinerlei Wind- und Kälteschutz. Da ist die Gefahr des Auskühlens nicht weit. In Gletschernähe halten die Verpflegungsstellen Decken für frierende Läufer bereit.

Zum 10. Laufjubiläum 2002 fand der Jungfrau-Marathon als Doppelveranstaltung mit je einem Lauf am Samstag und am Sonntag in Richtung Jungfrau statt. Doch das war ein einmaliges Zugeständnis an die vielen, vielen Interessenten, wobei es einige ganz „harte Fälle" gab – diese bestritten beide Rennen. Nach 6.700 gemeldeten Läufern, von denen 5.260 finishten, wird ab 2003 die Teilnehmerzahl auf 4.000 Meldungen beschränkt. Die vielen Helfer, die für die Durchführung eines solchen Großereignisses in extremer Lage erforderlich sind, sind nicht jedes Jahr für zwei Tage hintereinander zu motivieren. Da heißt als Konsequenz für den Läufer: Früh melden.

Zu guter Letzt ein Warn-Hinweis für alle, die sich nach dem Lesen gleich anmelden wollen: Dieser Lauf ist nichts für Einsteiger! Das Bezwingen der Jungfrau sollte eher einen besonderen Höhepunkt im Leben eines erfahrenen Marathonläufers darstellen.

Anschrift: Jungfrau-Marathon, Postfach 356, 3800 Interlaken
Telefon: 033/8283737, Fax: 033/8283734
E-mail: info@jungfrau-marathon.ch
Homepage: www.jungfrau-marathon.ch
Termin 2003: 6.9.; Termin 2004: 11.9.
Startzeit: 8.45 Uhr; Zielschluss: 6:30 Stunden
Höhenmeter: 1.823
Startgebühr: 100 CHF
Teilnehmerzahl gesamt: 5.630 (Limit: 4.000; Auslosung der Startplätze im März)
Finisher Marathon: 5.260

Asphaltband mit Alpenblick

Lausanne: Lausanne-Marathon · *Waadt*

Lausanne gilt als die Olympische Hauptstadt, denn von hier werden die Geschicke der modernen Olympischen Spiele gelenkt. Keine zwei Kilometer vom Marathonstart entfernt, im Stadtteil Vidi, residiert das Internationale Olympische Komitee. Und direkt vor dem 1993 erbauten Museum, das die ereignisreiche Geschichte der Olympischen Spiele dokumentiert, finishen die müden Marathonhelden.

Trotzdem ist der Lausanne-Marathon kein typischer City-Marathon. Nur die ersten und letzten Kilometer der Strecke berühren die Stadt. Nach dem Start am Mailand-Platz laufen die Marathonis auf direktem Weg

Die Nurmi-Statue im Garten des Olympischen Museums

hinaus aus der City an den See. Die vielen Sehenswürdigkeiten der Stadt müssen sich die Läufer wie ganz normale Touristen vor oder nach dem Marathon ansehen. Doch die landschaftliche Hauptattraktion dieser Region bleibt ihnen während des Marathons durchgängig erhalten: Bis zum Wendepunkt folgt der durchgehend asphaltierte Kurs auf breiter Straße meist dem Ufer des Genfer Sees. Das blau schimmernde Wasser des riesigen Sees auf der einen, die grünen Weinberge auf der anderen Seite der Laufstrecke, bilden eine malerische Kulisse. Als Krönung blitzen die schneebedeckten Gipfel der nahen Alpen bei gutem Wetter in der Sonne. Die Wettkämpfer bleiben nicht immer direkt am Ufer, sondern durchlaufen auch die zahlreichen am See liegenden Ortschaften. Hier stehen applaudierende Zuschauer, doch meist bleiben die Läufer unter sich. Da der Rückweg zum Ziel etwas kürzer ist, wird der Wendepunkt erst nach 22 km erreicht. Nach dessen Umrundung dürfen alle Läufer die gleiche, natürlich verkehrsfreie Strecke noch einmal genießen. Der Aufstieg in die Stadt bleibt ihnen erspart. Das Ziel ist in der Stadt der Olympischen Ringe nämlich auf Seehöhe aufgebaut. Hier im großen Park des Olympischen Museums stehen 29 Kunstwerke, darunter auch das Nurmi-Denkmal. Vor dem Ehrenmal für den erfolgreichsten Läufer aller Zeiten bleiben die Langstreckler immer wieder ehrfürchtig stehen und lassen sich mit der Statue fotografieren. Die Bronzekopie ist ein Geschenk des finnischen olympischen Komitees an das IOC.

Das Streckenprofil ist wellig. Da aber steile Passagen fehlen, laufen sich die 42,195 km flüssig und lassen gute Zeiten zu. Das Ziel am Seeufer liegt 36 m tiefer als der Start im Zentrum von Lausanne. Diese Differenz bleibt im erlaubten Limit, alle erzielten Ergebnisse sind also bestenlistenreif. Die Versorgung auf der Strecke ist gut, das Angebot im Ziel ganz besonders gut. Weniger gut gefällt dagegen erschöpften Finishern der fast 1 km lange Weg vom Ziel zu den Kleiderbeuteln. Bei schönem Wetter funktioniert das. Aber wenn ein kalter Wind weht, kann es recht ungemütlich werden. Da das Ziel 6:30 Stunden lang offen gehalten wird, bietet sich der Marathon-Leckerbissen am See auch für flotte Walker an. Die meisten der knapp 7.500 Teilnehmer starten auf der Halbmarathonstrecke. Sie haben die seltene Gelegenheit, praktisch die gesamte Marathonstrecke abzulaufen und trotzdem nur 21,1 km zurückzulegen. Denn sie starten beim Wendepunkt der Marathonläufer und laufen von dort zurück nach Lausanne.

Anschrift: Lausanne-Marathon, Case postale 31, 1162 Saint-Prex
Telefon: 021/8063016, Fax: 021/8062548
E-mail: bruchez.robert@organisations.org
Homepage: lausanne-marathon.com
Termin 2003: 26.10.
Startzeit: 10.15 Uhr; Zielschluss: 6:30 Stunden
Andere Wettbewerbe: 5 km, 10 km, Halbmarathon
Startgebühr: 32 CHF
Teilnehmerzahl gesamt: 7.426
Finisher Marathon: 1.657

Von der (Haupt-)Stadt zum Mond

Lenzerheide: Graubünden Marathon   *Graubünden*

„Von der (Haupt-)Stadt zum Mond", unter dieses ehrgeizige Motto haben die Veranstalter in Lenzerheide ihren Marathon gestellt, der 2003 anlässlich der 200-Jahrfeier „Graubünden in der Eidgenossenschaft" Premiere haben wird.

Der Marathon startet in Chur, der Hauptstadt des Kantons Graubünden. Über das Hochtal der Lenzerheide führt der Kurs auf den Gipfel des Parpaner Rothorns. Das neue Berg-Event soll mit 2.727 Höhenmetern die bekannten Alpenmarathons noch toppen. Die 451 Höhenmeter, die zwischendurch bergab führen, machen das Rennen auch nicht einfacher. Die Strecke, die aus nur wenigen Asphaltkilometern besteht, dafür aber aus vielen Single-Trails, Wander- und Forstwegen, ist laut Veranstalter „zum Teil exponiert, aber nie gefährlich". Für schlechtes Wetter (Nebel oder Schnee) ist eine entschärfte Streckenvariante zum Gipfel vorgesehen. Zum Kennenlernen soll alternativ am Tag vor dem Marathonrennen der „Rothorn-Run" angeboten werden, der über die letzten zehn Kilometer der Marathonstrecke führt und immerhin noch 1.396 Höhenmeter aufweist, was immerhin eine brutale Durchschnittssteigung von fast 14 Prozent bedeutet.

Die Veranstalter rechnen für ihren Premierenlauf mit 500 Teilnehmern, alles in allem eine große Herausforderung sowohl für die Läufer als auch für die ehrgeizige Organisation.

Anschrift: Tourismusverein Lenzerheide-Valbella,
Sport- und Eventmanagement,
Via Principala 68, 7078 Lenzerheide
Telefon: 081/3851120, Fax: 081/3851121
E-mail: sport@lenzerheide.ch
Homepage: www.graubuenden-marathon.ch
Termin 2003: 28.6.
Startzeit: 9.00 Uhr
Höhenmeter: 2.727
Andere Wettbewerbe: 10 km

Extrem, extremer, Swiss Jura

Swiss Jura Marathon (7-Tageslauf):	*Schweiz*
Genf-Basel (323 km)	

Bei diesem Lauf ist alles extremer als bei allen anderen in diesem Buch beschriebenen Rennen. Das beginnt mit der Ortsangabe. Normalerweise beinhaltet die Überschrift den Kanton oder das Bundesland in dem der jeweilige Lauf stattfindet. Das ist hier unmöglich, denn der Swiss Jura Marathon führt über 323 km einmal quer durch die ganze Schweiz: Vom Genfer See über den Jura Höhenweg bis zum Rhein nach Basel. Da diese superlange Distanz natürlich nicht in einem Stück zu bewältigen ist, teilen die Organisatoren die Strecke auf sieben Tage auf. Die einzelnen Etappen liegen alle um den Marathon-Bereich, genau gesagt zwischen 37 und 53 km.

Zusammengerechnet kommen auf dieser Lauf(tor)tour nicht weniger als 8.000 (!) Höhenmeter zusammen. Damit ist sie Europas längster Berglauf. Aber eben nicht nur das. Täler, Städte und sanfte Hügelketten werden durchlaufen. Immer wieder genießen die Läufer so atemberaubende Aussichten, dass ein Weiterlaufen sich eigentlich verbietet. Da die Organisatoren nicht nur die Leistungsläufer im Blickpunkt haben, haben sie sich etwas besonderes einfallen lassen. Im jährlichen Wechsel bieten sie ihren Extremlauf als Wettkampf und als Erlebnislauf in Leistungsgruppen zu jeweils 4-8 Läufern an. Diese gemütliche Ausgabe des Swiss Jura steht 2003 an, 2004 kann dann wieder um Plätze in der Ergebnisliste gefightet werden.

Anschrift: Swiss Marathon Team, Urs Schüpbach,
      PF 431, 4106 Therwil
Telefon: 061/7215626, Fax: 061/7215626
E-mail: u.schuepbach@freesurf.ch
Homepage: www.swissjuramarathon.com
Termin 2003: 29.6.-5.7.
Fester Termin: 1. Woche im Monat Juli
Höhenmeter: über 8.000
Startgebühr: 690 CHF
Teilnehmerzahl gesamt: 100
Finisher: 80

Südländisches Flair am Lago Maggiore

Tenero: Maratona Ticino *Tessin*

Mit Ausnahme des Zürich-Marathons führen die teilnehmerstärksten Marathonläufe der Schweiz über Berge. Wer will, kann aber auch durchaus flache Marathons anvisieren. Eine attraktive Gelegenheit dazu ist der Lauf, der im italienisch sprechenden Teil der Schweiz „Maratona Ticino" heißt. Diese im deutschsprachigen Raum als Tessin-Marathon bekannte Traditionsveranstaltung wird 2003 bereits zum 21. Mal ausgetragen. Schon mehrmals wurden hier die Schweizer Marathonmeister ermittelt. Den ganz großen Marathonboom hat man aber verschlafen. Mit knapp 258 platzierten Marathon-Finishern 2002 gehört man längst nicht mehr zu den Teilnehmer-Magneten. Über 1.000 früher gestartete Halbmarathonläufer begnügen sich mit einer Runde, die Marathonis absolvieren zwei.

Nach dem Start wird zunächst einmal eine Schleife durch die Magadino-Ebene gelaufen. Nach neun Kilometern sind alle nur ein paar Meter vom Start entfernt und rennen jetzt nach Locarno hinein. Hier führt das Rennen über die berühmte Seepromenade der Stadt, macht einen Schwenk im Ort und führt auf gleichem Weg am Ufer des Lago Maggiore zurück. Aufgrund des milden Klimas gedeihen Feigen-, Oliven- und Granatapfelbäume. Südländisches Flair ist also garantiert. Trotzdem sind im November, wenn die Marathonläufer starten, keine Mittelmeer-Temperaturen zu erwarten, eher optimales Wettkampfwetter.

Anschrift: Maratona Ticino, Società Atletica, Vis Nova,
     Ilaria Antognoli Bricalli, Contrada Guasta 8,
     6512 Giubiasco

Telefon: 091/8575360 (Mo - Mi, nachmittags), Fax: 091/8575360

E-mail: info@maratona-ticino.ch
Homepage: www.maratona-ticino.ch
Termin 2003: 9.11.
Startzeit: 10.00 Uhr
Andere Wettbewerbe: Halbmarathon
Startgebühr: 25 - 30 CHF
Teilnehmerzahl gesamt: 1.270; Finisher Marathon: 258

Meter machen im Oktober

Trubschachen: Napf-Marathon, Emmental   *Bern*

Nicht immer sind die Wege beim Napf-Marathon so breit wie hier

Unten im Tal auf dem Bahnhofsvorplatz in Trubschachen liegt der Start. Von hier bis km 20 ist jetzt durchgehend Berganlauf angesagt. Über 600 Höhenmeter müssen auf Asphalt, festen Waldpfaden, vor allem aber auf Naturwegen überwunden werden, bis der Napf, mit 1.407 m der höchste Punkt, erreicht ist. Auf den 22 Rückweg-Kilometern werden die Höhenmeter nach und nach wieder verloren. Zwischendurch sorgt immer wieder mal ein Anstieg für Abwechslung. Im Oktober, wenn die Saison der hochalpinen Bergmarathons längst abgeschlossen ist, bietet der Napf-Marathon noch einmal eine gute Gelegenheit, gleichzeitig Marathonkilometer und Höhenmeter zu sammeln.

Anschrift: OK Napf-Marathon Emmental, Ursula Reber,
        Ilfisstrasse 19, 3555 Trubschachen
Telefon: 034/4956011
E-mail: meldestelle@napf-marathon.ch
Homepage: www.napf-marathon.ch
Termin 2003: 12.10.; Termin 2004: 10.10.
Fester Termin: 2. Sonntag im Oktober
Startzeit: 9.00 Uhr; Zielschluss: 7 Stunden
Höhenmeter: 1.500
Startgebühr: 40 CHF
Teilnehmerzahl gesamt: 501; Finisher Marathon: 467

„Courage madame, courage!"

Val-de-Travers: Défi Val-de-Travers
Neuchâtel

„Ein sehr schöner Lauf", schwärmt Ulrike Steeger, eine der besten deutschen Ultra-Spezialistinnen vom Défi, schränkt aber gleich ein: „Der Lauf ist wahnsinnig schwer. Die Bergabpassagen sind teilweise sehr gefährlich. An einer ging es so steil runter, dass sie mit einem Seil gesichert war. Da habe ich erst mal abgestoppt und erstaunt runtergeschaut. ‚Courage madame, courage!' feuerte mich der dort stehende Streckenposten gleich an. Was sollte ich da machen? Ich musste da runter!"

Obwohl die Rennkilometer nicht im hochalpinen Raum, sondern in der von Kalksteinformationen geprägten Landschaft des Jura heruntergespult werden, erschweren rund 2.000 Höhenmeter die 72-km-Distanz. Sie bilden die lange Variante dieser Veranstaltung, die seit 2002 am neuen Sportzentrum in Couvet gestartet wird. Die Marathonis gelten hier als „Mittelstreckler". Aber auch ihr Kurs enthält immerhin 800 Höhenmeter. Die ersten knapp 30 Kilometer werden zusammen absolviert. Die große Herausforderung auf diesem Teil ist nach einigen Einlaufkilometern der 1.382 m hohe Berg Soliat. Nach dessen Überwindung geht es wieder ganz tief hinunter ins Tal. Den zweiten Hammer, den 1.606 m hohe Chasseron, müssen nur noch die Ultraläufer überwinden. Der Defi Val-de-Travers ist ein landschaftlicher Leckerbissen. Die Verpflegung ist super, die Leute sind freundlich. Französisch-Kenntnisse sind jedoch von großem Vorteil, denn hier befindet sich der Läufer im französisch sprechenden Teil der Schweiz. Selbst die Siegerehrung findet ausschließlich auf Französisch statt.

Anschrift: Défi Val-de-Travers, Case postale 129, 2114 Fleurier
Telefon: 032/8614408, Fax: 032/8613372
E-mail: info@defi-vdt.ch
Homepage: www.defi-vdt.ch
Termin 2003: 23.8.
Startzeit: 7.00 Uhr
Andere Wettbewerbe: Halbmarathon, Jugendläufe
Höhenmeter: 2.000 (72 km), 800 (Marathon)
Finisher 72 km: 162; Finisher Marathon: 149

Vom City-Marathon bedroht

Winterthur: Winterthur-Marathon   *Zürich*

Mit 1.700 Gesamtteilnehmern und 820 Marathon-Finishern hat sich der seit 1999 durchgeführte Winterthur-Marathon einen vorderen Platz unter den Marathon-Events in der Schweiz sichern können. Aber es wird schwer werden, diese Position zu halten. Denn die rund 25 km entfernte Kanton-Hauptstadt Zürich ist seit 2003 als Mitbewerber um die Startgebühren der Läufer auf dem Markt. Zürich hat seinen Termin nur sechs Wochen vor den Winterthur-Marathon gelegt, und in den nächsten Jahren soll der zeitliche Abstand so bleiben. In der Konkurrenzsituation von City-Marathon und Landschaftslauf hat es die ruhigere Variante immer schwer. Für das Jahr 2003 hat der Schweizer Leichtathletik-Verband den Winterthurern noch Schützenhilfe gegeben: Hier wird die Schweizer Marathonmeisterschaft entschieden.

Die Strecke findet guten Anklang bei allen Teilnehmern. Sie besteht aus einer einzigen großen Runde durch Winterthur und die reizvolle Landschaft um die Stadt. Malerische Orte im Umland werden durchlaufen. Für Schweizer Verhältnisse halten sich die Höhenunterschiede in ganz engen Grenzen. 95 Prozent der Strecke sind asphaltiert. Organisation und Verpflegung unterwegs fallen positiv auf. Für alle erfolgreichen Marathonläufer gibt es hinterher ein Finisher-Leibchen.

Anschrift: Winterthur-Marathon, Trodag, 8487 Zell
Telefon: 052/3831656, Fax: 052/3832041
E-mail: marathon@cervo.ch
Homepage: www.winterthur-marathon.ch
Termin 2003: 25.5.
Startzeit: 9.00 Uhr; Zielschluss: 5:30 Stunden
Höhenmeter: 100
Andere Wettbewerbe: Halbmarathon
Startgebühr: 66 CHF
Teilnehmerzahl gesamt: 1.700; Finisher Marathon: 820

Das höchste Marathonziel Europas

Zermatt: Zermatt Marathon *Wallis*

Das Matterhorn zieht die Läuferblicke magisch an.

Schweizer sind genau: So wird der Zermatt-Marathon pünktlich um 9.07 Uhr gestartet. Vom erlösenden Schuss bis zum Erreichen der Ziellinie addieren sich die Höhenmeter, die während der 42,195-Wettkampf-Kilometer zu überwinden sind, auf die stolze Summe von 2.189.

Dieser Bergmarathon der extremen Art besteht aus zwei sehr unterschiedlichen Hälften. Das erste 21-km-Teilstück führt vom 1.085 m hoch gelegenen Ort St. Niklas bis in den weltberühmten Fremdenverkehrsort Zermatt. Nicht einmal 600 Höhenmeter werden bis dahin abgehakt, während die Läufer überwiegend über Wanderwege am linken Ufer der Vispa laufen. Schon hier wandert der Blick immer wieder zum majestätischen Gipfel des Matterhorns. Auf der Bahnhofstraße mitten in Zermatt wird der Halbmarathonpunkt erreicht, die Läufer werden versorgt und gefeiert. Noch zwei Kilometer und dann beginnt der Ernst des Lebens: Auf der Naturstraße geht es hinauf bis Sunnegga. Dabei müssen weitere 600 Höhenmeter erklommen werden, aber diesmal nicht verteilt auf 21 Kilometer, sondern nur auf gut 6 km. Das macht eine durchschnittliche Steigung von 9,5 Prozent! Die darauf folgenden knapp 6 km bis zur Riffelalp schonen die Muskeln, da es ganz leicht bergab geht. Das verschafft etwas Zeit zum Durchatmen vor dem großen Finale. Noch einmal 6 km und das Ziel ist erreicht, aber was für Kilometer! Rund 800 Höhenmeter sind es noch hinauf auf den Gornergrat. Das ist extrem hart und bedeutet für die meisten Teilnehmer, dass sie dieses Rennen mit einer Bergwanderung abschließen. Im Ziel stehen sie auf einem Felskamm hoch über dem ewigen Eis des Gornergletschers.

Der Zermatt-Marathon ist noch jung. Erst 2002 fand seine Premiere statt. Carolina Reiber, die erste Siegerin, ordnet das neue Extrem-Marathon-Event so ein: „Der Zermatt-Marathon ist viel schwerer als der Jungfrau-Marathon, weil er auch rhythmisch sehr schwer zu laufen ist. Das Gelände ist sehr hart, aber auch sehr schön." Dass bei einem Landschaftsmarathon aber auch der Wettergott ein gewichtiges Wörtchen mitredet, mussten alle Beteiligten gleich bei der ersten Auflage bitter erfahren. Denn die versprochene Superaussicht auf die 29 Viertausender, sicher eines der schönsten Alpen-Panoramen, konnte nicht genossen werden. Nebel und Schneetreiben im Ziel machten jedem klar, dass ein Marathon in hochalpinen Höhenregionen seine eigenen Gesetze hat. Auf Schneefall mitten im Sommer waren die wenigsten vorbereitet.

Die Organisation klappt vorzüglich, oben auf dem Gornergrat in 3.010 m Höhe kann in extra aufgestellten Zelten sogar heiß geduscht werden! Die Nutzung der an die Laufroute heranführenden Bergbahnen und Eisenbahnen am Renntag ist im Startgeld inbegriffen. Die Entwicklung bei den anderen Bergmarathons der hochalpinen Region zeigt: Extreme Anforderungen beim Bergmarathon locken die Läufer. Gesucht wird der absolute Härte-Kick. Und das legendäre Zermatt mit seiner einmaligen touristischen Infrastruktur bewirkt natürlich sein Übriges. So sind kräftige Teilnehmerzuwächse zu erwarten. Doch davor haben die Organisatoren keine Angst. Erst bei 5.000 Läufern sehen sie ihre Kapazitätsgrenze erreicht.

Anschrift: Zermatt Marathon, Waldemar Schön, Postfach 630, 3600 Brig
Telefon: 079/4368873 (Mo - Fr 9.00 -12.00 Uhr)
E-mail: info@zermattmarathon.ch
Homepage: www.zermattmarathon.ch
Termin 2003: 5.7.; Termin 2004: 3.7.
Fester Termin: 1. Samstag im Juli
Startzeit: 9.07 Uhr; Zielschluss: 7:30 Stunden
Höhenmeter: 2.189
Startgebühr: 70 Euro
Teilnehmerzahl gesamt: 1.150; Finisher Marathon: 916

Stadtmarathon am See

Zürich: Zürich Marathon   *Zürich*

Schon für das Jahr 2001 war ein Zürich-Marathon angekündigt und kurzfristig abgesagt worden. Doch inzwischen sind die Weichen für ein jährliches Marathonevent durch Zürich ab 2003 endgültig gestellt. Zürich, das bedeutendste Wirtschafts- und Kulturzentrum des Landes, will jetzt auch als Sportstadt punkten.

Vor allem der Zürichsee bestimmt bei diesem Stadtmarathon die Kulisse. Denn die weitaus meisten Kilometer werden auf den breiten, asphaltierten Uferstraßen absolviert. Das bedeutet einen Kurs mit langen Geraden und wenig Kurven. Da die Strecke zudem im Flachen bleibt, wird man auf den 42,195 km sehr schnelle Zeiten erzielen können. Hinzu kommt der positive Einfluss der frischen, sauerstoffreichen Luft am See.

Schon auf den ersten beiden Kilometern nach dem Start bei der Schiffswerft Wollishofen sorgt der breite und geradeaus führende Mythen-Quai dafür, dass sich das Läuferfeld problemlos auseinander ziehen kann. Vom Prinzip der langen Geraden weicht die Zürcher Marathonrunde erst auf dem letzten Streckendrittel ab. Von km 33 bis 40 schlängelt sich die Läuferschlange durch die Innenstadt, auch über die bekannten Einkaufsstraßen Limmatquai und Bahnhofsstraße. Die Strecke wurde geschickt ausgesucht, denn jetzt ist das Feld bereits so weit auseinander gezogen, dass es zu keinen Staus mehr kommen kann. Viele Marathonläufer werden allerdings zu diesem sportlich kritischen Zeitpunkt kein Auge für die Sehenswürdigkeiten der Zürcher Altstadt haben.

Anschrift: Zürich Marathon, Postfach, 8041 Zürich
Fax: 01/4802556
E-mail: info@zurichmarathon.com
Homepage: www.zurichmarathon.com
Termin 2003: 13.4.
Startzeit: 8.30 Uhr; Zielschluss: 5 Stunden
Höhenmeter: 30
Startgebühr: 95 CHF
Limit: 5.000 Teilnehmer

Liechtenstein

Auf der Suche nach dem perfekten Lauf

Liechtenstein: LGT Alpin-Marathon

Die nur 32.000 Einwohner des alpinen Kleinstaates müssen seit dem Jahr 2000 nicht mehr ins Ausland reisen, um an einem Marathon teilzunehmen. Aber die Liechtensteiner Langstreckler wollen beileibe nicht unter sich bleiben. Deshalb bieten sie auf einer herrlichen Landschaftsstrecke einen Bergmarathon der Extraklasse. Leicht ist er nicht; insgesamt addieren sich die Höhenmeter des Rennens auf die furchterregende Zahl von 1.800.

Abwechslung ist in Liechtenstein garantiert. Der Kurs von Bendern im Rheintal zum hochalpinen Ferienort Malbun lässt sich grob in vier jeweils etwa 10 km lange Abschnitte unterteilen. Der erste bleibt flach, was optimal zum lockeren Einlaufen und zum Einstimmen auf die folgenden Herausforderungen ist. Grüne Felder und der hier mit vielleicht 30 m noch ungewohnt schmale Rhein begleiten die Läufer im Tal, die Attraktion sind aber schon jetzt die Alpengipfel. Denn im Rheintal kann jeder Läufer noch ohne große Mühen die Aussicht auf die majestätischen Berge der Umgebung genießen. Nach dem Passieren des Hauptortes Vaduz und dem Vorbeilaufen am Schloss des Fürsten, wird es ernst: Auf den nächsten zehn Kilometern sind nicht weniger als 1.000 Höhenmeter zu überwinden. Teilweise liegt die Steigung bei über 15 Prozent, Pulshöchstwerte sind garantiert. Bei Streckenmitte belohnt ein traumhafter Ausblick über das Retikongebirge für die Mühen des Aufstiegs.

Die jetzt folgenden 10 km führen in und durch das Valünatal. Dabei werden etliche der mühsam erlaufenen Höhenmeter wieder verloren. Für viele Marathonis bedeutet diese Phase nach einigen Gehkilometern die Rückkehr zum Laufen. Im Valünatal geht es relativ flach zu. Das Wort relativ darf nicht überlesen werden, denn wir befinden uns hier in einem Hochtal in rund 1.300 m Höhe. Dort definiert man „flach" anders als im Rheintal: als regelmäßige Abfolge von kleinen Anstiegen und kurzem Gefälle.

Das letzte Streckenviertel bringt noch einmal eine superharte Steigung mit 450 zu überwindenden Höhenmetern. Und das ausgerechnet in der schon bei einem Flachmarathon besonders harten Phase von km 32 bis 35, wenn der Körper vollständig auf die Fettverbrennung umstellt. Bald folgt eine knüppelharte Prüfung für die Läuferpsyche: Nur 50 m vom Ziel entfernt führt der Marathon vorbei und doch liegen noch 5 lange Kilometer vor den Wettkämpfern. Denn zum Schluss wird von den müden Helden noch eine Ehrenrunde durch den Malbuner Talkessel verlangt. Die folgt einem Höhenwanderweg, hat es also ebenfalls in sich. Im Feriendorf Malbun schließlich werden die Finisher auf den letzten Metern zur Belohnung von vielen Zuschauern gefeiert.

Einige Spezialisten der superlangen Bergläufe wie Marco Kaminski, der fünffache Sieger des Jungfrau-Marathons, haben sich am LTG Alpin-Marathon versucht. Noch keiner blieb unter drei Stunden. Das beweist, wie schwer der Kurs dieses Extrem-Marathons ist. Aufgrund des für die Alpenregion frühen Termins nutzten in den letzten Jahren einige Läufer den Liechtensteiner Marathon zum Einrollen für Jungfrau oder Swiss Alpine. Wer das plant, sollte sich klarmachen, dass das Liechtensteiner Rennen extrem hart ist und somit einer ausreichenden Regenerationsphase bedarf.

Die Teilnehmerzahlen steigen seit der Premiere mit eher bescheidenen 450 Läufern beständig. Noch konnte der LTG-Alpin-Marathon zahlenmäßig bisher nicht in die Regionen der langen Berglauf-Klassiker vordringen. Aber das ist auch gar nicht das Ziel der Marathon-Macher. Deren Bestreben geht eher in Richtung perfektes Rennen: Die Landschaft des Fürstentums – sie ist „perfekt" und wer einmal da war, ist begeistert von der hervorragend funktionierenden und doch liebevollen Organisation. Da verwundert es nicht, dass in Liechtenstein die Quote derer, die zum wiederholten Mal starten, besonders hoch ist.

Anschrift: LTG Alpin-Marathon,
               Postfach 1036, FL-9497 Triesenberg
Telefon: 00423/2621926, Fax: 00423/2621922
E-mail: info@ltg-alpin-marathon.li
Homepage: www.ltg-alpin-marathon.li
Termin 2003: 14.6.
Fester Termin: Mitte Juni
Startzeit: 9.00 Uhr
Zielschluss: 7:15 Stunden
Höhenmeter: 1.800
Startgebühr: 47-68 Euro
Teilnehmerzahl gesamt: 650 (Limit: 1.000); Finisher Marathon: 488

Luxemburg

Pendeln an der Sauer

Echternach: Echternach-Marathon *Luxemburg*

Als kleiner beschaulicher Landschaftsmarathon hatte der Lauf der Road Runners Echternach 1981 begonnen. 160 traten damals an. Zwischenzeitlich versuchte man im Großherzogtum sogar an der Marke von 2.000 Teilnehmern zu knabbern. Doch lockten die City-Marathons viele Läufer vom unspektakulären Marathon am grünen Flussufer in die mit Zuschauern gefüllten Häuserschluchten. So befindet sich der flache und flüssig zu laufende Marathon im dritten Jahrzehnt seines Bestehens wieder in den gemütlichen Teilnehmer-Regionen der frühen Jahre.

Nach dem Start direkt an der Sauer bilden zwei Runden durch das Naherholungsgebiet am Echternacher See und die Außenbezirke der Stadt den Auftakt. Danach sind 15 km absolviert und die Marathonis pendeln von nun an am deutsch-luxemburgischen Grenzflüsschen Sauer. Der erste Pendelabschnitt führt saueraufwärts bis nach Bollendorf-Pont. Nach 20,5 km wird hier gewendet und an Echternach vorbei bis zum Ort Rosport gelaufen. Nach einer erneuten Wende bei km 34 folgt der Rückweg nach Echternach auf der vollständig für den Verkehr gesperrten Nationalstraße 10. Durch die beiden Wendepunkte fällt das Fehlen von Zuschauern nicht ins Gewicht, die zweimalige Begrüßung der entgegenkommenden Läufer bringt Abwechslung. Bei Kilometer 39 tauchen die Türme der St. Willibrord-Kathedrale im Blickfeld der Läufer auf. Sie geben das Signal für den Endspurt.

Anschrift: Road Runners Echternach, B.P. 96, L-6401 Echternach
Telefon: 00352/26720152, Fax: 00352/26720153
E-mail: rita_berens@internet.lu
Homepage: www.marathon-echternach.lu
Termin 2003: 19.10.; Termin 2004: 17.10.
Startzeit: 9.30 Uhr; Zielschluss: 5 Stunden
Startgebühr: 25 Euro
Finisher Marathon: 686

Anhang

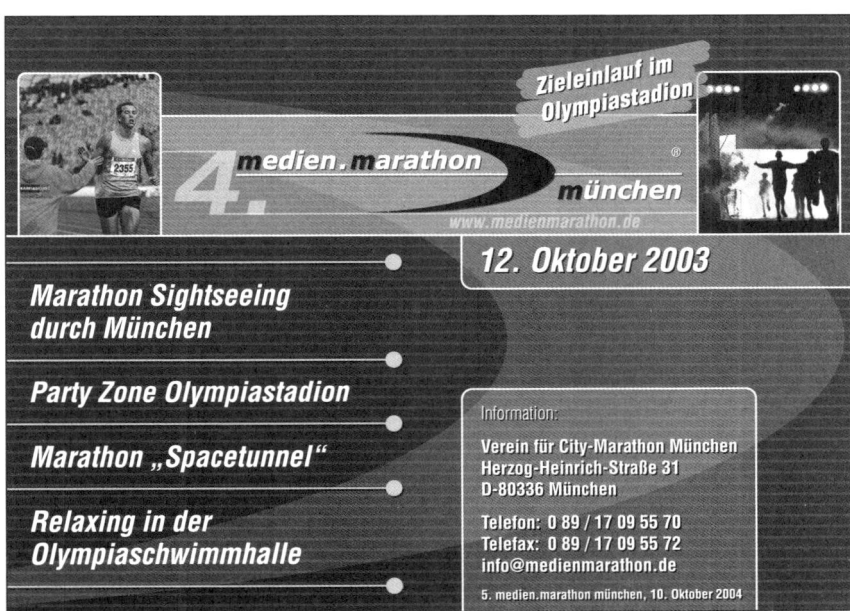

Sie wollen auf dem Laufenden bleiben?

Jeden Monat neu bringt SPIRIDON das kompetente und informative Laufmagazin, alles zum Thema Laufen. Aktuelle Bildberichte von großen City-Marathons und Landschaftsläufen, Startgelegenheiten, Trainings- und Ernährungs-Artikel, sportmedizinischer Ratgeber, Produkt-Informationen und vieles mehr.

Wir laufen schon im 29. Jahr.

Veranstaltungen im Jahreslauf

224

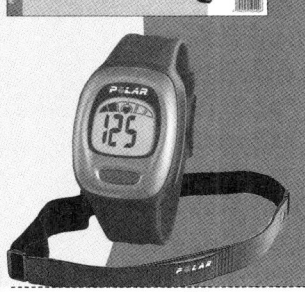

Läufe geordnet nach Postleitzahlen

Deutschland

230

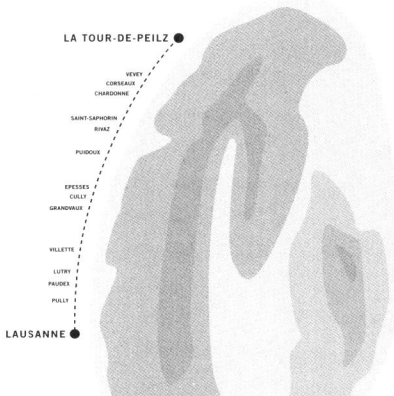

LA TOUR-DE-PEILZ
VEVEY
CORSEAUX
CHARDONNE
SAINT-SAPHORIN
RIVAZ
PUIDOUX
EPESSES
CULLY
GRANDVAUX
VILLETTE
LUTRY
PAUDEX
PULLY
LAUSANNE

LAUSANNE MARATHON

DIMANCHE 26 OCTOBRE 2003   MEMORIAL FRANZISKA ROCHAT-MOSER

Marathon 1/2 Marathon 1/4 Marathon Mini Marathon 1/2 Marathon Fauteuil Roulant
5 km Mémorial Franziska Rochat-Moser   1/2 Marathon Roller Inline

MUSÉE OLYMPIQUE LAUSANNE

SEPS

MIGROS

232

Liechtenstein

Luxemburg

City-Marathonläufe

Flache Landschaftsläufe

Hügelige Landschaftsläufe

Läufe mit bergigem Profil

Läufe mit hochalpinen Anforderungen

Ultramarathons sortiert nach Länge